叢書 現代社会のフロンティア 24

戦後日本のメディアと原子力問題

原発報道の政治社会学

山腰修三 編著
Yamakoshi Shuzo

ミネルヴァ書房

はじめに

東日本大震災と東京電力福島第一原子力発電所事故（以下「福島原発事故」）から五年以上が経過する中で、日本の人文社会科学はこの問題に取り組み続けている。第二次世界大戦という経験がまさにそうであったように、「破局的な危機」をめぐる諸相、それを引き起こした諸要因について学術的な視角から問いを立て、新たな概念や視座を生み出すことが人文社会科学の役割の一つであるともいえる。

本書はメディア研究、マス・コミュニケーション研究といった領域からこの課題に取り組むものであるが、同時に次の二点を特徴とする。第一に、戦後日本社会という文脈の中に原発問題を位置づけることである。つまり、福島原発事故以前／以後の連続性を強く意識しつつ広範な歴史的、社会的、政治的な文脈から議論を展開している。それを通じて、福島原発事故を重視しながらも、それを必ずしも「特殊な」事象として扱わず、むしろ福島原発事故を参照点として広く戦後日本社会の諸相、諸問題を明らかにすることを目的としている。

第二に、メディア研究、マス・コミュニケーション研究の「中に」原発問題を位置づけることである。それは、メディア研究やマス・コミュニケーション研究が蓄積してきた諸概念を通じて、原発事故をめぐるメディアと世論の諸問題をどのように説明し、考察することができるのかという試みに他ならない。

こうした視座が、福島原発事故を契機としてこれまでメディアを主たる対象に行われてきたジャーナリズム批評（批判）やメディア史的なアプローチの研究との違いである。

以上の視座に基づきつつ、本書は戦後から現代にいたる日本の原発問題・原子力政策を事例に、政治社会学的なメディア研究、マス・コミュニケーション研究の可能性を提示することを目的とする。それを通じてメディア研究、マス・コミュニケーション研究による「現代社会の批判的分析」はいかに可能なのかを提示することにしたい。

本書の構成は次の通りである。

第1章は、一九五〇年代、六〇年代の原子力政策をめぐる正当性の「境界線」の言説分析を通じて「平和利用」の政治言語としての意味構築過程を明らかにしている。第2章は、「テクノナショナリズム」を手がかりに戦後日本の原発報道と安全神話について分析している。第3章は、チェルノブイリ原発事故が日本社会の中でどのように「危機」として意味づけられたのか、そしてこうした「危機」がいかに「日常」へと転化したのかを「意味づけをめぐる政治」の観点から明らかにしている。

第4章は、日本の原子力輸出を正当化する言説が福島原発事故後にどのように変容したのかをメディア・フレームの分析から明らかにしている。第5章は、福島原発事故後のローカルメディアの役割をアイデンティティの政治の観点から分析している。第6章はメディアが実施する世論調査の「政治性」について、福島原発事故後の新聞各社の世論調査を事例に論じている。第7章は福島原発事故直後ではなく、数年が経過した後のネット上の言説について検討している。

本書は先行する二つの成果から問題意識やアプローチを引き継いでいる。一つは、ミネルヴァ書房から二〇一二年に出版された『戦後日本のメディアと市民意識』（大石裕編）である。戦後日本社会の歴史的文脈の中で、政治問題や社会問題をメディア研究、マス・コミュニケーション研究の視座からアプローチした方法論は本書でも継承されている。したがって本書は『戦後日本のメディアと市民意識』の姉妹書、ないしは続刊として位置づけられる。

もう一つは公益財団法人新聞通信調査会二〇一一年度公募委託調査研究である。本書の執筆陣はこのプロジェクトに参加した。成果は報告書『大震災・原発とメディアの役割』（二〇一三年）にまとめられている。福島原発事故以前／以後の連続性からメディアの果たす機能を分析する着想はこのプロジェクトを通じて得られた。

本書は慶應義塾大学メディア・コミュニケーション研究所の研究プロジェクト、「原子力政策報道とジャーナリズム」の成果である。研究プロジェクトの遂行を様々な点から支援してくださった慶應義塾大学メディア・コミュニケーション研究所、そしてミネルヴァ書房東京支社の東寿浩氏には心より御礼を申し上げる。

二〇一六年一一月二三日

山腰修三

戦後日本のメディアと原子力問題——原発報道の政治社会学　目次

はじめに

第1章　原子力平和利用政策の社会的意味——正当性の境界分析の試み

烏谷昌幸

1　平和利用と軍事利用の境界

本章の目的は、原子力政策をめぐる正当性の境界について分析と理論的考察を加え、ジャーナリズム研究の一助とすることにある。この章では一九五〇年代中盤から一九六〇年代を中心に盛んに語られた原子力の「平和利用」なるものが一体何だったのかを考え直すことでこの課題に取り組んでみたい。

この時期、原子力政策の正当性の領域は、「平和利用」という概念の外延にぴたりと一致していた。そのため「平和利用」について考えることが同時に原発導入期において原子力政策の正当性の領域がどのように確立されていったのかを考えることにも繋がるはずだ。また（本章の課題を超えてはいるが）「平和利用」という言葉の社会的意味の変遷を辿ることによって、それ以後の原子力政策の正当性をめぐる意味体系がどのように再編制されていったかを見極めることもできるだろう。

研究テーマとしての原子力「平和利用」がメディア／ジャーナリズム研究との関連で大きく注目されるようになったのは冷戦崩壊後である。それ以前にも Hilgartner ら（1982）や、Weart（1988）など政治コミュニケーション研究や核のイメージ史の重要な業績が存在したことは確かである。しかし冷戦崩壊後一次資料の公開が世界中で進んだことによって冷戦史研究が世界的に大きな進展をみせたこと、また特に日本では柴田秀利の証言[1]によって原子力が冷戦期心理戦の道具として利用されたことが広く知られるようになるなど、いくつかの重要な要因が重なりながらノンフィクション作品、テレビドキュメンタリー、メディア史それぞれの分野における力作が相次いで登場することになった（佐野、一九九四／NHK総合、一九九四／井川、二〇〇二／武田、二〇〇六／Osgood, 2006／有馬、二〇〇八／土屋、二〇〇九）。

福島原発事故後、メディア史の研究者たちが優れた研究成果を立て続けに生み出してきているのも（山本、二〇一一／土屋・吉見、二〇一二／吉見、二〇一二／加藤・井川編、二〇一三）、こうした研究の流れが原発事故に先んじて存在していたからであろう。本研究はこれらの研究成果を踏まえながら、正当性の境界をめぐる理論と分析を推し進めようとするものである。

さて、「平和利用」という場合、一般的には工業、農業、医療などの分野で原子力研究の成果を応用することを指す言葉と説明できる。だがここで注目すべきはこの言葉が「軍事利用」の反対語として、原子力政策の正当性を象徴する言葉として用いられてきたという点である。両者を簡単に切り離して考えることは不可能であり、実際に、これまで科学史、メディア史、社会運動論などの一連の先行研究においても「平和利用」の問題系と「軍事利用」の問題系をどのようにして関連付けて把握することができるかという点に各論者の力量が示されてきた。

これらの先行研究でしばしば論じられてきたのは、開発初期の原子力論議が極めて単純化された二元論の図式に支配されていた点である。例えば一九五〇年代中盤、原水禁運動に国民全体が燃え上がる一方で、平和利用については「安い電気を生産し、速い船、無限に飛ぶ飛行機をつくりだし、食糧問題を解決し、新しい繊維をつくり、不治の癌までも癒す」（河合、一九六一：三）という原子力平和利用の「夢」語りがマスメディアを中心に大量発生した。平和利用と軍事利用を明白な善と悪の対比によって捉える論理（原爆と原発は異なるものであり、混同すべきではない！）が広く共有され、「平和利用」それ自体の問題点が背景化されたのである。

こうした指摘は妥当なものであるが、しかし国民の多くが平和利用の「夢」に酔いしれていたからといって原子力政策に関する合意が容易に形成されたわけでもない。従来の研究ではほとんど問題視されることはなかったが、「平和利用」の理念そのものに多くの国民が熱狂したことは確かであるが、「平和利用」という概念が意味する範囲をめぐっては実際のところ重大な見解の相違がみられたのである。

この点とりわけ政策論の領域において顕著だったのである。「原子力基本法」（一九五五年）の制定に中心的に関わった中曽根康弘（日本民主党・当時）による次の証言からは、原子力政策を正当化するシンボルとしての「平和利用」をどの範囲にまで適用できるかが重大な問題として自覚されていたことが伝わってくる。

基本法をつくるとき問題になったのは、どこまでが平和利用であるかということでした。言い換えれば軍事利用とは何かということで、それで、たとえば原子力が普遍化して輸送船に一般的に使われるようになった場合は軍事用の潜水艦に使ってもいいという解釈を残しておいたわけです（中曽根、一九九六：一七一）。

基本法の策定に当たった政治家がなぜこのような問題に頭を悩ませることになったのかは立ち止まって考える価値がある。もし軍事利用と平和利用がともに正当な政策として広く認知されている社会であれば、両者の境界について神経質に議論する理由はあまりないだろう。しかし軍事利用を絶対悪とみなしながら、平和利用に積極的に邁進しようとする国であれば、正当性の領域は「平和利用」の範囲に厳しく限定されることになるので、どこからどこまでが「平和利用」なのかという問題が特別な重みを持つことになるのである。この意味において一九五〇年代、六〇年代の日本社会は原子力政策の正当性の境界がもっとも深刻に問われた場所であったということができるのである。

以下においては、一九五〇年代中盤における原子力政策論争、及び一九六〇年代の原潜寄港問題反対論において原子力平和利用と軍事利用の境界がどのように論じられたのかを「正当性の境界」がいかに引かれたのかという観点から分析していくことにする。この分析が依拠する理論的前提は詳細に検討すべき価値のあるものだが、ここでは手短に次の二点にのみ触れておきたい。

第一に、正当性（legitimacy）の問題は、統治の安定性の主題と密接に関わっている。政治権力者は、自らの強権を発動し、抵抗をねじ伏せて命令を押し通すことも可能ではある。しかしそうした強引な強制—服従の関係は決して長続きしない。命令を受容する側が納得する「正当な理念的根拠」の存在こそが統治を安定させるのである。

この統治を安定させる「正当な理念的根拠」について考える上で、本研究は「リアリティの社会的構成、構築」(Berger & Luckman, 1966) の視座を採用する。つまり何が「正当な理念的根拠」であり得るかという判断の「リアリティ」は、社会によって、時代によって異なるのであり、社会学者はその正当性判断のリアリティがいかに構成・構築されていくのかを分析しなければならない。

第二に、このような正当性判断の根拠を絶対的なものではなく、社会によって、時代によって異なるもの、つまり相対的なものとして評価する姿勢は、「虚偽意識」論的発想を相対化するものでもある。ここでいう虚偽意識論的発想とは当事者の意識を観察者が外側から「虚偽」に満ちたものと評価するような姿勢を指している。例えば大都市に居住する原発反対論者が、原発立地地域の住民の原発肯定論を政府や電力会社のPRによって騙されているがゆえとみなすような姿勢のことである。

研究者の信念と喰い違うからといって、核武装論者や極端な原発推進論者の思想を「虚偽意識」であるかのように扱うところに正当性の社会学的分析は成り立たない。ただ何が正しく何が間違っているかをめぐって異なる判断基準が存在している事実にのみ注目し、自分と異なる「リアリティ」を抱いて生きる人間がそこにいるという動かし難い事実の重みを受け止め、他者の「リアリティ」に分け入り、そこにどのような正当性の線引き基準が存在するのかを丁寧に記述していく決意を持つ者だけが正当性の境界に関わる学術的研究を遂行することができる。それはあたかも文化人類学者が未開の地に分け入り、「野蛮人」というレッテルを貼ることなくその土地の風習が本人たちにとって持つ意味を丁寧に読み解いていこうとする試みに似ている(2)。本章における「正当性の境界」分析はその意味において、反核平和主義者と核武装論者、原発推進論者と反対論者の言説をまったく等価なものとして扱うことを目指したものである。

2　境界線を支える思想

(1)　平和のための原子力

正当性の境界問題が日本の原子力政策で切実な問題として浮上したのは、米国のアイゼンハワー政権による「平和のための原子力」政策が打ち出されて以降である。これ以降「平和利用」は、米ソ冷戦の競争的領域へと変貌を遂げ、国益をめぐる熾烈な闘争的舞台となっていく。世界各国の政治、経済エリートにとってみれば、原子力「平和利用」は、国家が国益を最大化するために決死の覚悟で取組まねばならない重大な政策として認知されるようになったのである。

周知の通り、一九五三年の一二月八日国連で行われた演説で、アイゼンハワー大統領は核兵器の破壊力が飛躍的に上昇し、米ソ二大国が核保有国として対峙する状況が生まれたことで国際社会を極度の緊張と不安が覆い尽くしている事態に懸念を表明した。そしてその状況を打破するために、核軍縮が必要であることを訴え、具体的な方法として核物質の利用を全て国際原子力機関のもとで平和目的の事業に置き換えていくことを提案した。この提案がもし本当に実行されたならば、平和利用が進めば進むほど軍事利用のための核物質が減っていくことになるため、平和利用を進めて各国の産業を発展させ人々を豊かにしようとする営みが、そのまま同時に核軍縮を進めることにもなるという夢のようなシナリオがここから引き出されることになった。

しかしこのような筋立てを真に受けた人間は少なかったであろう。アイゼンハワーの演説から三カ月後にビキニ環礁で大規模な核実験が実施されて日本の漁船第五福竜丸の乗組員たちが被災した事件は、読売新聞のスクープによって世界中を駆け巡り、同時に日本中に大きな衝撃を与えて国民規模の反核運動を出現させた。ところがその後も米ソの核開発の手が一向に緩むことがなく、核実験がたびたび繰返され、死の灰が日本中に降り注ぎ、「放射能雨」「放射能雪」が日常的な話題になっていった。「平和利用」が核軍縮の方法などではなく、単に原子力政策をめぐる競争的領域が軍事面だけでとどまらず民事領域にも拡大してきただけに過ぎないことは誰の眼にも明らかであった。理想的なシナリオを語る背後で、米国が原子力発電分野でイギリスに遅れを取り、さらにはソ連も原子力発電の開発を着々と進めているのをみて、原子力「平和利用」分野の世界的な事業展開において巻き返しを図ろうと目論んでいるのではないかと多くの人が考えたのである。

さて、この時米国は国際機関を中心とした夢のような核軍縮案を提示する傍らで、現実的な二国間ベースの技術援助、核物質、原子炉の供給を同盟諸国に行うことも提案している。人びとはこの具体的な提案に接して米国が本気で「平和利用」分野の戦いに参戦したと実感したのである。また米国の本気さは国内の原子力法を改正し、民間事業者がより自由に原子力事業に参入できる制度的環境を整え始めたことからも人びとによく伝わった。法改正によって国内の原子力熱が少しずつ高まり始めた頃の米国社会を訪れた日本の政界、財界関係者が帰国後に原子力平和利用の積極論を展開していることは偶然ではない。

(2) 反対論、慎重論、積極論の境界線

日本の原子力開発が突如として国会に原子炉予算が提出されたところから始まったことはよく知られている。一九五四年三月、中曽根康弘、斉藤憲三、川崎秀二、稲葉修ら当時の改進党若手議員たちが突如国会の終盤に予算修正案として二億六〇〇〇万の原子力関連予算案（原子炉建造費二億三五〇〇万、ウラニウム資源調査費一五〇〇万、原子力関係資料購入費一〇〇〇万）を提出し、可決させた。以下に触れるように日本学術会議の場で科学者たちが二年ちかく議論を繰り返していることを政治家たちもよく承知していたが、議論が立ち往生しているのに業を煮やし、強引に政治主導で突破がはかられたのであった。

突如出現した原子炉予算は、自分たちこそ原子力開発を先導する立場にあると自認していた科学者たちから大きな反感を生んだ。しかしここから企業の原子力熱が高まり、自治体が関連施設の誘致に動き、それらの動きを慌しく新聞記者たちが追いかけるようになった。原子力平和利用ブームがにわかに沸き起こっていったのである。

しかしこれは単なるブームというのは不正確で、**表1-1**に示されるように一九五四年から一九五七年にかけての数年間で日本の原子力開発体制が一気呵成につくりあげられていくことになった。年表の記載事項をざっと追いかけてみるならば、五五年に入って、経団連が原子力平和利用懇談会を設置し、国会には原子力合同委員会が設置され、日米の間には原子力研究協定が結ばれ、原子力開発の法的枠組みである原子力三法が制定され、東海村に原子力関連施設の集中立地が決まっていく。そしてこの間、旧財閥系の企業を中心に原子力平和利用の開発に参加する企業グループが次々と結成されていった。いわば原子力開発体制の急速な構築プロセスと連動する形で社会全体が「平和利用」ブームに沸き返った

表1-1　1950年代日本における原子力開発体制の整備

54	1	米政府から日本政府へ「原子力発電の経済性」文書送付
	3	原子力予算が国会で可決
	5	原子力利用準備調査会の設置
	12	海外原子力調査団派遣（藤岡由夫団長）
55	5	経団連が原子力平和利用懇談会を設置
		米国「原子力平和利用使節団」来日
	8	第一回原子力平和利用国際会議（ジュネーブ会議）
	10	国会に両院合同の原子力合同委員会設置
		三菱原子動力委員会の発足（旧三菱財閥系23社が参加）
	11	米国 USIS 主催・原子力平和利用博覧会
		日米原子力研究協定の締結
		財団法人日本原子力研究所発足
	12	原子力三法の制定
56	1	原子力委員会の設置
	3	科学技術庁設置法
		東京原子力産業懇談会（日立製作所、昭和電工など）の発足
		財団法人日本原子力産業会議発足
	4	日本原子力研究所法、原子燃料公社法の制定
		住友原子力委員会発足（旧住友系14社が参加）
		茨城県東海村への原子力関連施設の集中立地が決まる
	6	日本原子力事業会発足（東芝など旧三井財閥系37社が参加）
	8	第一原子力産業グループ（旧古河・川崎系の25社が参加）
	9	原子力開発利用長期基本計画（56長計）の策定
57	7	正力・河野論争勃発
	8	日本原子力研究所の研究炉 JRR-1が臨界達成
	11	日本原子力発電株式会社設立
58	6	日英原子力協定の締結

（出典）　有馬（2008）、日本原子力産業会議（1971）『日本の原子力——15年のあゆみ上・下』三秀舎をもとに筆者作成。

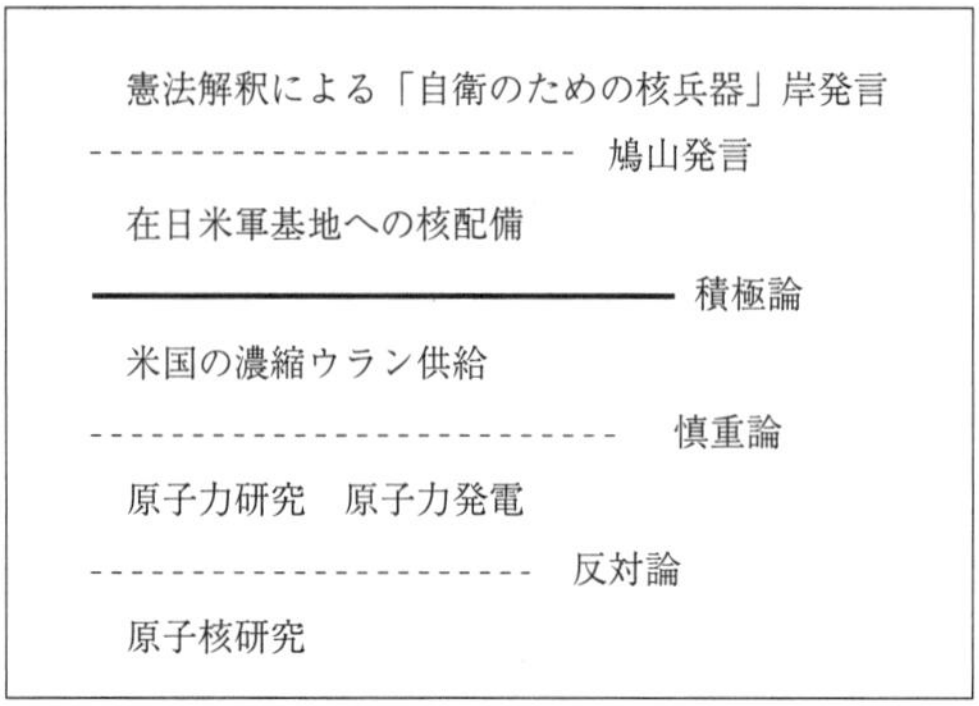

図1-1　原子力正当性の境界（1950年代）
（出典）筆者作成。

ということである。

さて、一九五〇年代の原子力問題をめぐる正当性の境界について、分析結果をまとめたものが**図1-1**である。これらのいずれの境界線においても、正当と逸脱の線引きが行われている。それぞれの線よりも下が正当な領域で上側が逸脱的領域と考えられている。

例えば「反対論」は、ただ原子核研究のみが正当で、原子力研究や原子力発電の開発は逸脱的であると考える立場である。これとは正反対の一番上の境界線を越えたところにある「岸発言」は、日本でも憲法解釈によっては核兵器を保有する余地が十分にあるという考え方を打ち出したものであり、核武装の判断も政策的に正当であるという立場である。

以下、それぞれの異なる境界線が生み出された基本的な背景について触れた上で、それぞれの境界線を支える基本的な論理がいかなるものであるかについて簡潔に検討してみたい。

(3)　被爆者の反対論

まずは反対論からみていこう。反対論は、端的にいって、

「平和利用」など不可能であるという立場だ。平和利用と称しても、どこでどう軍事利用に巻き込まれるかは分からない。米ソ冷戦が緊張感を増し、核開発が冷戦の中心的対立の領域である以上、純粋な平和利用研究が存在する余地などあり得ないという考え方である。この立場を代表する見解として非常に有名なのが広島大学の物理学教授である三村剛昂による演説である。

三村の演説は一九五二年一〇月の日本学術会議の場で行われた。この会議では、占領下で禁止されていた原子力研究が日本の独立後解禁されることを受けて、いち早く研究に取り組もうと動いた伏見康治（大阪大学）と茅誠司（東京大学）が政府に原子力検討委員会を置くという提案を行った。伏見によれば彼ら提案者は四面楚歌のような状況に置かれた。その中で彼らの提案にとどめを刺したのが三村の大演説だったのである（伏見、一九八九：二二五）。

広島で被爆した経験を持つ三村は、原爆の被害がいかに悲惨なものであるかを切々と語った。当時話題になった『アサヒグラフ』の原爆被害特集号（一九五二年八月六日号）を引き合いに出しつつ、原爆の地獄は写真などで分かるものではないと強調した。そして次のように原子力研究に反対したのである。

……伏見会員は、発電、発電というけれども、発電ができるほどウラニウムを集めたら、一夜にして原爆ができるでしょう。文部省の研究費ぐらいで細々と研究しているあいだは安心だが、特別大がかりにやるのは、どう考えても危険だ。ソ連とアメリカが対立している現状では、日本がいつ戦争に巻き込まれないとも限らない。原爆を作れ、ということになったとき、科学者や技術者は政府の命令に抵抗できると思いますか。伏見会員のいう原子力検討委員会は悪夢への第一歩です。ソ米間の緊張がとけるまで、原子力の研究は絶対にやるべきではありません（木村、一九八二：四七、傍点は筆者）。

紙とえんぴつがあればできる原子核研究と異なり、大掛かりな実験装置を購入して本格的な原子力研究を組織的にやる場合、必ずや米ソの争いに巻き込まれてしまうのではないか、米国に抵抗する力が日本政府にあるとは思えないし、科学者たちが政府の命令に背けるとも思えないということだ。三村はさらに自らが原爆の被害にあって病床にいるあいだ、アメリカへの復讐の方法を考え続け、その結果原爆の凄惨な被害を世の中に伝える反核運動に関わることを決意し、その運動の皮切りにいま原子力研究への反対の狼煙を上げていることを語っている。つまり被曝者の立場に立った原子力研究反対論であった。[3]

ただしいくつか注意すべき点もある。ひとつは被曝者だから原子力研究に反対するという必然的理由は必ずしもないということだ。事実被曝国の日本であればこそ、他のどの国よりも原子力研究を平和目的で行う意義があるという被爆者ナショナリズムに基づく原子力開発肯定論も当時しばしば語られたことはよく知られている。いまひとつ、三村も「平和利用」そのものは良くないことだとは言っていない。あくまでも「平和利用」のつもりでやろうとしても、冷戦が深刻化する現状においてそれは不可能だと主張しているだけである。つまり、被爆者の論理に立つ強烈な反対論においても、「平和利用」は正当性の領域を示す象徴的な政治言語であることにはかわりがないのである。

なお三村の演説は原子力開発史の中ではあまりに有名な事実であるにしても、当時の新聞報道を通じて国民に広く紹介された痕跡はない。あくまでも日本学術会議という狭い学者の共同体の中で支持されたというだけであり、社会常識に刻まれることはなかった。新聞が取り上げたのはいつもきまって以下の積極論と慎重論のみであり、新聞メディアの中に反対論が占める場所は存在しなかったのである。

(4) 慎重論における「公開性」の思想

慎重論は平和利用があくまでも可能だという立場に立つ。考えるべきは、平和利用のために研究を行う科学者、技術者たちが、望まない形で軍事利用に巻き込まれないようにいかにして防御壁を築くことができるかという問題である。そのために明確な原理、原則を打ち立てて、この原則を徹底する方法が選ばれた。それが平和利用のための「公開、自主、民主」の三原則である。

三原則をつくったのは誰かという点については色々な説があるようだが、ここでは三原則が突如国会に提出された原子炉予算に驚いた科学者たちが、政治主導で慌しく始まった原子力開発に対して危機意識を強めて急遽意思の統一をはかった結果の産物であると理解しておけば十分である。直接的な経緯としては、原子炉予算の登場に驚いた伏見康治が直ちに「原子力憲章草案」を書き上げ、この中に盛り込まれた項目から学術会議で共有できそうなものを三つ取り出したのが、「公開、自主、民主」の三原則であった（伏見、一九八九：二二八〜二三八）。

この中で当時もっとも科学者たちによって強調されたのが、公開の原則である。この原則が特に重視されたのは、軍事利用に巻き込まれることを防ぐためには、常に全てをオープンにしていく方法がもっとも有効な防御手段であると考えられたからである。

公開の原則をいち早く唱え、その重要性を訴え続けたのが武谷三男である。戦前日本の核兵器開発プロジェクトに動員された経歴を持つ武谷は、戦後「科学と政治」の問題について批判的な立場から積極的な発言を続けた。批判的な科学思想家として活躍した武谷の思想的土台には一種の小国主義の立場があったといってよい。公開の原則には、彼特有の小国主義的思想から「大国の論理」を相対化しようとする意図があった（武谷、一九七六：九）。

武谷によると、核兵器を国家安全保障にとって決定的に重要な究極兵器とみなし、その開発に関わる情報、技術、資源を独占的、排他的に所有しようとする「大国の論理」こそが国際社会に恐怖と不安を振り撒いてきた（武谷、一九六八／一九七六）。例えば、米国が唯一の核保有国の地位を保っている間は、核の威力を背景にした「恫喝外交」が人々の懸念を生んだし、ソ連が核兵器の開発に邁進していることが知られるようになると、ソ連の核開発が成功する前に先手を打って攻撃をしようという「予防戦争」の論理が登場した（武谷、一九五五：一一〇）。また実際にソ連が原爆の開発に成功した際には、機密情報をソ連側に提供したとしてローゼンバーグ夫妻が処刑された（同右：一六八）。

こうした物騒な、あるいは陰惨な核のエピソードを国際社会の中に次々と生み出していく「大国の論理」を相対化するためには、すべて隠しごとをなくし、何でもおおらかに議論できるような雰囲気を原子力研究の分野で根付かせていくことが必要であると武谷は考えた。現在にも通ずる非常に重要な問題提起であったといえる。

興味深いのは、これが単なる根拠のない理想論ではなく、具体的なモデルを踏まえての主張であったことだ。武谷は折に触れて、オランダと共同研究を行ったノルウェーの事例を引き合いに出しながらこの試みを熱心に紹介しようとしている。曰く、ノルウェーのキエラーにジープという名の重水原子炉がつくられ研究が進められている。そこでは特別な機密を設けず、諸外国の優秀な研究者を集めて開放的な議論のもとに順調に研究を進めている。責任者のランダースは、「一時的には得られたものを秘密にするのが有利であると考えられようが、長い目で見ればお互いに知識を分け合った方が有利である」と語っており、これぞまさにわれわれが見習うべき精神であると（武谷、一九五五：八二）。

秘密なく、自由闊達にものをいい合える雰囲気を大切にし、国境を越えた人間同士の相互協力を大切にする。武谷が理想とした科学のあり方は、同時にあるべき国のかたち、理想とする小国主義的な国家像の上に立脚したものであった。だがこのような国家像をもとにした慎重論は結局のところ日本社会で多数意見を形成することができず置き去りにされていった。

なお原子力開発の体制が固まる一九五五年は、左右社会党の統一を契機に保守合同が実現し、いわゆる五五年体制ができあがった年であり、加藤哲郎はこの政治的ダイナミズムと関連付けることではじめて原子力政策が「超党派」の国家的事業として成り立ちえた謎が理解できることを興味深く論じている（加藤、二〇一三）。原子力政策をめぐる論争において、小国主義的な立場が置き去りにされていったという事実は、五五年体制を支えた国家観について考える上でもしっかりと踏まえておくべき点である。

(5)　積極論における国力回復への使命感

原子力の平和利用は可能であり、なおかつできるだけ急いで開発に取り掛かる必要があると考えた立場を積極論と呼ぶとするなら、結局この積極論が日本の原子力開発体制をつくりあげたといってよい。この積極論の立場を構成したのが、政界、産業界、官界そして一部言論界の人びとであった。

この立場を牽引した人びとにはいくつかの共通点がみられた。ひとつには敗戦国日本の国力を回復することに使命感を見出す人びとが多かったということである。資源小国でありながら科学技術の力で大きく劣っていたがゆえに戦争に敗れた日本の国力を回復する上で、原子力の開発は極めて重大な問題として意識されていた。いまひとつ、国力回復のためには、あまり悠長に構えていることはできず、世界の大勢から遅れを取ってはならぬという意識、「追いつけ、追い越せ」という意識が強烈に持たれていたということである。ここから原子力研究に対する科学者たちの慎重論に業を煮やし、三原則の厳格適用を白眼視する態度が生まれてくることになる。

以上の二つの特徴について、ここでは言論界で積極論の立場を鮮明に打ち出した読売新聞の記事を中心に取り上げてみたい。周知の通り、一九五〇年代の原発報道において読売新聞の存在感は極めて大きい。アイゼンハワー大統領の国連演説に素早く反応し、他紙に先駆けて大型連載「ついに太陽をとらえた!」を一九五四年の一月に掲載、その二カ月後には同連載を手がけた記者たちの働きによって第五福竜丸事件の世界的スクープをものにした(3)。第五福竜丸事件は日本全国に国民的規模の原水禁運動を引き起こし、その大きな反核運動の潮流の中で、書籍化された同連載はベストセラーとなった。社長の正力松太郎にいたっては、海外から原子力平和利用使節団を招き入れ、米国USISと共催して原子力平和利用博覧会を実施するなど言論界の原子力平和利用キャンペーンを先導するだけでなく、ついには政界に進出して原子力委員会の初代委員長を務めて「原子力の父」と呼ばれるまでに至った。連載を担当した辻本芳雄(当時・社会部次長)(4)は、「原子力問題なら読売だ」という空気がこの頃の社内には漲っていたと後日述べている(辻本、一九五五:七一)。

さて、その連載記事「ついに太陽をとらえた！」には、次のような印象的なくだりがある。

ひょっとすると身辺のナベやカマをちょっとひねりつぶしただけでドッと原子力が出てくるかも知れないという夢のような希望は捨てるべきではない。それを見つけ出した民族が、この人類史をどんでん返しさせるのである。日本人が小国の運命にあきあきしているならそういう方式の戦いをいどむべきであろう。これからはただ頭の競争だ（一九五四年二月九日）。

小気味よく畳みかけるような文章である。この時期の読売の原子力関連の記事は総じてこのように威勢がよいものが多い。いたって明快に国家が目指すべき道を断定して迷いがない。敗戦国日本は、「貧乏国家」の憂いをかこってきたが、一刻も早く「民族的自信」を取り戻さなければならない、そのためには科学技術の発展に力を注ぎ、国力を高めていくべきである。そして「小国の運命」から抜け出して「一等国」への仲間入りを実現するためには、「頭の競争」に勝たなければならない。

このような一等国願望は戦後日本の高度成長の大きな原動力となったものであるが、同時に原子力政策においてはしばしば慎重論を切り捨てる力としても作用してきた。読売新聞の社説では、科学者の慎重論を「神経質に騒ぎすぎる」と折に触れて手厳しく批判したが、その際常に科学者たちの言動に見え隠れする小国主義への志向性が嫌悪され、唾棄された。

例えば原子炉予算が突如登場して科学者たちが激しく抗議をしたときに、これを「いかにも感傷的な小国民心理」（一九五四年三月一三日）と切って捨てた。被爆者の立場に立って原子力研究反対論を訴えた三村剛昂はマンハッタン・プロジェクトもほんのわずかな旅費から始まったというエピソードを紹介して原子炉予算に警戒を呼びかけたが、読売社説はたかが二億円の「呼び水程度」の金額をつかまえて大騒ぎする「インテリ理論」と呆れ果ててみせたのである（同日）。

その後も読売社説は日米原子力研究協力協定をめぐる論争などを経て、原子力基本法が制定されるまでのあいだ、「進歩的小児病者」（一九五五年三月二四日）「小児病的にゆがんだ所論」（同年四月一八日）「三原則と心中する感傷」（同年一二月二三日）などという表現で科学者たちの意見にきつい表現で釘を刺し続けた。

毎回のように説かれたのは、これ以上他国から遅れることは許されないという論理であった。敗戦後GHQの占領下で原子力研究を禁止されていた日本はただでさえ他の国から遅れた位置にいるのだから、「慎重」であることにばかりこだわり過ぎると、さらにより一層遅れをとることになってしまう。この場合単に西欧諸国から遅れるというだけではなく、アジアの中でも遅れをとることがより懸念されるべき問題として語られた。日本はアジアにおける原子力センターとならなければならない、インドや中国に先を越されるわけにはいかないという懸念が表明された。

以上、第2節では「平和利用」の範囲をめぐって競合する境界線の思想分析を行った。原子力政策の正当性判断の背後に国家像をめぐる争いが潜んでいたことは極めて興味深い事実である。次に「軍事利用」の領域にも目を向けてみよう。

3　正当性の境界をめぐる攻防

(1) 道義的正当性と合法的正当性

正当性の境界は、政策をつくる政治家にとって自分たちの行動を規制するラインでもあるので、できるだけその外延を広げたいと考えるのが本音である。つまり自分たちが世論の制裁を受けることなく自由に動きまわることのできる領域はできるだけ広いほうがよいのであって、正当性の境界を可能な限り拡大しようとする試みは政治の営みにとって不可欠なものである。

平和利用の領域と同様、軍事利用の領域においても、日本の原子力政策は最初からその正当性の境界がはっきりと確定していたわけではない。与党政治家の側の正当性領域の拡大的意図に対して、野党勢力、報道機関の監視が抑制力となって境界線を押し戻す争いが続いてきた。これらの経緯をまとめるなら、「軍事利用」の領域においては、日本の核武装、在日米軍基地への核配備、米原潜の寄港、米英ソなど核保有国の核実験への対応などが正当性の境界をめぐる事例として問題化してきたことが分かる。

ここでは「平和利用」の実効的境界線を引くことに積極的に参加した読売新聞の記事を中心に、いくつかの主だった事例を取り上げてみたい。軍事利用の領域においても読売は明快な立場に立って歯切れよい主張を展開している。

まず在日米軍基地への核配備を認めるか否かという問題が早くも一九五五年三月に浮上してくる。これは太田昌克によるとアイゼンハワー政権の「大量報復戦略」に伴って、西側同盟国に核兵器を配備していく世界的な戦略が動き始めたことで浮上してきたものであった（太田、二〇一一：四八）。当時は西ドイツへの核配備が実行に移され、米国・国防総省は当然のように極東地域への核配備も望んだのであった（同：四八）。この米側の意向を汲むようにして鳩山一郎首相は「原爆貯蔵」を容認する発言を行った。一九五五年の三月一四日付の読売新聞夕刊は、外国人記者団と会見を行った鳩山首相が「原爆貯蔵容認せん」と語ったことを大見出しに掲げ、首相が次のように語ったことを紹介している。

アメリカが日本に原子爆弾を貯蔵するという問題があるが現在は力による平和の維持ということが必要な状況であるから認めざるをえないと思う。

二日後の三月一六日付の社説紙面で読売新聞はこれに対して次のように釘を刺した。曰く、極東において台湾情勢が緊迫化する状況において、ダレス長官は中国が台湾を攻撃するようなことがあれば全面的な報復を実行し、その際「新精密兵器」を導入することを明言した。おそらくは最新の核兵器を想定した発言であり、もし本当に米国が中国に核兵器を使用するようなことがあれば、ソ連も報復に出るであろう。そうなったとき、七〇〇箇所以上の米軍基地を抱える日本が戦争圏外に立てることなどあり得ない。日本が原爆基地化している場合、真っ先に核攻撃の対象となることが予想される。現在の核戦争は人類の存亡そのものが問われる水準に達しており、もはや勝者も敗者も存在しない戦争となってしまう。普通の飛行場でも貸すような軽い気持ちで原爆基地を提供するのは大きな誤りである。

しかし結局この時米国・国防総省は核配備を断念せざるを得なかった。駐日大使のジョン・アリソンの強い進言もあって、国務省が核配備計画に冷淡な対応を取ったため、結局、核兵器の中核部分である「核コンポーネント」と「非核コンポーネント」のうち、「非核コンポーネント」の部分だけを持ち込むことになった（同：四九）。太田はこれを「幻の核配備構想」と呼んでその断念の経緯を一次資料をもとに明らかにしているが、これによると第五福竜丸事件後に国民規模で増幅した日本社会の反核感情をみて諦めざるを得なかったのだという（同：四九）。

憲法は核保有を禁じていないという考え方がはじめて示されたのも同じ時期であった。鳩山発言より一週間ほど前に記者会見で大村防衛庁長官は「鳩山内閣は吉田内閣とちがって必要なものはどんどん持つ、自衛のためなら憲法改正の必要はない、原爆攻撃には原爆で応戦できるわけだ」と発言した。さらにその後岸政権に移行してからの国会論戦においても岸首相が同様のことを述べている。一九五七年五月七日、参院内閣委員会の答弁において岸首相は「憲法解釈論としては、核兵器という名のつくもの一切が憲法違反だというのは言い過ぎだと思う。将来科学兵器の発達に伴い、自衛力の範囲なら原子力を用いた兵器でも持てる」という発言を行っている。

憲法解釈論に問題が持ち込まれているという点は、正当性について考える上でも興味深い。というのも、核武装することに対して道義的な非難は生じるかもしれないが、しかしこれは合法的であるといっているからだ。政治的正当性について考える場合、社会の多数派が支持する道義、モラルに叶うという意味での正当性と、合法的であるという意味での正当性が一致しないケースが存在する（Schmitt, 1968=1983）。つまり、場合によっては、道義的な正当性がないと批判されても、合法的な正当性があるから問題ないのだと核保有へと強行突破できる余地を残そうと試みているのである。

だが、もちろん道義的正当性を軽んじてもよいというわけではない。世論の怒りをかう場合、現代の民主政治では選挙で報復を受けることになるので、世論の多数派が強く反対することに敢えて挑戦する困難はしばしば避けられる。安保問題で強行な選択を取った岸政権も核保有の問題については、慎重姿勢を保った。憲法解釈論の次元で含みを持たせながらも、実際の政策においては核保有を行うことも「原子力部隊」が日本に駐留することもないと明言したのである。

当時の読売社説は、核兵器を持たず、原子力部隊の駐留も許さないという実際の政策上の変化がないにもかかわらず、得意げな法律書生のように憲法解釈を持ち出して内外に大きな政策変更があったかのような印象をもたせるのは外交上の政治感覚を欠いたものだと批判している（一九五七年五月一四日）。社説は被爆国である日本が核について発言する場合、その影響力は決して小さくないのだから、もっと注意深く行動しろと苦言を呈したわけだ。だが、これは正当性の境界という観点からみると鳩山、岸政権が正当性の境界を拡張させようとした試みであったと評価できるのであり、無駄な一手を打って得意げになっていたというものではない。道義的正当性の水準において絶対悪として否定される核保有論であっても、合法的正当性の水準に議論を持ち込めば十分勝負できると見込んだ上での一手と考えるべきである。

(2)　核アレルギー論争にみるグレーゾーンの攻防

一九六〇年代中盤から後半にかけて佐藤政権下において生じた核アレルギー論争はまぎれもなく正当性の境界をめぐる大規模な争いであった。

一般に「核アレルギー」は日本の国民性を示す言葉として理解されることもあるが、核兵器や放射能に対する「過剰反応」を意味する言葉として理解する方が望ましい。大事な点は「過剰反応」の定義が常に相対的なものでしかあり得ないという事実である。問題は常に誰が誰の反応を指して「過剰」と定義しているかという点にある。そして本研究の観点に沿って考える場合、原子力政策の正当性の境界線がより緩やかな立場から、より厳格な立場をみるときに生じてくる「過剰反応」の定義と理解するとき、これがもっとも適切な理解であると考えられるのである。

つまり「核アレルギー」とは実体的な国民感情の特質というよりも、常に相対的な意味づけの政治を通して出現してくる政治的言語なのである。このことは第五福竜丸事件の直後に米政府高官が日本人全員を指して「原子力アレルギー」と表現した事例[5]と、六〇年代後半の核アレルギー論争においては日本国内の保守勢力が革新勢力に「核アレルギー」というレッテルを貼ろうとした事例とを並べればよく分かる。

佐藤政権は公然と「核アレルギーからの脱却」を掲げた。背景にあったのは沖縄返還問題である。佐藤政権のもとで最大の政治目標として掲げられた沖縄返還に絡んで、沖縄に大量に配備された核兵器の処遇をどうするかが一大争点となったのである。一九六〇年代には最大一二〇〇発を越える核兵器が沖縄に配備されていたという（太田、二〇一一：六二）。米国側が核兵器配備の継続的措置を望んだことから、佐藤は当初それを受け入れようとした。そのため日本国民の反核感情を懐柔する必要が生じた。当時の言葉でいうと、国民を核に慣らす必要性に迫られ「核ならし」を試みようとしたのである。

論争の直接のきっかけは、一九六八年一月、長崎県の佐世保に米原子力空母エンタープライズが寄港した折に生じた騒動であった。この騒動に前後して国会質疑や論壇で核アレルギー論争が勃発したのである。

佐藤のいう「核アレルギー」とは一体何なのか、この点については注意深い検討が必要である。当時の国会質疑で佐藤は、非核三原則についてはしっかりと守る（核は製造しない、保有もしない、持ち込みも許さない）ことを強調している。その上でエンプラがあくまでも核装備をしていない点に注意を喚起して、このエンプラ騒動が軍事利用と平和利用の混同から生じたと主張したのである。

エンタープライズは他の航空母艦と何ら違わないのでありまして、ただ推進力が原子力であるというだけであります。したがいまして、他の航空母艦等がわが国に入っているのと、エンタープライズが入っておるのは、原子力の推進力の相違だけでありまして、その他の点では同一であります。……原子力平和利用について、基本法に御賛成いただいた皆さん方であります。私は今日も変わらないと思います。ところが、その考え方である皆さん方が、どうも平和利用と軍事的利用を混同されるような議論をされる、この混同だけはひとつはっきりやめていただきたい。(6)

空母や潜水艦における原子力利用の性格は「軍事利用」と「平和利用」のグレーゾーンにあるといってよい。そして冒頭で触れた中曽根の指摘、軍事用の潜水艦に動力で原子力を用いることまで「平和利用」の範囲に収めてしまうことを基本法作成者が考慮していたことを踏まえるなら、佐藤首相の原子力基本法解釈は間違ったものではない。佐藤はこの細かな基本法解釈の裏付けの上に立って原子力空母は

「平和利用」に該当するものであり、これを問題視するというのは核であればなんでも大騒ぎしてしまう病気、つまり「核アレルギー」に相違ないと断じたのである。これも実は合法的正当性に足場を置きながら敵対する道義的正当性の支持者を撃つという構図を隠し持っていたことは興味深い事実である。

「核アレルギー」のレッテルを貼られた人々は一斉に反論した。アレルギーとは、もともと人体に無害のはずの物質に対して過剰に反応してしまう身体の働きを指す言葉である。そのため、核アレルギーという表現は、あたかも核兵器を害の無い物質であるかのように思わせる危険性がある。また、核兵器廃絶を主張する人々をあたかもアレルギー「患者」と見なして、政治家たちが自らを「医師」の位置に置くというのはあまりに不遜に過ぎるという辛辣な批判も示され、強い抵抗が生じたのである。

当時の政府関係者が「核アレルギー」というきつい言葉を使い始めたため、そこに隠された意図や狙いを分析する動きも活発化した。朝日新聞の岸田純之助は、「核アレルギー」という言葉が、原潜寄港問題であれ沖縄返還問題であれ、アメリカの核戦略の要求に従わない者へのレッテルとして好んで用いられているという興味深い指摘を行った（一九六八年二月一日）。

また、「核ならし」の意図を暴き出そうとする試みもしばしばみられた。読売新聞による六八年の大型連載「アジアの平和と日本」は、原子力空母「エンタープライズ」の佐世保寄港に対して史上空前の動員規模（八万人）で反対運動が生じた点を踏まえながら、日本に寄港させる理由を問題にした（一九六八年一月一七日）。表向きの理由と掲げられていた休養、補給、修理が日本に立ち寄る直前のハワイですでに終わっていること、しかもベトナムに派遣されるこの空母がわざわざ遠回りして日本に立ち寄る必然性のなさなどを指摘しながら、この記事はエンタープライズの寄港が国民世論への「核ならし」であったと断じている。

朝日も読売もともに政権の「核アレルギーからの脱却」に対して強い警戒の目を向けていたことが確認できる。核アレルギーという言葉をめぐる論争は原子力政策の正当性をめぐるグレーゾーンにおいて、少しでも自分たちの陣地を広げようとする与党政治家とそれを監視する野党・報道機関の戦いであった。

4　分節化と他者理解

(1)　正当性の境界の分節化

正当性の境界線がどのように分節化されているかという問題は、対話や論争の可能性について考える上でも重要である。分節化もまた人により、立場により様々なので、「原子核研究はよいが原子力研究はダメだ」という科学者の線引き（分節化）を当時多くの人が意味あるものとみなさなかったのと同じように、誰かにとって切実な意味を持つ線引きが他からみてほとんど価値を認められないという現象はしばしば生じる。「他者理解」の難しさとは、他者にとって重要な正当性の境界を共有できないところから生じてくるといってもよい。

したがって、反核運動家にとっては核兵器肯定論者の想定する正当性の線引きは許容し難いものであるし、逆もまた同じということになる。核兵器の全廃を願う人間からすれば戦術核はいいが、戦略核はダメだといったような区別（分節化）はほとんど意味をなさないどころか許し難い議論に映るであろう。逆に核兵器について安全保障上の戦略という観点から冷静に議論したいと考える立場からは、核兵器を

「絶対悪」としてひたすら否定することにのみ徹しようとする人びとはある種の思考停止に陥っているように映るかもしれない。

ここではふたりの対照的な文学者の思想に注目した興味深い新聞記事を取り上げてみよう。一九七一年七月一九日、朝日新聞の「このふたり」という欄に大江健三郎と石原慎太郎のふたりが取り上げられた。ともに人気作家であったふたりに記者はそれぞれお互いをどう思っているか聞き出しながら、ふたりが核問題をめぐって正反対の思想の持ち主であることを示そうとした。

まず大江健三郎については「八月一五日忘れるな」という見出しをつけ、核兵器をめぐって石原慎太郎が根本的に間違った考え方をしている、核兵器の「威力」と「悲惨」という二つの側面のうち威力のほうにばかり想像力が向いて、悲惨について全く考えが及んでいないという指摘を紹介している。

石原慎太郎については、「核を持たねばダメ」という見出しをつけ、核兵器にも色々な種類があり、なかでも今日では「外交核」を持つことが国際社会の中で発言権を高めていく上で非常に重要であるという考え方を引き出している。

興味深いのは、これに対して後日石原慎太郎が著書の中で苦々しく「核武装論者」であると決めつけられたと語っていることだ（石原、一九九九：六八）。しかしこの石原の憤りは、大江健三郎に共感しながら記事を読んだ読者からみれば意味不明の抗議に映ったであろう。あるいは平均的な日本人の感覚からみて大変分かりにくいものであったはずだ。

というのも例えば記事の中では「だから、一発だけ持ってたっていい。日本人が何するかわからんという不安感があれば、世界は日本のいい分をきくと思いますよ」という発言も紹介されており、普通に読めば核保有の必要性を述べているようにみえるからだ。そしてこれは記事が捏造した発言などではなく、彼の一貫した持論であることは様々な発言や著作をみれば確認できる。

石原の言い分を理解しようと努めるならば、「核を持つ選択肢があってもいい」「持つことがあったとしてもいい」ということと、「核を持たなければいけない」ということの間には極めて大きな差異があるということであろう。石原にとって重要な意味のある差異が記者にはまるで理解してもらえず、あたかも自分が核保有に固執する人間であるかのように描かれたことへの怒りが表明されたということだ。反核の立場からすれば、「外交核」であろうが、何であろうが、核保有を正当な選択肢のひとつに設定する考え方自体が許し難いものであり、「持ってもいい」と発言した段階で核武装を容認する立場として批判の対象となることは自明である。しかし石原にとっては核武装容認論と核武装必要論には区別されるべき大きな差異があったというわけだ。

ここで気がつくのは、「核」を他の言葉と入れ替えた場合石原の論理は必ずしも非常識にはみえないという事実である。たとえば「結婚してもいいし、しなくてもいい」という考えと「結婚しなければならない」という考えとのあいだには確かに重要な違いがあることが分かる。結婚については比較的把握しやすい差異（分節）の存在が、核については見落とされることが普通であるとするならば、それは核について考える思考環境においてみえにくい規制力が働いていると考えるべきなのかもしれない。

（2）〈上からの核言説〉と〈下からの核言説〉

おそらくこれは大江と石原という文学者の思想的個性としてのみ受け取ってはいけない問題であろう。

彼らの言葉は一定の歴史を有し特有の言語体系を発達させた言説共同体の語る言葉として受け取るほうが理に適っている。つまり「正当性の境界」を分節化する特殊な言語システムとしての〈核言説〉のはたらきについて考えることが必要である。

かつてグレン・フックは平和学の立場に沿って日本の安全保障政策がいかなる言語表現を通して正当化されてきたのかを研究した（フック、一九八六／一九九三）。この研究において彼が採用したアプローチは今日「批判的言説分析」として知られるものの初期の例であり、その意味においても非常に興味深い。フックは社会言語学の様々な概念を駆使して日本の核言説について分析を加えて加えており「核アレルギー」についても政治的隠喩の事例として分析を行っている。しかし彼の議論においてそれ以上に示唆的なのは「上」からの言説と「下」からの言説という区別を核政策の領域に持ち込んだ点だ。

フックは、核の支配的言説が米国社会では「上」からの視点によって形成されるのに対して、日本社会では「下」からの視点によって形成されると指摘した。ここでいう「上」からの視点とは、強者、支配者、加害者の視点のことであり、「下」からの視点とは弱者、被支配者、被害者の視点のことを指している（フック、一九八六：三二）。広島と長崎で原爆投下の被害にあい、戦後もまたビキニ事件の被害にあっている日本では被害者（「下」から）の視点に基づき核兵器は「絶対悪」として描かれることが普通であるのに対し、米国では政治エリート（「上」から）の視点にそって、核兵器は有効な「抑止力」として安全保障政策の要として語られることが普通である。核兵器は立場によって、「絶対悪」としても有効な政策のツールとしても描かれ得る。

フックの指摘はシンプルではあるが、核政策の正当性について考える上で非常に重要な示唆をもたらしてくれる。第一に、〈上からの核言説〉と〈下からの核言説〉においては何を正当とみなすかが異なっている。単に異なっているばかりではなく、逆立しているといった方が正確かもしれない。核兵器を有効な「抑止力」とみなす前者に対して、後者は「絶対悪」とみなす。そのため前者は核兵器を平和実現のための正当な手段として評価するが、後者は核廃絶のみが唯一正当な平和のための選択であり、核保有は暴挙でしかない。こうして二つの言説においては正当性の境界を分節化する論理もまるで異なるものになってくることは当然の帰結なのである。

既に触れた鳩山発言、岸発言に対する読売新聞の厳しい批判は、政治家たちが〈上からの核言説〉を持ち込んで正当性の境界を拡大しようとしたのに対し、報道機関が〈下からの核言説〉の論理で厳しい社会的制裁を加えた例であったといえる。この当時の岸の国会の発言をみれば、岸が〈下からの核言説〉が支配する日本社会においては安全保障政策について細かな分節化に基づく柔軟な対応ができなくなることを恐れていたことがよくわかる。

先に岸発言について言及したが、〈下からの核言説〉が公的言論空間を支配することに対する彼の懸念が強く表明されている発言に注目してみよう。岸は一九五七年の参院内閣委員会の質疑において、憲法九条が自衛のための戦力は認めているという政府の公式解釈にそって考えるならば、「自衛」の範囲に収まるものならば核兵器といえども保有は可能だという考え方を示し、次のように述べたのである。

今日私の一番心配することは核兵器ということの言葉だけから言うと、どの辺まで核兵器といわれるのか、どういうものがいわれるのかということが明確に概念的にきめ得ないのじゃないか。そこで

> いろいろなものが出てくる場合において、いわゆるそれが学問上もしくは技術上核兵器と名がつくのだということで、これがすべて憲法違反になるという解釈をすることは、憲法の解釈としては行き過ぎじゃないか。(7)

この引用からもうかがえるように、岸がこの発言を行ったやり取りのなかで終始気にかけているのが、「核兵器」という言葉の政治的威力であった。下からの核言説が優勢な日本社会においては、「核兵器」という言葉が「絶対悪」という評価に直結しているため、「核兵器」という言葉を用いた瞬間に〈上からの核言説〉の世界に引き込むこと、つまり「抑止力」の政策論に持ち込むことは非常に困難になる。ところが技術の進歩は日々目覚しい。いま「核兵器」と考えられているものと全く異質な最新兵器が登場ししかもそれが広島、長崎的な大量破壊兵器ではなく、もっとコンパクトで局地戦で限定使用できるような性質のもので、それが安全保障環境を激変させる時、ただ名前が「核兵器」というだけで何の対応も取れなくなるのは政治的に不味いのではないかというのが岸の懸念であった。

しかし〈下からの核言説〉が優勢な社会において、しかも軍事力そのものについて「下」からの言説が優勢な日本社会において、核兵器を憲法によって正当化しようという論理は相当に激しい違和感を生み出さずにはいられない。また岸の核保有合憲論は憲法解釈論争以前に当時の状況下においては明白な原子力基本法違反であった。原子力は平和目的に限定すると明確に宣言したこの基本法を廃案にするか修正しない限り、日本で核兵器を保有することは明らかに合法的ではなかった。野党議員からこの点を指摘され追及された岸もこの批判を素直に認めて、だからこそ政策として核を保有することはないと明言したのであった(8)。

(3) 平和のために死守すべき一線

先に取り上げた「核アレルギー」という言葉についても〈核言説〉の観点を導入することでより理解が鮮明になる論点がある。それは核アレルギーのレッテルを貼られた人びとが〈下からの核言説〉の世界において政策の正当性の境界をどのように分節化していたかという問題である。〈上からの核言説〉を通して世界を分節化する人びとは〈下からの核言説〉の分節化原理で正当性の境界を引いている人間のことが著しく理解困難であったと思われる。そしてこの理解不能性を埋め合わせるように、異質な他者を病理学的用語で扱ったのだとみることができる。

ここでは佐藤政権の核アレルギー論争に先立って「核アレルギー」という言葉が誕生する直接的な背景となった米原潜寄港問題について注目してみよう。一九六三年一月に米国から日本政府へ米国の原潜寄港に関する正式な依頼を受けて政府関係者による国会での説明、答弁が行われたことで野党、報道機関の激しい批判、追及が生じた。この時、原潜の寄港が「核の持ち込み」を許すことになるのではないか、港湾事故によって日本の港が放射能に汚染されるのではないかと心配した人びとが反対運動を繰り広げ、激しい論争が生まれたのである。その際に、日本政府は核の「持ち込み」は禁ずるが、核兵器を搭載していない艦船の寄港は当然認めるという形で政策の正当性の境界線を引いたのである。そして単に動力源が原子力というだけで大騒ぎする反応を指して「核アレルギー」と批判し、佐藤政権下では「核アレルギーからの脱却」が公然と説かれることとなったことは既にみたとおりである(図1-2)。

在日米軍への核配備

---------------------------- 日米の「密約」

核装備のある原潜、空母の寄港

---------------------------- 日本政府の公式見解

格装備のない原潜、空母の寄港

---------------------------- 野党、科学者

原子力発電の建設

図1-2　1960年代における原子力政策の正当性の境界

（出典）　筆者作成。

〈下からの核言説〉について理解するためには二つのポイントを把握する必要がある。ひとつは核兵器を装備していない原潜の寄港を認めることがやがて核の「持ち込み」につながるのではないかという強い懸念があったこと、いまひとつは原潜が引き起こす事故や環境汚染への懸念も強かったことである。

ここでは前者に絞って説明しよう。既に触れたように、〈下からの核言説〉をリアルに感じた人びとが何よりも恐れていたのは、在日米軍基地が「核基地化」することで、万が一の戦争時にそこが核攻撃の対象とされてしまうことであった。そして核攻撃の標的になることだけは何が何でも避けなければならない、そのためには絶対に日本が「核基地」となってはならないことが「平和のために死守すべき一線」として認識された。

ここで注目すべきは何をもって「核基地化」したとみなすかという問題であるが、〈下からの核言説〉の論理においては、地上基地に核兵器を常時配備することだけではなしに、定期的に核搭載艦船が立ち寄ることも実質的には日本の「核基地化」を意味するものと想定された。

この〈下からの核言説〉の論理を図示すると、**図1-3**のようになる。この世界観においては日本が核武装することも、地上の在日米軍基地に核兵器が配備されることも、核搭載艦船の一時寄港によって日本の港が事実

核武装
在日本軍への核配備
核装備のある原潜、空母の寄港
→ 核攻撃の対象

――――― 平和のために死守すべき一線

格装備のない原潜、空母の寄港

- - - - - 予防線

原子力発電の建設

図 1-3　〈下からの核言説〉における正当性の境界の分節化
（出典）　筆者作成。

上核基地機能を持つことも、実質的に「核攻撃の対象」となるという致命的な一点において同じ意味を持つことになる。いわばこれらの選択のあいだに重要な差異（境界）は存在しない。あくまでも「平和のために死守すべき一線」は、核搭載艦船の「持ち込み」を認めてはならないという場所に引かれるのである。

ここで興味深いのは、「予防線」の論理である。本研究が取り上げる事例のように、政策のオプションに関わる正当性の境界線の選択肢を一連のスペクトラムとして描き出すことが可能なケースにおいては、ある局面における陣地戦の勝敗が、隣接する境界線の勝敗にまで波及することが想定される。そのため政敵を勢いづかせて一気に本命のラインを攻め落とされないように、保険をかけるようにして余裕を取って戦おうとする方法がしばしばみられる。

米国の原潜寄港問題をめぐって、国会で野党が与党を追及した際の論理はまさにこの「予防線」の論理といってよい。つまり核兵器を装備していない原潜の寄港を認めることで、それがやがて核搭載艦船の寄港を認めることに繋がっていくのではないかという懸念を表明し政府を強く牽制し続けたのである。こうして本命のラインが脅かされることを「予防」しようとしたのである。

こうした「予防線」を用いた戦い方を選択することには現実的な根拠があった。ひとつは政府の「核ならし」への対抗という意味合いがある。先に読売新聞の一九六八年の大型連載記事「アジアの平和と日本」について言及したが、この記事の中では原潜寄港の回数を重ねるごとに、原子力船反対運動の動員数が減少してきた事実が雄弁に示され（図1-4参照）、「原潜→原子力空母→ポラリス潜水艦の寄港→沖縄の核つき返還」といった形で、なし崩し的に本土に核が持ち込まれようとしているのではないかという分析が提示された（一九六八年一月一七日）。ひとつの境界を越えることが、そのまま勢いにのって次の境界をも攻め落とされることに繋がりかねないという危機感がここに明確に見て取れる。予防線の論理は、正当性の境界をめぐる攻防においてひとつの境界線をめぐる攻防の勝敗が隣接する境界線まで波及するという経験則に依拠しているのである。

第二に、以上のような正面突破で境界線を越えようとする方法と異なり、人知れず核の「持ち込み」が常態化することへの警戒感、つまり秘密裏に正当性の境界を無効化されることへの警戒感も予防線の論理を支えていた。

この点については一九六〇年代に入って著しく進んだ「海軍の核化」の事情を知る必要があるだろう（梅林、一九八九）。端的にいって海軍の中で核装備が広く行き渡ることによって、原潜を受け入れることがそのまま事実上核兵器搭載艦船の一時寄港を認めることと事実上同義となってしまうのではないかという懸念である[9]。

先ほど触れた読売の記事に登場する「ポラリス」は、画期的な新型原潜として一九六三年の国会で大いに関心を集めた。いずれ日本にもポラリスが配備されるようになるのではないか、このたびの原潜寄

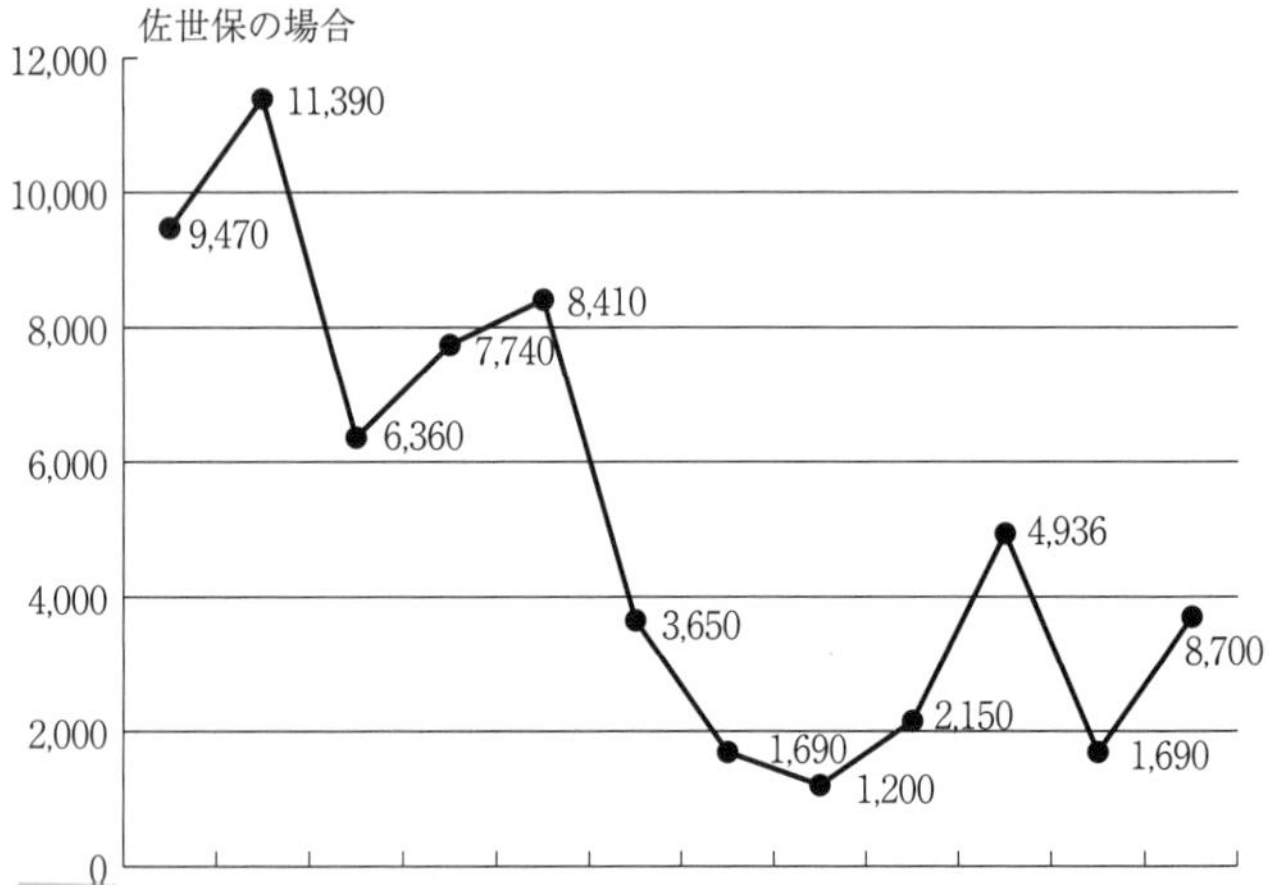

入港日	64 11 12	65 2 2	65 5 25	65 8 24	65 11 24	65 12 14	65 12 20	66 1 18	66 8 1	66 8 22	66 12 20	67 2 10
停泊日数	3	4	5	5	9	6	7	7	5	16	7	14
艦名	シードラゴン	シードラゴン	スヌーク	パーミット	シードラゴン	サーゴ	プランジャー	サーゴ	スヌーク	スヌーク	スカルピン	シードラゴン

図 1-4　原潜反対デモ総動員数（停泊期間中に動員された人数）

（出典）　読売新聞1968年１月17日「米の極東戦略を解剖する③“核アレルギー療法”」より。

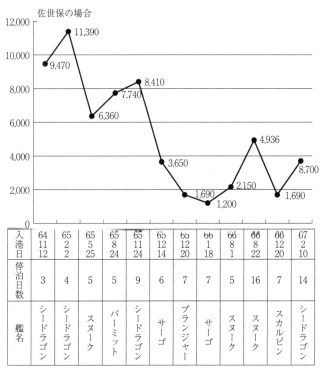

港はそのための布石ではないのかということが多くの人の危惧するところであった。政府は「ポラリス」であれば絶対に受け入れないと躍起になって説明をした(10)。

しかし野党の側にとって問題は何もポラリスに限られるわけではなかったのである。例えば、当時ポラリスと同程度に頻出した兵器名に「サブロック」がある。非ポラリス型、つまり通常の攻撃用潜水艦にすべてこのロケット核爆雷を装備すべく米海軍が大量生産体制に入っていることが国会審議のなかで判明した(11)。政府はサブロックを搭載している原潜も入港させないと主張したが、野党はその根拠を厳しく追及した。通常の原潜がサブロックを搭載しているか否かをわざわざ入港のたびに照会するというのだろうか、仮にそうしたとして米軍は核装備については一切の問い合わせに「ノーコメント」で対応することを世界中で徹底していたので日本側からは確認することがそもそも不可能であった。

要するに海軍の兵力において核兵器の比重が著しく高まったため、「核兵器」と呼び得るものを一切日本に持ち込ませないという政府の説明は事実上不可能に近いのではないかと当初から危惧されていたのである。これはちょうど先にみた岸の懸念と正反対の懸念であることが興味深い。岸の論理は核兵器が小型化し、海軍にとどまらず「軍隊の核化」が著しく進行したときに「核兵器」という名前だけで全てを拒絶するようならば安全保障政策がどこかで根本的に行き詰るしかないことを懸念したが、野党の側は「軍隊の核化」が日本の米軍基地を知らぬうちに事実上核基地化することはほとんど不可避ではないかと危惧し、これに対抗するために予防線の論理で戦おうとしたのであった。

5　恐怖感情の共有

以上、本章においては一九五〇年代、六〇年代の事例に注目して原子力政策の正当性の境界に関する分析と考察を行ってきた。

改めて確認しておくならば、この主題に取り組むにあたって「平和利用」とは一体何だったのかを考え直すという道筋を選んだのは、この時期原子力政策を正当化する「理念的根拠」として大々的に動員されたのが「平和利用」という理念であったからだ。現時点からふりかえってこの当時の議論が原発の安全性問題を軽視していたと指摘することは容易だが、それよりも「平和利用」であるか否かという一点に原子力政策の正当性のほとんど全てが賭けられているかのように考えていた人びとの「リアリティ」が一体いかなるものであったのかを理解するように努めた。言い換えるなら、当時の人びとがどのような内的構造をもつ社会的意味の世界に生きていたのかを明らかにしようと努めたのが本章の取り組みであった。

社会的意味の構造分析については、平和利用と軍事利用を別々のものとして取り扱うのではなく、原子力政策を一続きのスペクトラム（連続体）として把握し、一体どこからどこまでが「平和利用」（もしくは「軍事利用」）として考えられていたのかに注目した。

冒頭ではこうした分析の目的がジャーナリズム研究への貢献にあることに言及しておいたが、戦後ジャーナリズム史を語る上で不可欠ともいえる読売新聞の名物連載「ついに太陽をとらえた！」をこのスペクトラム分析の中に位置づけることができたことは重要な成果であったといっておきたい。

　ただ分析の全体を通して浮かび上がってきたもっとも重要な知見は、この時期原子力問題を論じている人々の間で米ソの核戦争に「巻き込まれる恐怖」もしくは米ソの核開発競争に「巻き込まれる懸念」が極めてリアルに共有されていたことであった。最後にこの点について若干の考察を加えて結びとしたい。

　米国の核戦略に日本がどこまで協力すべきかをめぐって、核兵器を搭載していない原潜の寄港を認めるべきか否かというグレーゾーンの事例がひとつの大きな論争点となった。単なる動力源として原子力が用いられているだけなのだから、これは原子力の「平和利用」の事例であって、これを否定するのは病的な「核アレルギー」だというのが政権側の言い分であった。他方で、大部分の原潜が核兵器を装備し始めた「海軍の核化」現象を踏まえて、事実上日本の港が「核基地化」することを懸念した野党政治家たちはこれを厳しく追求した。実質的に日本の港が「核基地化」することで「核戦争に巻き込まれる」ことになることを懸念してのことであった。

　強調されるべきは、こうした安全保障関連の政策にとどまらず、原発導入をめぐる議論にも、「巻き込まれる」ことへの懸念が及んでいたことだ。原発導入にあたって、反対論者の科学者は大規模な原子力研究など始めたら米国の核兵器の開発に日本の科学者も巻き込まれることになるのではないかと懸念した。慎重論者は、核開発に巻き込まれないためには、「公開、自主、民主」の原則を厳格に守るべきだと強硬に主張した。これらの意見を積極論者の読売新聞は一笑に付し、「いかにも感傷的な小国民心理」と白眼視した。

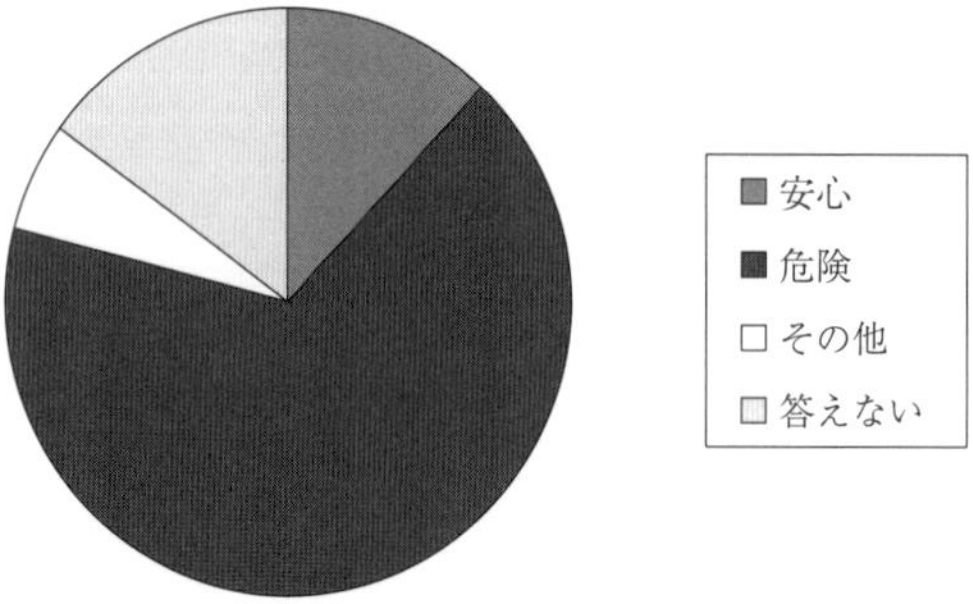

図 1-5　米軍の核戦力は「安心」か「危険」か
（出典）　朝日新聞1969年１月５日「『安保』改廃か緩和が七割　防衛・安保問題で本社世論調査」より。

しかしそのような読売新聞にしても、在日米軍基地に核兵器を配備することを容認しようとした鳩山発言に対しては同様の「巻き込まれる恐怖」を根拠に猛烈な批判を行ったのである。本文で触れた内容を再度ここで確認しておくならば、読売は次のように論じた。

７００箇所以上の米軍基地を抱える日本が戦争圏外に立てることなどあり得ない。日本が原爆基地化している場合、真っ先に核攻撃の対象となることが予想される。

この指摘をみれば、当時在日米軍の核戦力は、日本を守る「抑止力」などではなく、日本を核戦争に巻き込むリスクとみなされていたことがよく分かる。このような認識が六〇年代後半にも根強く残っていたことを示す世論調査がいくつか存在する。ここでは一九六九年一月に朝日新聞が公表した調査結果を取り上げておこう（**図1-5**）。質問文「『原水爆などの核兵器をたくさん持っているアメリカが日本を守っているから安心だ』という意見があります。一方『アメリカの核のカサに入ることは核戦争に巻き込まれる恐れもあってかえって危険だ』という意見があります。あなたは、どちらの意見に賛成ですか」に対して、「安心」と回答した人が一二%、「危険」と回答した人が六七%であった。七割近い人間が米国の核戦力を「危険」視していた点は注目に値する。

この時期原子力を論ずる者の間に立場を超えて戦争に「巻き込まれる恐怖」が共有されていたことは明白である。そしてこの恐怖感情の共有こそが、この時期の「平和利用」論のリアリティを支えていたのだと考えられる。「平和利用」とは、事実上、核戦争や核開発競争に巻き込まれる心配のない原子力政策のことを意味していたのであり、「平和利用」と「軍事利用」の境界をめぐる争い（=原子力政策の正当性の範囲をめぐる争い）とは、どこからどこまでが〈戦争圏外〉でどこからが〈戦争圏内〉であるかの状況判断をめぐる争いであった。反対論、慎重論、積極論はその判断の線引きの場所が異なったものの、〈戦争に巻き込まれない〉ことこそが原子力政策を正当化する絶対条件であるとの認識では一致していたのだと結論付けることができる。

さて、本章では一九五〇、六〇年代を中心に議論を進めてきたが、この主題は今日においても意義を持つものであろうか？　現在では「平和利用」という言葉にはかつてほどの強力な政治的正当化の機能が備わっているようにはみえない。だがそれでもなお注目する価値はある。政治的正当性の社会学的研究にとっては、ある時期に時代の象徴として脚光を浴びた言葉がその後どのような経過を辿って変化し、忘れられ、消えていくのかを注意深く観察していくことも重要な課題である。

福島原発事故後においても原発擁護派は原子力「平和利用」という言葉で原発政策を正当化しようとすることを止めないでいる。他方で福島原発事故に至る歴史的道のりを悔恨の思いで振り返る原発批判派にとって一九五〇年代、六〇年代に日本社会を席巻した原子力「平和利用」キャンペーンは、虚偽と欺瞞に満ちた原子力政策の歩みを象徴するものとして認知されるようになった。「平和利用」という言葉はいまや原発問題をめぐる政治的なリアリティの深い深い断絶を示唆するものなのである。

「平和利用」という言葉の社会的意味に徹底してこだわり抜くことで、戦後原子力政策を形作ってきた力の諸相をもっと分厚く豊かに論じることができるはずだ。この点を今後の課題として、引き続き原子力政策の正当性の研究に取り組んでいきたい。

付記　本章の内容は、法政大学『サステイナビリティ研究』（vol.5、九一～一〇七頁、二〇一五年）に掲載された論文、及び慶應義塾大学『法学研究』（第八九巻第二号、一八九～二一一頁、二〇一六年）に掲載された論文に加筆修正したものである。

注

（1）元読売新聞記者であり正力松太郎の右腕として原子力平和利用キャンペーンの舞台裏で大きな役割を果たした柴田秀利は、『戦後マスコミ回遊記』において、一九五五年に読売が熱心に取り組んだ平和利用キャンペーンの政治的動機に、前年の第五福竜丸事件によって日本社会に広まった反核、反米感情を沈静化し、親米保守への支持を増やす世論工作という意図があったことを赤裸々に証言した。原発が東西冷戦の心理戦の道具として利用されたという意外さと冷戦期の心理戦という興味深い主題は多くのジャーナリスト、メディア史研究者の関心を集め、「原子力平和利用とメディア」という主題が大きな注目を集めるきっかけとなった。

決定的な資料的裏付けを伴った有馬の『正力・原発・CIA』においては、原発導入期の国内外の政治過程が幅広く展望されつつ、正力が「ポダム」、柴田が「ポハルト」という暗号名をもつCIAの協力者であったことなどが一次資料による裏づけを伴って明らかにされている。CIAとの協力のもと彼らに期待された役割は、日本社会の共産化、あるいは中立主義への傾斜を防ぐことであった。

正力も柴田も生粋の反共主義者であり、加えて強力なメディアグループを所有するという点でアメリカ側から良き協力者とみなされた（有馬、二〇〇八）。

（2）この点については開沼博の『フクシマ論』から重要な示唆を得た。開沼がポストコロニアルの思想を背景にしながら「ラディカル・オーラルヒストリー」に注目し、原発を抱きしめて生きる人々のリアリティを細かく読み解いていくことで生まれた研究成果は、「虚偽意識論」的な扱いとの断絶という点において注目すべき意義がある。外部から注入された「原発マネー」で立地地域住民に「虚偽意識」が植え付けられているかのように扱う従来の一般的な（社会学的な）考え方と異なり、開沼は「原発マネー」を要求する側のリアリティを内在的に描き出すことにこだわった。

開沼の研究がなぜ新鮮であったかを考えることには意味がある。言うまでもなく内在的な描写という点に新しさがあったとは思えない。というのも現代の社会学者は外側からラベルを貼り付けることの暴力性をよく知っているはずであるし、常に他者理解のためには他者のリアリティを内在的に描くことが大切であることを本当はよく知っているはずであるからだ。開沼の議論が示唆しているのは、内在的な「他者理解」に値するものとして社会学者が注目する「他者」に選り好みが生じ易いという問題である。

（3）三村は次のように語ったという。「……私が原爆でやられて病床に二カ月おりましたときに考えたことは、どうしてアメリカにこのかたきを討ってやろうかということでありました。……ところが、ソ米のテンションが非常に強くなって来る。そして原爆の問題になってきた……考えをちょっとかえた。それは何か。原爆の惨害を世界中に拡げる。しかも誇張するのでなしに、実情そのままを伝える。これが日本の持つ有力な武器である……そういう機会の到来することを一生懸命まっておった……ところが一昨年でありましたか、八月六日に広島の平和運動が盛んになりまして、平和の何かをやろう、こういうことで私どもに呼びかけてきた人があります……幸い学術会議にこれが出たので、私はその第一の皮切りをやっている……。」（日本共産党（左派）中央委員会機関紙『人民の星』五五七五号 http://ww5.tiki.ne.jp/~people-hs/index.htm より）

（4）辻本は「ついに太陽をとらえた！」と第五福竜丸のスクープに関わっただけでなく読売新聞の伝説的な長期連載記事「昭和史の天皇」を担当した人物であり、名文家としても名高い。「ついに太陽をとらえた！」の舞台裏の秘話を綴った「原子力班誕生」（『読売新聞風雲録』所収）という彼の文章も、記憶に残る味わい深い文章であり、「死の灰」という歴史に残る有名な言葉が生まれた経緯（デッド・サンドという言葉を知っていた村尾清一記者から辻本がヒントを得てつくったとのこと。『砂を灰にかえただけだが、死の砂というと何かザラザラしているが、灰というと音もなくふってくるという印象から、すごみはきくわけだ』と辻本は説明している）が説明されており興味深い。この時期の読売新聞社会部は原四郎部長のもとで社会部帝国とも呼ばれた。

（5）日本原子力産業会議が作成した『日本の原子力——15年のあゆみ（上）』の一九頁には、ダレス国務長官が「日本人は原子力アレルギーにかかっている」と発言したエピソードが紹介されている。ただしこの発言がいつどこで行われたものかについての記述はない。米国の政府高官が反核運動に参加する人々を精神病理学的なターミノロジーで表現することについては、Hilgartner ら（1982）の著書に詳しい経緯の説明がみられる（特に「過度の不安（undue anxieties）」について書かれた8章の内容を参照のこと）。

またメディア史の領域においては井川（二〇一三）がＵＳＩＡの世論分析を踏まえた米国側の報告書に「核ヒステリー」という表現が登場している点に注目し、考察を加えている（井川、二〇一三：一〇二）。

国民規模で盛り上った原水禁運動に示された当時の日本人の自意識としては、これは紛れも無く「平和意識」の発露であったはずだ。当事者にとっては「平和意識」や「命の大切さを尊ぶ」積極的な価値意識の発露であるものが、他の立場からみれば病理に映るという根深いディスコミュニケーションの問題が常に内包されている点に核アレルギーという政治言語の重要な問題がある。

（6）昭和四三年一月三一日参議院会議録第三号国務大臣の演説に関する件（第二日）二七頁より。

（7）第二十六回国会内閣委員会議録第二十八号（昭和三十二年五月七日）五頁参照。

（8）第二十六回国会内閣委員会会議録第二十八号（昭和三十二年五月七日）六頁参照。

（9）米国の核独占が一九四九年八月のソ連核実験によって終息して後、一九五〇年代は水爆とその運搬手段の開発をめぐる激しい競争の時代となったことは周知の通りである。この同じ時期に原潜の開発にも大きな前進がみられ、六〇年代に入ってその開発の成果が続々と現れるようになった（梅林、一九八九：八四～八七）。酸素を必要としない原子力を動力源とすることで、潜水艦は長時間の連続潜航が可能となった。のみならず潜航した状態で水中から核ミサイルを発射することができるようになった。しかも非常に長い射程を飛ばすことも可能となった。例えば梅林によるとポラリス型原潜一番艦のジョージ・ワシントン号は射程二一〇〇キロの戦略ミサイルを一六基も積むことができた。これは当時の技術水準からすると極めて画期的なことであったという。その後改良が進み、ポラリスＡⅢでは射程が四七〇〇キロにまで伸びた。日本近海からだと中国本土、北朝鮮、シベリアなど広汎な地域がこの射程に収まる（服部、一九六九：四二）。

この結果、海底に潜みながら敵国の主要都市に報復打撃を加えることができるようになり、その高い「抑止力」の実現によって核搭載原潜は核保有国の核戦略にとって極めて大きな役割を果たすようになったのである。こうしてまず米海軍を先頭に世界中の海軍で核化が進んでいった。

（10）　一九六四年八月二九日読売新聞「潜艦寄港で政府統一見解　ポラリス型は認めぬ」を参照。

（11）　参議院外務委員会（第四十六回国会閉会後）会議録第三号（昭和三十九年九月三日）三頁参照。

参考文献

荒瀬豊・岡安茂祐（一九六八）「『核アレルギー』と『安保公害』――シンボル操作・一九六八年」『世界』九月号、七三～八四頁。

有馬哲夫（二〇〇八）『原発・正力・ＣＩＡ――機密文書で読む昭和裏面史』新潮新書。

井川充雄（二〇〇二）「原子力平和利用博覧会と新聞社」『戦後日本のメディア・イベント一九四五年～一九六〇年』世界思想社。

石原慎太郎（一九九九）『国家なる幻影――わが政治への反回想』文藝春秋。

伊藤高史（二〇一〇）『ジャーナリズムの政治社会学』世界思想社。

ＮＨＫ総合（一九九四）「現代史スクープドキュメント　原発導入のシナリオ」三月一六日放映。

太田昌克（二〇一一）『日米「核密約」の全貌』筑摩書房。

開沼博（二〇一一）『フクシマ論――原子力ムラはなぜ生まれたのか』青土社。

加藤哲郎（二〇一三）『日本の社会主義――原爆反対・原発推進の論理』岩波書店。

加藤哲郎・井川充雄編（二〇一三）『原子力と冷戦――日本とアジアの原発導入』花伝社。

烏谷昌幸（二〇一五）「原子力政策における正当性の境界――政治的象徴としての平和利用」『サステイナビリティ研究』vol.5、九一～一〇七頁。

――（二〇一六）「二つの核言説と『核アレルギー』――一九六〇年代日本における原潜寄港反対論の分析」『法学研究』第八九巻第二号、一八九～二一一頁。

木村繁（一九八二）『原子の火燃ゆ――未来技術を拓いた人たち』プレジデント社。

グレン・D・フック（一九八六）『軍事化から非軍事化へ――平和研究の視座に立って』お茶の水書房。

――（一九九三）『言語と政治』くろしお出版。

黒崎輝（二〇〇六）『核兵器と日米関係　アメリカの核不拡散外交と日本の選択　一九六〇～一九七六』有志舎。

坂本一哉（二〇一〇）「第二章　核搭載艦船の一時寄港」『いわゆる「密約」問題に関する有識者委員会報告書』。

佐野眞一（一九九四）『巨怪伝――正力松太郎と影武者たちの一世紀』文藝春秋社。

柴田秀利（一九八五）『戦後マスコミ回遊記』中央公論社。

杉田敦（二〇〇五）『境界線の政治学』岩波書店。

武田徹（二〇〇六）『「核」論――鉄腕アトムと原発事故のあいだ』中公文庫。

武谷三男（一九五五）『科学者の心配』新評論社。

――（一九五七）『原水爆実験』岩波新書。

――（一九六八）『原子力と科学者　武谷三男著作集二』勁草書房。

――（一九七四）『武谷三男現代論集二　核時代　小国主義と大国主義』勁草書房。

武谷三男編（一九七六）『原子力発電』岩波新書。

辻本芳雄（一九五五）「原子力班誕生」原四郎編『読売新聞風雲録』鱒書房。

土屋由香（二〇〇九）『新米日本の構築』明石書店。

土屋由香・吉見俊哉編（二〇一二）『占領する眼・占領する声　CIE／USIS映画とVOAラジオ』東京大学出版会。

中曽根康弘（一九九六）『天地有情――五十年の戦後政治を語る』インタビュー・伊藤隆、佐藤誠三郎、文藝春秋。

服部学（一九六九）『原子力潜水艦』三省堂。

伏見康治（一九八七）『原子力と平和　伏見康治著作集七』みすず書房。

――（一九八九）『時代の証言　原子科学者の昭和史』同文書院。

山本昭宏（二〇一二）『核エネルギー言説の戦後史　一九四五～一九六〇』人文書院。

湯本和寛（二〇〇四）「政治的正当性（止統性）論再考――象徴理論からのアプローチ」修士学位論文、慶應義塾大学（法学）。

吉見俊哉（二〇一二）『夢の原子力――Atoms for Dream』ちくま新書。

和田長久（二〇一四）『原子力と核の時代史』七つ森書館。

Berger, P. and T. Luckmann (1966) *The Social Construction of Reality: A Treatise in the Sociology of Knowledge*, New York: Double and Company（山口節郎訳（二〇〇三）『現実の社会的構成――知識社会学論考』新曜社）。

Hilgartner, S., R. C. Bell, & R. O'Connor (1982) *Nukespeak: Nuclear language, visions, and mindset*, Penguin.

Osgood, K. (2006) *Total Cold War: Eisenhower's Secret Propaganda Battle at Home and Abroad*, Kansas: The

University Press of Kansas.
Schmitt, C. (1968) *Legalität und Legitimität*, Duncker & Humblot（田中浩・原田武雄訳（一九八三）『合法性と正当性』未來社）。
Schutz, A. (1932, 1960) *Der sinnhafte Aufbau der sozialen Welt: Eine Einleitung in die verstehende Soziologie*. Wien, Springer-Verl., (1974), Frankfurt a. M（佐藤嘉一訳『社会的世界の意味構成――ヴェーバー社会学の現象学的分析』木鐸社）。
Weber, M. (1947) *Wirtschaft und gesellschaft*, 3 aufl. Tübingen: J. C. B. Mohr（濱嶋朗訳（二〇一二）『権力と支配』講談社学術文庫）。
Weart, S. R. (1988) *Nuclear fear: A history of images*, Harvard University Press.

第2章　国産原子炉と技術者の物語

――原発報道におけるテクノナショナリズムとその陥穽

津田正太郎

1　テクノナショナリズムの「過剰」と「過少」

一九九〇年四月、『誰も知らなかったソ連の原子力』（中村政雄他、電力新報社）という著作が出版された。その四年前にチェルノブイリで発生した原子力発電所での事故を受けて、日本とソ連（当時）のジャーナリストがお互いの国を訪問し、原子力関連施設を取材した結果をまとめたものである。日本からは読売、毎日、朝日、日経、共同通信の論説委員や科学部の記者が、ソ連からは共産党の機関紙であったプラウダ、国防省機関紙のクラスナヤ・ズベズダ、科学雑誌『科学と生活』の記者がそれぞれ参加している。

体裁としては、それまで閉ざされていた対話の回路を開き、日ソ両国が原子力の平和利用について学び合うことが目的とされている。とはいえ、チェルノブイリでの事故がその背景にあることから、実質的にはソ連の原子力利用実態のお粗末さが指摘される一方、日本の技術の優越性が強調されるという流れになっている。例えば、日本の原子力関連施設を訪問したソ連のあるジャーナリストは次のように述べている。

安全は原子力発電の主要な問題である。日本の安全は十分満足すべきレベルにある、と多度津テスト・センターの専門家は「アメリカ、西ドイツ、フランスなどいずれの国も、模範的といわれるわれわれの技術を羨望の目で眺めている」と誇らしげに語った。この言葉に自画自賛はない（中村他、一九九〇：二三七）。

福島第一原発での事故はいうまでもなく、一九九〇年代後半から頻発する原子力関連施設での重大事故や、二〇〇〇年代になって発覚した一九八〇年代以降の原発での事故隠しなどを知る現在の視点からすれば、日本の原子力技術の素晴らしさを説くこうした言説がやや寒々しく映ることは否定できない。ただし、本論の中心的な課題は、原子力関連のこうした言説を糾弾することではない。「テクノナショナリズム」という観点から、マスメディアにおける原発報道のあり方を検証することにある。日本の原子力関連報道においてエネルギー源の自立性の確保というテクノナショナリズム的なテーマが重要な地位を占めてきたことは既存研究によっても示されているが（大山、一九九九：九一～九二／烏谷、二〇〇三：二一〇～二一一）、本論ではとりわけテクノナショナリズムという概念が有する二つの側面に注目したい。ひとつは、日本の科学技術の優越性を説くとともに、時としてそれを日本人の特質と結びつける側面である。『誰も知らなかったソ連の原子力』は、そうした意味でのテクノナショナリズムに満ちた著作だということができる。そして、テクノナショナリズムのもうひとつの側面が、科学技術の国内開発を訴えるというものである。テクノナショナリズムが論じられる場合、一般にはむしろこちらの側面が重視される傾向にある。

これら二つの側面に注目するのは、例えば福島第一原発での事故を振り返った際、そのどちらを重視するのかによって異なる教訓が導き出されることによる。まず、日本の原子力技術の優越性を説くテクノナショナリズムに注目する場合、それが生んだ慢心こそが事故を生む一因になったとも指摘される。一例を挙げるなら、中日新聞社会部による著作には次のような記述がある。

高い技術力と勤勉な労働力が世界から称賛された日本の産業界。原子力では（スリーマイル島：引用者）事故で原発の新設が事実上凍結された米国に代わり、日本が世界をリードするようになる。しかし、その自信はやがて過信へと代わり「日本の原発で事故は起きない」という安全神話を生む契機となった（中日新聞社会部編、二〇一三：一七〇〜一七一）。

このように、テクノナショナリズムの「過剰」は慢心を生み、安全対策を軽視する風潮を生んだというのである。他方、科学技術の国内開発を訴えるテクノナショナリズムの立場からすれば、その「過少」こそが福島第一原発での事故の要因だと論じられうる。朝日新聞の元記者で、原子力技術の国内開発の必要性を繰り返し訴えてきた大熊由紀子は、福島原発事故後のインタビューにおいて次のように述べている。

電力会社、メーカー、行政の直輸入志向を私は繰り返し批判しました。福島の原発事故も、原因をさかのぼると私が批判してきた「アメリカ依存」に行き着きます。アメリカではふつう、内陸に原発を建てるので、海辺への立地や、まして津波を想定しません。そんな原子力発電システムをアメリカのメーカーは売り込んできました（上丸、二〇一二：三二九）。

いうまでもなく、こうしたテクノナショナリズムの「過剰」と「過少」とがお互いに全く無関係であるなら、事故を生じさせうる別個の要因としてそれぞれ検討すればよいだけのことである。しかし、時としてテクノナショナリズムのこうした二つの側面は結びつく。科学技術の国内開発が進むことで、自国の科学技術の優越性を強調する言説が生まれやすくなるのである。テクノナショナリズムの「過少」を憂い、国内開発を推進させようとする努力が、自国の科学技術の優越性を誇示するテクノナショナリズムの「過剰」をもたらしかねない。

本論では、テクノナショナリズムのこれら二つの側面がどのように結びつき、マスメディアの原発報道に影響を与えてきたのかをみていくことにしたい。そこでまず、テクノナショナリズムという概念をより詳細に検討する。次に、日本のテクノナショナリズムはいかなる性質を有してきたのか、原子力発電の分野においてテクノナショナリズムがどのような役割を果たしてきたのかを論じる。そのうえで朝日新聞と読売新聞の原発関連記事の分析を行い、テクノナショナリズム的な発想が両紙の報道姿勢に与えた影響について考察するとともに、テクノナショナリズムの二つの側面を結びつけるものとして「技術者の物語」の存在を提起する。立ちはだかる様々な困難を技術者たちが克服していく物語の構造が、国内開発に高い評価を与える一方で、技術の向かう先の問い直しを困難なものとすることを指摘して、本論の結びとしたい。

2　日本におけるテクノナショナリズムと原子力発電

(1) テクノナショナリズムとはなにか

筆者は以前、別稿においてナショナリズム概念を検討した際、思想や運動としてのナショナリズム(理念的ナショナリズム)[1]を「自らが帰属する国民共同体(nation)にとっての利益、すなわち『国益(national interests)』の実現を訴えるあらゆる思想や運動、および国民共同体の過去・現在・未来を讃える言説」として定義したことがある(津田、二〇一六：八六)。テクノナショナリズムをこうした理念的ナショナリズムの一種として位置づけるならば、科学技術、とりわけ先端的な科学技術の国内開発の推進こそが国益だとする思想や運動としてまずは考えることができる。一例を挙げると、朝日新聞社で後に科学部長を務める木村繁の若き日の著作『アトム記者世界道中記』(朝日新聞社、一九六五年)には、そうした意味でのテクノナショナリズムが随所に見られる。木村は先進諸国の原子力関連施設の視察を経て、「世界一流の科学国」を目指すために「新型の原子炉」を日本人の手で作り上げる必要性を訴えるのである(木村、一九六五：一六一)。

加えて、「国民共同体の過去、現在、未来を称える言説」をテクノナショナリズムの文脈でいうなら、自国の科学技術の優秀性を説く言説ということになるだろう。ただし、技術の国産化が進んだとしても、それが常に優越性の強調につながるとは限らない（伊東、二〇〇三：九四）。国内の技術水準が低い場合、国産品の劣悪さが問題視されることもありうるからである。

日本における産業の発展に関する研究によれば、日本政府が推進するテクノナショナリズムには、外国製の技術を積極的に学ぶとともに、日本独自の技術へと発展させること（国産化）、習得した技術を産業界全体に行き渡らせること（普及）、政府や地方自治体、産業界がそれぞれ国内産業の育成に努め、技術に関する知識を広めること（育成）という三つの要素があると指摘される[2]（サミュエルズ、一九九七：一四）。その背景には、日本は常に対外的な脅威に晒されている脆弱な国家だという認識と、国家間の相互依存は他国への従属に繋がるという発想とが存在し、そこから技術革新を通じて国家の独立を維持しようという動きが生れたのだという（同：八〇）。

テクノナショナリズムによる知識の習得や普及に重点を置くこうした見解に加えて、国内市場への外国企業の参入抑制や、国内企業の保護に注目する研究も存在する（山田、二〇〇一：一七）。その具体的な手段としては、政府調達、輸入規制、外資規制、輸出入助成金、研究開発助成金、研究開発促進税制、低利融資、信用供与、知的財産権保護などが挙げられている。戦後日本の家電業界を例にとれば、国内企業には強力な外国企業と競合する力がないという想定に基づき、テレビ、洗濯機、冷蔵庫、ラジオなどの輸入は長きにわたって実質的に禁止されていたと指摘される（Partner, 1999: 206）。以上のように、様々な「産業政策」を通じて、科学技術の国内開発が進められてきたのである。

しかし、あらゆる産業が政策による保護の対象となるわけではない。それでは、いかなる原理によって保護対象は決定されるのか。経済学者の小宮隆太郎は「日本の産業政策は、大体において、当局者とその背後にある『世論』が、日本において確立したいと考えた産業を育成・発展させてきた」とした上で、その選択基準として①国家としての威信に関わるもの、②人びとの関心の対象となるニュース・バリューを持っているものを挙げている（小宮、一九八四：八～一〇）。つまり、経済的にどれだけ利益をもたらすのかという合理的な計算よりも、国民としての自尊心の高揚に結びつくような産業が選ばれてきたというのである。小宮はこうした基準に合致する産業として、鉄鋼や機械工業、電気、造船、コンピュータなどに加えて、原子力発電を挙げている。先に紹介した木村の表現を用いるなら、日本が「世界一流の科学国」であるために原発は必要とされ[3]、その導入は実際に大きなニュースバリューを持ちえたのである。

もっとも、本論で特に注目する一九七〇年代から八〇年代にかけての時期においては、原子力技術の国内開発を推進しようとする動きの背後に、石油ショックや米国の核拡散防止政策があったことも指摘されねばならない[4]。一九七七年一月に成立したカーター政権が日本の核燃料再処理方針に介入してきたことへの反発もあり、原子力技術における米国への依存が問題視されやすい状況が生まれたのである。

なお、日本の産業政策は一九六〇年代後半にはすでに後退局面に入ったとされ、一九九〇年代以降には「テクノナショナリズムの終焉」や「テクノグローバリズムの出現」が語られるようになった（オストリー＆ネルソン、一九九八／中山、二〇一二）。すなわち、世界的な経済統合の進行や多国籍企業の成長が、対外直接投資を増大させ、国境を超えた技術移転を加速させてきたというのである。この観点からすれば、現在においてなおテクノナショナリズムを語るのは時代遅れだという判断も可能だろう。だが、日本の電力産業においては伝統的な産業政策が生き残り、原子力発電が国策として強力に推進されてきたとも指摘される（竹森、二〇一一：六六～六七）。原子力プラントの輸出が日本の国策として位置づけられているという面からみても（鈴木、二〇一四）、原子力発電はいまもテクノナショナリズムが強く作用している領域なのである。そこで次節では、テクノナショナリズムと原子力発電との関係を探るための準備作業として、日本におけるテクノナショナリズムの展開について論じておくことにしよう。

（2）国産愛用運動から科学技術立国へ

日本におけるテクノナショナリズムについては、海外の日本研究者によって論じられることが少なくない。その背景には、一九八〇年代以降に日米貿易摩擦が激化する中で、日本の産業政策への注目が集まったことがあったと考えられる。本項では、それらの著作も参照しつつ、日本のテクノナショナリズムがどのような変容を遂げていったのかを概観する。

日本のテクノナショナリズムの起源については、西洋からの技術導入の開始に注目して江戸時代末から明治維新前後の時期とする研究者のほか[5]（Partner, 1999: 7／サミュエルズ、一九九七：七八）、独自の科学技術研究の始まりを重視して一九一〇年代後半から一九二〇年代前半の時期とする研究者が存在する（吉岡、一九九一：一三二）。しかし、いずれの立場であれ共通しているのが、第二次世界大戦における敗戦を経ても、日本のテクノナショナリズムは揺らぐことなく、むしろ強化されたという見解である。第二次世界大戦の敗北とは、つまるところ米国の科学技術に対する敗北だという解釈が広く共有された結果、日本が生き残っていくためには科学技術の発展が必要だという認識がより一層強まったとされる。

ただしそれは、戦後において日本の科学技術開発の性格が全く変化しなかったということではない。

ひとつは、軍事関連の研究が占める割合が大きく低下したことである（同：一四八）。そしてもうひとつの変化が、科学技術の自給自足主義の一時的後退である。ここで少し時間を遡ると、一九三〇年代には日本が国際的な孤立を深める中で、自動車、造船、塗料、蓄音機などを対象とする「国産愛用運動」が商工省（当時）を中心として展開されていた。国産品の振興はそれ以前から唱えられていたものの、この時期になって政府が本格的なキャンペーンに乗り出したのである（サミュエルズ、一九九七：七七）。例えば、戦前には郵便切手の消印として様々な標語が用いられており、この時期のものには「明治の舶来、昭和の国産」、「国産第一」、「ぜひ国産！」といったスローガンがみられる。

とはいえ、国産製品の品質は外国製品に比べて優れているという認識のもとで国産愛用運動が展開されていたわけではない。こうした運動が必要とされた背景にはむしろ、「外国品崇拝の気風」が存在し、国産製品であっても外国製品として偽装されて販売されるような状況があったとされる（『東京日日新聞』一九三〇年五月二七日／富永、一九九九：九七）。すなわち、国産製品のイメージの悪さを改めるために推進された運動だったともいいうる。

時間軸を敗戦直後に戻すなら、先に述べたように日本の敗北は科学技術の敗北として多くの人びとによって解釈された。そこで再び海外からの技術導入が積極的に行われるようになる。一般人の海外渡航が困難であった一九五〇年代の初頭から、多くの財界人や技術者たちが欧米を訪問し、彼らが帰国後に発した談話は時に新聞や雑誌で大きく取り上げられた（Partner, 1999: 61）。彼らの多くは米国における科学技術の先進性に驚愕し、それらを日本にも取り入れる必要性を語ったのである。

しかし、海外からの技術導入にあらゆる層が賛成したわけではなく、後にみるように原子力技術の領域では科学者を中心として国内開発を希望する声は根強く存在した。さらに、技術導入の必要性を語った人びとにしても、それはあくまで最初のステップでしかなく、国内開発への移行が前提になっていたといってよい。戦後日本の電源開発において「一号機輸入、二号機以降国産」という原則が採用されてきたことはよく知られているが（橘川、二〇〇四：二五九）、先に挙げた「明治の船来、昭和の国産」というスローガンとの共通性をみることは可能だろう。ただし、ここで重要なのは、その国内開発をどの程度まで、どのようなペースで進めるかという問題である。この点における見解の相違が、日本の原子力開発に対する不満がくすぶり続ける大きな要因となった。この問題については次項で改めて論じることにしたい。

一九六〇年代になると、国際収支の改善を目的として再び国産愛用運動が開始された。一九六〇年七月に通産省（当時）によって国産品愛用センターが設置され、翌年八月には国産愛用運動の推進が閣議決定されている。その主要な目的は、戦前と同様に国産品のイメージ改善であった（菊池、二〇一〇：一二六〜一二七）。国産愛用運動を取り上げた一九六一年一一月の朝日新聞の社説によれば、戦前の運動は「粗悪品を押し付けられた苦い記憶」を思い起こさせるものでしかなかった。[6]しかし、戦後の技術開発はカメラやトランジスタラジオなどの日本製品の品質を大幅に向上させ、「日本商品の優秀さ」を広く知らしめるに値する水準に達しているというのが同紙の見解であった。さらに、ほぼ時を同じくして国産製品の品質のよさを強調する広告も登場し、そこでは高品質を保証するものとして「日本人の器用さ」や「美にたいする感覚」などが挙げられていた（吉見、一九九七：一九二〜一九三／伊東、二〇〇三：一〇三）。これらの運動や広告が実際にどこまで影響力を発揮したのかは別途に検討が必要だが、この時期において国産品のイメージは急速に改善されてゆき、一九七二年には国産愛用運動も終了している（菊池、二〇一〇：一三二）。

そして、日本の工業製品が世界市場を席巻するようになっていくと、導入技術を発展させるそれまでのやり方ではなく、独自の科学技術開発を求める声がより大きくなっていく。その要因としては、①日本の科学技術の水準が大きく上昇し、独自に研究を進めるための能力が獲得されたこと、②日本の企業が海外の企業から競争相手として認識されるようになり、技術導入が困難になってきたこと、③従来型の産業とは異なる、先端的な産業（いわゆる「ハイテク産業」）への注目が高まったことが挙げられている（吉岡、一九九一：一五六〜一五九）。そうして科学技術の国内開発推進を象徴するキーワードとして用いられるようになったのが「科学技術立国」であった[7]。

この科学技術立国に関する言説を、国産愛用運動のそれと比較した場合、国産製品の持つイメージが大きく変化していることが理解される。科学技術立国を語る言説では、ニッポン・ブランドは世界に冠たる品質を誇るものとして最初から位置づけられている。例えば、一九八〇年一月の朝日新聞の特集記事は「海外からみると、日本の技術水準は相当高いものに映るらしい」という一文から始まり、日本製の放送機器やカメラが世界を席巻し、特許出願数が米国や西ドイツ（当時）の三倍以上に達している事実などが報じられている[8]。とはいえ、こうした言説においても日本の科学技術のあり方が全面的に肯定されていたわけではない。そこでは基礎研究の不十分さが繰り返し指摘され、独創性の欠如が問題視されていた。前掲の記事でも、欧米諸国に比べて企業の研究開発への投資額が低いことや、研究開発従事者の創造性が乏しく、独創的な技術の開発が進んでいないこと、そして「肝心のエネルギー開発の分野に対する関心が低く、いぜん欧米の先進技術を導入してこなした六〇年代、七〇年代の延長線上に、企業の関心が置かれている」ことを示す調査結果が紹介されている。

このように高度経済成長を経たあとのテクノナショナリズムにおいては、日本の技術水準に対する強い誇りが示される一方で、満たされざる部分もまた存在していた。それでは、テクノナショナリズムの様態が変化していく中で、日本の原子力発電はどのように発展を遂げていったのだろうか。次項では、原子力技術の国内開発という観点からその過程をみていくことにしよう。

(3) 原子力技術の国内開発の推進と挫折

先にもその著作を紹介した朝日新聞の木村繁には、日本で最初に原子炉が設置された過程を描き出した『原子の火燃ゆ』(一九八二年)という作品がある。木村自身を含む、さまざまな人物が米国から東海村への原子炉の輸出に関わり、幾多の苦労の後に「原子の火」が灯されるという人物中心型のルポルタージュである。その中に、読売新聞社の社主から政治家へと転身し、日本での原子力発電導入において重要な役割を果たした正力松太郎が登場する場面がある。一九五六年一月、原子炉の輸入のために米国へと向かう二人の人物に、正力は次のように語ったのだという。

アメリカに行ったら、金で買えるものは、なんでも買って来てほしいんだよ。わしゃ、数年前にテレビの放送局を手がけたが、あのときは、アメリカのRCA社から、買えるものは何でもどんどん買った。そのおかげで、日本テレビはNHKよりも早く予備免許をとって、先に放送を始めることができた。技術的に遅れているものは、まず買って使ってみることなんだよ。買ったものを分解してみりゃ、たいていのことは分かるもんだ（木村、一九八二：一五三）。

こう語りかけられた人物のひとりは「どちらかといえば、国産技術第一主義」であり、正力の言葉には違和感を覚えた。もうひとりの人物も原子炉の国産化には熱心だったものの、日米の技術力の差をよく知っていたため、正力の要請には素直に応じたのだという。

この記述からも明らかなように、日本に初めて原子炉が導入される段階において、国内開発の推進と外国技術の導入という路線対立がすでに存在していた。原子力研究者の有志が国産技術による重水炉開発を提案するなど、国内での基礎研究をまずは進めるべきだという意見が研究者のあいだでは強かった（松本、二〇一六：三三〇）。それに対し、正力や電力会社は外国からの技術導入を自明のものと考えていた（吉岡、二〇一一：九〇〜九一）。一九五六年九月に原子力委員会[9]によって決定された「原子力開発利用長期基本計画」（五六長計、発表は一九五七年一二月）では、増殖型動力炉の国内開発が目標として掲げられた一方、「当初の間は外国技術の導入を積極的に行う」とも明言され[10]、その後も国内開発路線と技術導入路線の対立が継続していくことになる。

このような対立を考える上で基本的な見取り図を提供してくれているのが、電力会社および通産省からなるグループと科学技術庁を中心とするグループによって構成される「二元体制的国策共同体」という吉岡斉の説明図式である（吉岡、二〇一一：一九）。吉岡によれば、商業段階の原子力事業を担当する電力・通産連合と、商業化途上段階の事業を所管する科学技術庁グループが相互に利害調整を行いながら、日本の原子力政策に関する意思決定を独占し、それ以外のアクターの介入を防いできたのだという。この役割分担からも理解されるように、原子力技術の国内開発という面でより強硬な立場を貫いてきたのは科学技術庁グループであり、電力・通産連合は国内開発を重視しつつも時に海外からの技術導入を優先させる姿勢をみせてきた。

実際、日本における原子力開発は、世界的な「軽水炉ブーム」のもと、米国製の軽水炉の導入によって大きく進展することになる。その過程では関西電力と東京電力とが軽水炉の先行導入をめぐって競争を繰り広げ、一九七〇年一一月に関西電力が美浜原子力発電所でウェスティングハウス（Westinghouse Electric：ＷＨ）社製の加圧水型軽水炉（Pressurized Water Reactor：ＰＷＲ）の運転を、一九七一年三月には東京電力も福島原子力発電所（後に福島第一原子力発電所に改称）でゼネラル・エレクトリック（General Electric：ＧＥ）社製の沸騰水型軽水炉（Boiling Water Reactor：ＢＷＲ）の運転をそれぞれ開始している（橘川、二〇〇四：三〇二〜三〇七）。こうした軽水炉ブームの背景には、軽水炉の経済性のみならず、ＧＥ社が提案した「ターンキー契約」があったと言われる（吉岡、二〇一一：一一九）。ターンキー契約のもとでは、メーカー側が原子炉の試運転までの全工程について固定価格で責任を負い、電力会社側に求められるのは運転開始のキーを回すだけということになる。ＷＨ社などのＰＷＲメーカーもこの方式に追随したことから、日本や欧州で軽水炉の導入が飛躍的に進んだとされる。

こうしたターンキー契約は、原子力開発の対外依存を象徴するものとして批判的に論じられることもある。しかし、先にも述べたように、戦後日本の電源開発では「一号機輸入、二号機以降国産」という原則が採られており、原子炉についても同様であった。むしろ、機器の大容量化に国内メーカーが対応できず、その原則からしばしば逸脱することになった火力発電機に比べると、原子炉の国産化はよりスムーズに進んだといわれる（長谷川、二〇〇六：一一二）。ターンキー契約のもとで主要機器は輸入されたものの、三菱重工、東芝、日立製作所などが下請けで関連機器の生産に携わり、ノウハウを蓄積していったのである。結果として、東海第二発電所や大飯一号機、福島第一六号機のように発電容量の増大のために一時的に低下することはあったものの、原子力機器の国産化率は上昇を続け、一九八〇年代前半に運転を開始した原子炉では九八〜九九％にまで到達している。

だが、原子炉の国産化率の上昇は、原子炉の自主開発の進展と必ずしもイコールではない点に注意する必要がある。機器のほとんどが日本国内で製造されていたとしても、それらはGE社やWH社とのライセンス契約に基づくものだったからである。そのため、製造に際してはライセンス料を支払わねばならず、仮に日本から第三国への輸出が可能になったとしても同様であった（鈴木、二〇一四：六〇）。他方で、日本と同じく米国から軽水炉を輸入した西ドイツやフランスはライセンス生産を脱し、自国製の原子炉を輸出しようとしているという他国との比較に基づく不満も存在した（自主技術研究会編、一九八一：五〜六）。これらの要因により、原子炉の自主開発を求める声は止むことがなかったのである。

こうした状況を打破する方向性のひとつと考えられていたのが、科学技術庁グループによる日本独自の新型転換炉（Advanced Thermal Reactor：ATR）の開発であった[11]。先に述べたように、日本の原子力開発の最終目標はもともと国産増殖炉の実現とされていた。一九七〇年三月には動力炉・核燃料開発事業団（動燃／現・日本原子力研究開発機構）が高速増殖炉の実験炉[12]である「常陽」の建設を始め、一九七七年四月には臨界に達している。ただし、その実用化には時間が必要だとみなされており、一九六六年五月に原子力委員会が決定した「動力炉開発の基本方針について」では高速増殖炉実現までの「つなぎ」としてATRを並行して開発することが打ち出されていた[13]。一九七〇年一二月、実験炉よりも一段階進んだ原型炉としてATR「ふげん」の建設が動燃により開始され、一九七八年一二月には臨界に到達している。

ATRの大きなメリットとしては、軽水炉が生み出す使用済みウランとプルトニウムを燃料として使用するため、輸入に頼らざるをえないウラン資源を効率的に使用できるという期待が語られていた（自主技術研究会編：一九～二五）。しかも、核兵器にも転用可能なプルトニウムを消費することから、米国の核不拡散政策にも合致するとされ、開発途上国への輸出に対する期待までもが表明されていたのである。だが、ATRに関しては、その高コスト体質によって当初から不要論がつきまとっており、電力会社も消極的な態度を示していた（吉岡、二〇一一：一六五）。そして、一九九五年に電力会社は原型炉の次の段階である実証炉の建設へと進むことを拒否し、原子力委員会は建設中止を決定、二〇〇三年三月には研究のために稼働していた「ふげん」も運転を終了している。かくして、科学技術庁グループによる原子力の国内開発の方向性の一つは潰えたのである。

以上のように、本節ではテクノナショナリズムの観点から、日本における原子力開発の展開について概観してきた。次節ではこれまでの議論を踏まえた上で、朝日および読売の両紙における原子力報道のあり方について分析を行っていくことにしよう。

3　原発報道におけるテクノナショナリズム

(1)　CANDU炉論争とATR

朝日新聞における原発報道を論じる上で重要な著作といえるのが、同紙の科学部記者であった大熊由紀子の『核燃料』（一九七七年）である。日本にとっての原発の必要性を説いたこの著作は、反原発派の扱いなどの点で批判を呼ぶ一方、原発立地県である福井県では電力会社によって県庁記者クラブに配布されたり、その他の原発立地県でも電力会社によってまとめ買いされたといった逸話が伝えられている（上丸、二〇一二：三〇九）。『核燃料』のもとになった朝日新聞上での連載記事を発案したのは、大熊の上司であった木村繁とされ、木村の著作と同様のテクノナショナリズムが随所にみられる。

もっとも、木村の著作と比較した場合、『核燃料』の特徴としてその反米色の強さを挙げることができる。西側においては当時、米国でしか生産できなかった濃縮ウランを燃料とする軽水炉を導入させられたことに始まり、米国発の反原発運動が輸入されたことまでも含めて、同書で扱われている様々な原子力関連の問題は基本的に米国に原因があるとされる。そして、日本の技術者がそれらをどのように乗り越えようとしているのかが紹介されるとともに、欺瞞に満ちた米国への依存を改める必要性が訴えられるのである。大熊がどこまで朝日新聞の論調に影響を及ぼす立場にあったのかは定かではないが[14]、一九七〇年代から八〇年代にかけての紙面では同様の立場が繰り返し表明されている。それがもっとも顕著に表れているのが、通産省傘下の電源開発株式会社（電発）によるカナダ製重水炉（Canada

Deuterium Uranium：ＣＡＮＤＵ炉）の輸入をめぐる報道と、先に触れたＡＴＲに関する報道である。これら二つに関する報道は一九七六年から一九八〇年ごろにかけて集中的に行われており、お互いに深く結びついていたと考えられる。

もともと水力発電推進のために設置された電発は、水力発電が頭打ちになるなかで経営多角化を進める必要に迫られていた。そのため、一九五七年に英国製のコールダーホール改良型原子炉の受け入れ主体として名乗り出るも、正力松太郎を始めとする民営論者から激しい抵抗を受ける（吉岡、二〇一一：八九）。結局、政府二〇％、民間八〇％の出資による原子力発電株式会社（原電）を設立するという妥協が図られ、電発の原子力発電への進出は阻止されてしまう。その後、電発は英国の改良型ガス冷却炉や、米国の高温ガス炉の輸入を検討するも不調に終わった。日本初となる大型ＢＷＲの輸入も、電力会社からの強い反対によって挫折し、原電がその受け入れ主体となった（サミュエルズ、一九九九：三二二～三二三）。そこで電発が原子力発電に参入するために打ち出された方針が、カナダからのＣＡＮＤＵ炉の輸入であった。電発および通産省はＣＡＮＤＵ炉導入を強引に推し進めようとするも、原子力委員会や科学技術庁、および九電力会社が強く反対し、結局は挫折している。

ＣＡＮＤＵ炉導入の動きに対して、朝日新聞は極めて批判的な態度を取った。ＣＡＮＤＵ炉は燃料として天然ウランを使用することから、原子炉本体のみならず燃料の面でも米国依存を緩和することになり、エネルギー安全保障を重視する立場からすれば輸入に賛成する選択もあったように思われる。にもかかわらず同紙が強硬に反対した理由としては、ＣＡＮＤＵ炉導入がＡＴＲの推進に向けられるべき研究資源を分散させると考えられたことがあった。朝日新聞の見解によれば、カナダから受け入れるべきはCANDU炉そのものではなく、自国製の原子炉を開発しようとする「自主開発の気概」だというのである。[15]

そして、CANDU炉との対比において、この時期の朝日新聞には繰り返しATRに関する記事が掲載されている。同紙は一九七七年元旦のトップ記事で高速増殖炉「常陽」を取り上げたが、翌年の元旦には「ふげん」の特集記事を組んでいる（図2-1）。その一部を引用しておこう。

（「ふげん」に冷たい反応を示す電力会社に：引用者）対して動燃は「エネルギーの自立を達成するには新型転換炉の自主開発も不可欠」と訴える。電力会社は「ふげん」に限らず開発に巨費を投ずることを避けようとする傾向がある。だが、高価ではあっても独自の技術を積み上げる努力は必要だろう。[16]

以上のような朝日新聞の論調を、前節で取り上げた「科学技術立国」に関する言説と照らし合わせるならば、ATRはエネルギー源の対外依存を減少させるのみならず、独自性が乏しいとされた日本の科学技術の新たな段階を象徴する存在として位置づけられていたと見ることができる。ATRに対する「日本がどこの力も借りずに、独力で造り上げた初の国産発電炉」や、[17]「アイデアに富む原子炉」といった朝日新聞の評価にそうした認識の一端を見ることができる。[18]この時期の同紙には日本の原子力研究を担っていた科学技術庁グループへと過度な肩入れが目立つとの指摘も行われているが（上丸、二〇一二：三四〇〜三四一）、CANDU炉導入への反対およびATRの推進に関しても足並みを揃えていたと

今春には原子の火

自前の新顔「ふげん」

燃料に廃物利用も

灰まで使う

節約型です

特集記事（1978年１月１日）

いってよい。

　これらの問題について朝日新聞とは異なる報道姿勢をみせていたのが読売新聞である。まず、CANDU炉に関する同紙の態度は明確ではなかった。「せっかく開発中の自主技術が、輸入技術の前に屈するのは、技術で生きようとするわが国にとって、残念なことである」[19]といった意見が述べられる一方で、「日本も、従来の基本路線とされる『軽水炉→ATR』に固執することなく、資源戦略の観点から、もっと柔軟に、幅広く検討してよいのではないだろうか」といったようにCANDU炉導入に一定の理解を示す記事もみられる[20]。

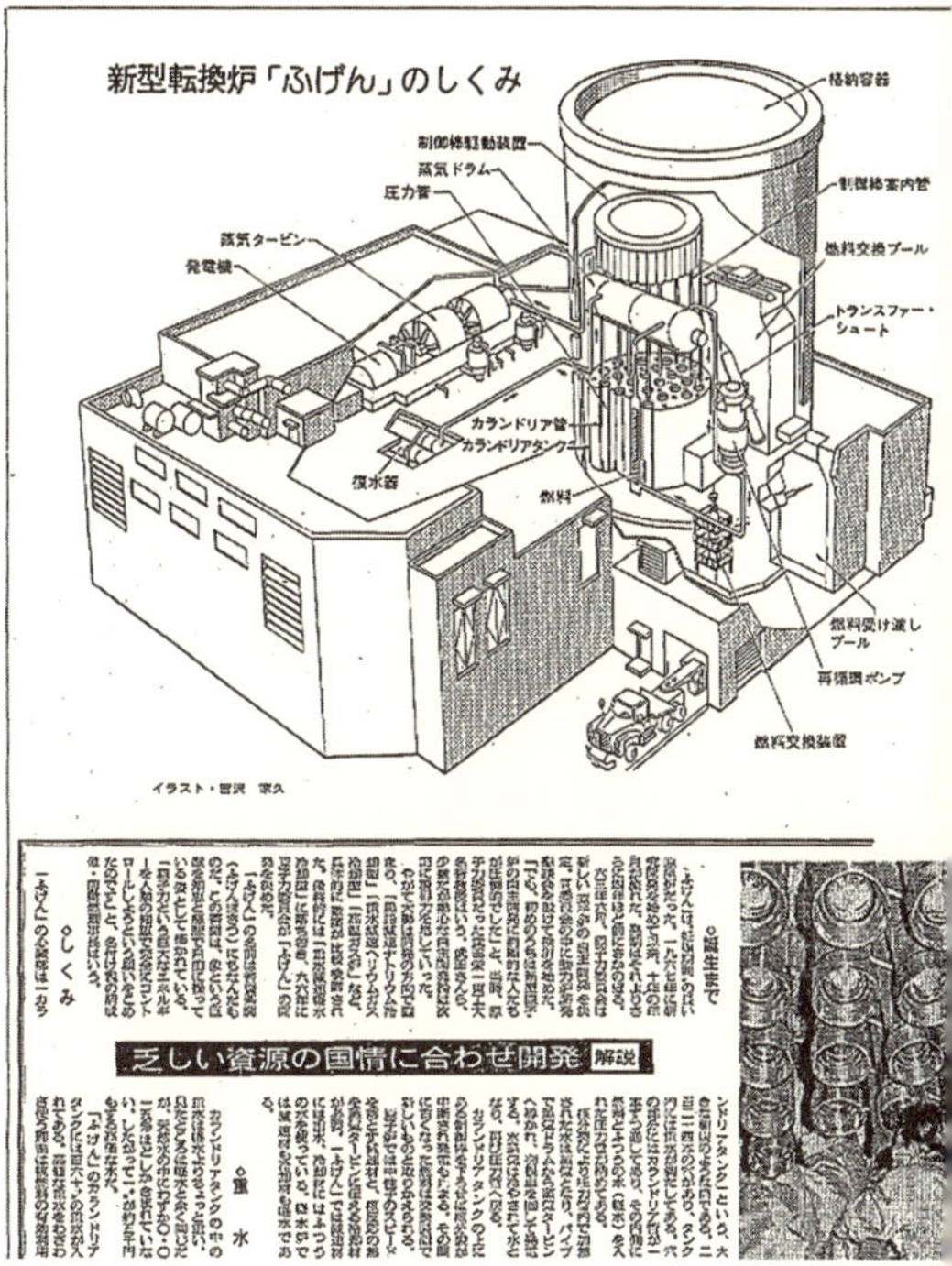

図 2-1　朝日新聞「ふげん」

また、ATRに対する読売新聞の態度は冷淡であった。一九六七年一二月にはATR開発に対して好意的な記事を掲載したこともあったが、ATRに関する報道は散発的にしか行われていない。しかも、「ふげん」で事故が立て続けに発生したこともあり、一九八一年八月に同紙は「新型転換炉は本当に必要か」と題する社説を掲げる[21]。社説はATRによって節約できるウランの量が少ないことや、発電コストの大きさ、大型化のための技術的問題を指摘し、実証炉建設の断念を訴えたのである。ただし、自主技術開発の必要性までも否定しているわけではなく、同紙の主張はあくまで研究資源を高速増殖炉開発に集中させることにあった。一九八〇年代から九〇年代初頭にかけて他国が高速増殖炉開発から撤退していく中で、それでも開発の継続を訴えるために持ち出されるのが、自主技術開発による人類への独自の貢献という論理であった（読売新聞科学部、一九九六：二七三〜二七四）。二〇一六年現在においても読売新聞のこうした姿勢は基本的に変化していない[22]。

その後、一九九四年六月に改定された「原子力開発利用長期計画（九四長計）」では、ＡＴＲの実証炉を二〇〇〇年代初頭に運転開始することが目標として掲げられたものの[23]、前節で述べたように電力会社はその方針を拒否し、ＡＴＲの命運は尽きた。そうした中で、朝日新聞の主張も読売新聞の後を追うかたちで変化していく。一九八五年一月の社説ではＡＴＲとは方向性の異なる「超安全型原子炉」を開発する必要性を説いたかと思えば[24]、一九九四年六月の社説では九四長計でのＡＴＲ実証炉建設方針について「いったん動きだしたら、時代の変化に柔軟に対応できないのが日本の国家プロジェクトの常である」として否定的に語っている[25]。さらに、電力会社が実証炉の建設を拒否したことを受けて一九九五年七月の社説は「利用側から見放されたＡＴＲ計画には終止符を打つ」ことを促すに至った[26]。科学技術の国内開発を推進するテクノナショナリズムとＡＴＲとのつながりは切断されたのである。

以上のように本項では、ＣＡＮＤＵ炉論争およびＡＴＲ開発をめぐってテクノナショナリズム的な言説がどのように語られていたのかをみてきた。次項では、こういったテクノナショナリズムがスリーマイル島原発事故の報道にどのような影響を与えていたのかをみていくことにしよう。

(2) スリーマイル島原発事故と「日本型原子炉」の提案

日本における原子力技術の開発が、米国を始めとする先進国に追いつくことを目指して出発したことはこれまで述べてきた通りである。そのため、原発の開発において先行し、軽水炉の輸出元である米国における原発事故は、日本の原発の安全性に対しても不可避的に疑念を生じさせることになった(Dauvergne, 1993: 578-579)。そこで本項では、スリーマイル島原発事故に関して、朝日新聞及び読売新聞がどのような見解を表明していたのかを見ていこう。

スリーマイル島で原発事故が発生した一九七九年三月は、前項で取り上げたCANDU炉論争やATR開発に関する報道がさかんに行われていた時期と重複している。したがって、それらの記事にみられるテクノナショナリズム的な言説が、スリーマイル島事故の解釈にも影響を与えていると考えられる。以下は、事故発生の数日後に朝日新聞に掲載された社説の抜粋である。

とくにわが国は、西独などと比べて、軽水炉技術の米国依存が著しく、自主技術を積み上げていく努力に欠けていた。大きな事故こそなかったが、稼働率が各国よりかなり低かったことも、それと無関係ではないだろう。原子力に限らず、とりわけ安全の確保については自主技術が欠かせない。米国に寄りかかりがちな体質を改める姿勢が大事である。原子力関係者は、これまでの原子力開発のすすめ方を根底から見直す気持ちで、この原発事故が発する警鐘を受けとめてもらいたい(27)。

さらに、ATRには冷淡だった読売新聞も、米国の技術者たちは原子炉の構造を熟知していたからこそ事故を抑えこむことができたのであり、技術的に米国に依存している日本の原発において同じような事態が発生した際に的確な対応が可能なのかを疑問視する社説を掲載した[28]。加えて、事故から約七カ月後の社説では「日本の企業や従業員のレベルが高いので、同様の事故は起こり得ない」という声を戒めて謙虚さを求める一方で、「日本型原子炉」の開発による安全性向上を訴えている[29]。

これらの社説から読み取れるのは、原子力技術の国内開発推進が安全性を向上させるという論理である。テクノナショナリズムの促進が安全性を向上させるという論理は珍しいものではなく、同じ年の『原子力白書』にも、「軽水炉技術を自家薬籠中のものとし、安易に海外技術に依存することなく、独力で所要の性能の保証を行いうる力を身につけていく」ことが安全性や信頼性の向上につながるという文言がみられる（原子力委員会、一九八〇：三〇）。

そして、このような発想を背後から支えていたと考えられるのが、「科学技術立国」言説にみられる日本の科学技術に対する強い信頼である。一九七九年に出版されたエズラ・ヴォーゲルの『ジャパン・アズ・ナンバーワン』に象徴されるように、日本はもはや「学ぶ側」ではなく「学ばれる側」なのだという認識がこの時期には高まりをみせていた。スリーマイル島事故よりも後のことになるが、たとえば一九八〇年八月の読売新聞には「日本の生産性を学べ！」と題された記事が掲載され、日本の品質管理やコスト削減の方法を学ぶためにＷＨ社の労使代表者たちが訪日したことなどが紹介されている[30]。翌年一月の朝日新聞にも、ＷＨ社の社長が日本の高い生産性を学ぶために来日したという記事が掲載された[31]。独創性の面では不十分であっても、生産技術において米国を越える水準を達成した日本人であれば安全な原子炉の開発が可能なはずだという信頼が、スリーマイル島事故から得られる「教訓」の解釈を支えていたと考えられるのである。

（3）チェルノブイリ原発事故と日本の原子力技術への自信

一九八六年四月に発生したチェルノブイリ原発事故に関する報道は、スリーマイル島事故のそれとはかなり異なる様相を呈していた。その違いを生んだ要因としてまず挙げられるのが、東西対立という当時の国際情勢に対する解釈枠組みの存在である。ソ連の国家体制は軍事的かつ閉鎖的であり、原発に批判的な報道や運動も不在である。そのため、同国では原発の技術水準のみならず、安全性向上のための情報交換や問題意識が低いままにとどまってしまった、というのである[32]。日本の原発技術の優秀性を誇示するテクノナショナリズムと、こうした東西対立という枠組みとが重なり合うことで、ソ連と日本の原発のあいだには明確な境界線が引かれることになった。まずは読売新聞の論調からみていこう。

ソ連は、事故を起こした黒鉛チャンネル型原発の安全性に自信を持っていたようだが、事故が起きてみると、お粗末極まる実状が明らかになった。ソ連の安全管理状況を各国専門家に公開するとともに、西側発電所の安全管理を学び、レベルアップに努めてほしい[33]。

同様の論調は朝日新聞にもみられた。なお、以下の同紙の社説で興味深いのは、日本の原子力の優越性を示す根拠として「平和利用」が持ち出されている点である。

ソ連には、平和利用を目的とする加圧水型と、プルトニウム生産の目的にも兼用できるロシア型の原子炉がある。加圧水型についてけ西側諸国にも情報が提供されていたが、チェルノブイリ発電所のようなロシア型については、ざっくばらんな情報交換は行われていなかった。軍事利用が平和利用の安全性向上にも影を落としていたことはいなめない。日本の原子力基本法は、平和目的と自主、民主、公開の原則を定めている。わが国は自信をもって、この哲学を各国に訴えていくべきである。(34)

日本での原発の導入過程において、原子力の平和利用／軍事利用の峻別が大きな役割を果たしたことは多くの論者が指摘する通りである。その際には、原爆の被害を受けた日本には、その平和利用を推進する権利もしくは義務があるといった主張が語られていたという（上丸、二〇一二：六〇／山本、二〇一二：九四～九五）。上の社説は、平和利用／軍事利用を峻別する論理が原子力発電の推進のみならず、ソ連で事故を起こした原発と日本の原発とを差異化するためにも用いられていたことを示している。

さらに、スリーマイル島事故からチェルノブイリ事故のあいだに起きた日本の原発事情の変化も、こうした差異化をより容易なものとしたと考えられる。その変化とは、日本の原発の設備利用率の大幅な上昇である。(35)一九七〇年代に原子炉の自主開発の必要性が声高に論じられた要因のひとつには、米国から輸入した軽水炉において事故が頻発し、設備利用率が四〇～六〇％のあいだで低迷していたということがあった（自主技術研究会編、一九八一：五）。しかし、第一次および第二次改良標準化を通じて機器設備の標準化や改良、定期検査期間の短縮などが図られた結果、一九七〇年代末から設備利用率は上昇し、一九八五年から八七年にかけてはじ〇％台後半で推移している（加治木・谷口、二〇一五：二二）。

これは同時期の米国やフランス、英国などの原発よりも高い水準であり、日本の原子力技術の優秀性を示す指標となった。たとえば、一九八一年版『原子力白書』では改良標準化や国産化率の上昇により、「軽水炉技術は、相当程度に我が国自身の技術となりつつある」との見解が示されている[36]（原子力委員会、一九八二：八六）。そして、一九八四年版の『原子力安全白書』の巻頭では、設備利用率の高さなどから日本の原発が「世界的にみても高度の安全水準に達するまでに至っております」と述べられ（原子力安全委員会、一九八四）、この『白書』を取り上げた朝日新聞の社説も「わが国の原子力開発が、少なくとも発電炉については成熟期に入りつつある」と論じていた[37]。

もちろん、以上のような論調がみられたからといって、当時の報道がソ連への不信感を煽り、日本の原子力技術の優秀性を強調するばかりで、チェルノブイリ事故を「対岸の火事」として処理していたということはできない。事故発生から数日後の朝日新聞の社説では「人間がつくり、人が運転しているものである以上、どこかに共通の落とし穴があるはずだ」という指摘が行われている[38]。加えて、同年八月にウィーンで開催されたチェルノブイリ事故の専門家検討会議において原発運転員の人為的ミスが事故の主原因だと認められたことにより、同事故は日本の原発にも教訓を与えるものとして論じられるようになる。この点に関しては、以下の読売新聞の記事において簡潔に示されている。

炉のタイプ、設計思想が違うから西側、とりわけ日本の原子炉は大丈夫、という自信がわが国の原子力関係者の間に強い。確かに、ハード面ではそうだし、運転技術者の質も高い。だが、ヒューマン・エラーの観点から、絶対安心といい切れるだろうか[39]。

読売新聞は加えて、同年九月の社説においても「こと人為ミスとなると、これは世界共通の現象だ」という見解を提示している[40]。構造面から見れば日本の原発ではチェルノブイリ事故のような事態は発生しえないが、それを扱う人間の問題については注意を怠るべきではないという総括が行われたのである。だが、「安全管理に気をつけよう」といった警句的な水準での事故の総括が果たして妥当だったかについては疑問の余地が大きい[41]。

それは措くとしても、以上の検討からは一九七九年のスリーマイル島事故から一九八六年のチェルノブイリ事故までのあいだに日本の原子力技術の水準に対する認識がかなり変化していたことがうかがえる。前者の段階においては日本の科学技術に対する信頼が急激な高まりを見せていたとはいえ、原子力技術に関しては国内開発の気概に乏しく、安全面でも改善の余地が大いにある存在であった。しかし、後者の段階では日本の原子力はすでに他国から仰ぎ見られる水準にあるとみなされ、チェルノブイリ事故から学ぶべきとされるのは「気の緩み」への警戒といったものでしかなくなっていたのである[42]。

4　テクノナショナリズムの陥穽

先述のように、大熊由紀子の『核燃料』は極めて反米色の強い著作であった。大熊の観点からすれば、米国に「騙されて」安直に軽水炉を導入した日本の電力会社も、米国発の反原発運動に乗せられて原発廃絶を訴える日本の反原発派も、米国の操り人形にすぎず、主体性を欠いている。「原発推進派も反対派も、ともにアメリカ依存や舶来崇拝から脱却して、日本としての独自の道を探り、日本独自の判断と決断とをもつことが、いまもっとも必要なことではないだろうか」という大熊の主張から垣間見えるのは（大熊、一九七七：一八一〜一八二）、日本の国家としての主体性の獲得と、独自の原発開発とをスムーズに接続する論理である。

その一方で、『核燃料』が出版された当時、科学技術全般に対する強い逆風が吹いていたと大熊は述懐する（大熊、一九八五：三二一〜三三三）。それによると、科学技術に対する負のイメージが定着し、公害、乱用、人間疎外といった概念が対になって浮かぶような状況が生まれていたというのである。だからこそ、「研究や開発に取り組んでいる人たちの、地味な努力のつみ重ねを描いた」著作である『核燃料』は、そうした風潮に苦しむ科学者や技術者から支持を得たと大熊は論じる。

いうまでもなく、こうした技術者の苦闘を描こうとする姿勢は大熊にのみみられるわけではない。前掲の木村繁『原子の火燃ゆ』（一九八一年）や、朝日新聞や毎日新聞の記者などによって構成される自主技術研究会編『日本の原子力技術』（一九八一年）にも同様の記述がみられる。さらに、大きな反響を呼んだＮＨＫのドキュメンタリー番組『電子立国　日本の自叙伝』（一九九一年）や『プロジェクトＸ』（二〇〇〇〜二〇〇五年）に関する研究によれば、それらの番組では世界に冠たる日本の科学技術を築き上げた技術者たちの姿が何度も描かれている（阿部、二〇〇一：一一七／伊藤、二〇〇五：八五）。技術者たちの苦闘によって日本が技術的に先行していた米国に追いつき、やがてそれを凌駕していく物語が繰り返されることになったのである。阿部潔はそれらの技術者の物語を経由して「『日本の技術力』に対して抱かれる漠然とした誇り」としてのテクノナショナリズムが生み出されていったと述べている（阿部、二〇〇一：一二三）。

「世界一流の科学国」を目指して科学技術の国内開発を推進したテクノナショナリズムの結果、独自性の欠如という不満は抱えつつも、一九八〇年代までに日本の科学技術は多くの分野で世界に冠たる水準に達した。そして、技術者が苦闘する姿を描くことでその事実を広く知らしめる技術者の物語は、日本の科学技術の優越性を誇示するテクノナショナリズムへの接続を容易にしていったと考えられる。もっとも、安全性や経済性、廃棄物処理をめぐって論争の絶えない原子力技術の場合、そうした接続が他の科学技術に比べて困難であったことは否定できない。

ともあれ、原子力発電を推進するという前提に立つのであれば、原子力技術の国内開発の推進という目標には確かに一定の妥当性がある。ブラックボックス的な導入技術を使い続けることに大きな危険性が伴うことは否定できない。また、一九八一年に始まる軽水炉の第三次標準化計画で掲げられた「日本型軽水炉」の開発が不徹底に終わったことが、安全性の向上を阻害したという指摘もある（石井、二〇一四：二二一〜二二六）。それによると、「日本型軽水炉」は実現することなく、日米共同開発による「改良型軽水炉」の開発にとどまったが、それによって多様な原子炉が乱立することになり、安全規制の策定やそれが守られているかを監視することが困難になった。しかも、「日本型軽水炉」が断念されることによって、原子力発電所の経済性の向上はもっぱら定期点検期間の短縮という方法に依存することになり、結果的に事故や事故隠しを頻発させることになったというのである。

しかし、原子力技術の国内開発へのこだわりが、常に安全性を向上させるとも限らない。一例を挙げるなら、青森県の六ケ所再処理工場では、おもにフランス製の技術が用いられているものの、高レベルガラス固化設備のガラス溶融炉に関しては国内技術が採用されている（吉岡、二〇一一：三四九）。動燃が自らの採用した技術の採用を働きかけた結果ともいわれるが、まさにこの部分で解決困難なトラブルが発生したのである。

さらにいえば、ある技術が国内技術か導入技術かという分類そのものが、常に明確であるわけではない。原発の設備利用率が上昇を続けていた一九八〇年代前半、『原子力白書』は国産化率九〇%を超える原子炉に関して「ほぼ国産の原子炉といってよい段階」にあると述べていた（原子力委員会、一九八二：八二）。この基準からすれば、福島第一原発事故で爆発した三号機および四号機も「国産」ということになるはずである。ところが、事故を起こしたことで一転して導入技術としての扱いになり、対外的な技術依存が問題視される。国会事故調査委員会の報告書でも、「原発に関する日本の自主的な技術がほとんど皆無な中でGE社製品を丸ごと導入したことが、その後改修を重ねたとはいえ、さまざまな形で本事故直前の耐震脆弱性として尾を引いた可能性がある」との指摘が行われている（東京電力福島原子力発電所事故調査委員会、二〇一二：六六）。こうした観点からすれば、原子力技術の安全性を問うにあたって国内技術か導入技術かという問いそのものが適切ではないとも考えられる。

他方で、技術者の物語もそれ自体が間違っているというわけではない。読者や視聴者にとって馴染みの薄い科学技術の世界に対する関心を喚起するという点では、人間ドラマ化という手法は効果的だといえることもできる。だが、技術者の物語は、現場での苦労や創意工夫を共感的に描き出すことで、技術開発が向かっている方向を問い直すことを困難にする。方向性が間違っているということになれば、そうした苦労や創意工夫はすべて徒労だったということにもなりかねないからである。そのため、事故が起きた場合でも「自主開発にトラブルはつきもの」といった見解により矮小化が図られたり、国内開発が十分でないとされる部分に事故原因が求められることで、国内開発さえ進めば原子力技術はより安全になるという前提は温存される。だが、その前提こそが、テクノナショナリズムの過剰を生じさせ、ひいては「安全神話」へとつながる要因となりうるのではないだろうか。

注

（1）筆者は加えて、より漠然とした同胞意識を指す「認識的ナショナリズム」という概念を提起し、それぞれがマスメディアといかなる関係にあるのかを検討した（津田、二〇一六）。

（2）ただし、企業間での技術や知識の普及に重点を置く政策が日本において主流になったのは一九七〇年代後半以降だという指摘もある（Morris-Suzuki, 1994: 212）。

（3）日本の原子力政策に関する言説の研究によれば、一九五〇年代半ばの時点で読売新聞は日本が「貧乏国家」を脱して「一等国」になるためには原子力開発が必要であり、性急な開発に対する研究者の抵抗を「感傷的な小国民心理」の発露として批判している（烏谷、二〇一五：九八）。ここからも、日本における原子力開発と大国志向とが強く結びついていたことがうかがえよう。

（4）伊藤宏による研究でも、一九七〇年代初頭には原子力利用について朝日新聞は懐疑的な姿勢をみせるようになっていたにもかかわらず、石油ショックを経て原発の必要性が再び論じられるようになったと指摘されている（伊藤、二〇〇四：六九）。

（5）海外での研究において欧米から日本国内への技術導入が重視される背景には、一九八〇年代に盛んに論じられた「日本ただ乗り論」の影響があるとも考えられる。欧米で進められてきた基礎研究の成果に日本企業が便乗し、それを応用するだけで利益を上げているという主張である。

（6）『朝日新聞』一九六一年一一月二日（朝刊）。

（7）もっとも、科学技術立国に関する言説では国際協力の必要性がしばしば唱えられており、科学技術を国内にのみとどめることを目指す主張とは一線を画すものであった点には注意が必要である。

（8）『朝日新聞』一九八〇年一月一〇日（朝刊）。

（9）法律上は日本の原子力政策の最高意思決定機関とされる。ただし、実際には原子力委員会が自律的に政策決定を行った事例はほとんどなく、関係省庁や関係業界がそれぞれの利害を調整するために利用しているにすぎないとも指摘されている（吉岡、二〇一一：二五）。

（10）原子力委員会（一九五六）「原子力開発利用基本計画」（http://www.aec.go.jp/jicst/NC/about/hakusho/wp1956/ss1010401.htm）［二〇一六／四／二三アクセス］。

（11）新型転換炉とは本来、従来の発電炉よりも優れた性能を有する原子炉の総称であり、様々なタイプの原子炉が分類されうる（吉岡、二〇一一：一二五）。しかし、日本では新型転換炉として重水減速沸騰軽水冷却型炉が原子力委員会によって指定されたことから、重水減速沸騰軽水冷却型炉を指す名称として新型転換炉が用いられており、本論もその用法に従う。

（12）原子炉の開発段階としては、実験炉、原型炉、実証炉、商用炉の順番で実用化に向かうとされている（吉岡、二〇一一：一〇二）。

（13）科学技術庁原子力局（一九六六）「昭和四〇年度原子力年報の総論」（『原子力委員会月報』八月号）。（http://www.aec.go.jp/jicst/NC/about/ugoki/geppou/V11/N07/196619V11N07.html）［二〇一六／四／二九アクセス］。

(14) 大熊は一九六三年に朝日新聞社に入社し、社会部、科学部、科学部次長などを経て、一九八四年から論説委員となっている。

(15) 『朝日新聞』一九七六年一二月一八日(夕刊)。執筆は大熊由紀子。なお、こういったカナダの「自主開発の気概」については、前掲の木村繁の『アトム記者世界道中記』にも類似した記述がみられる。それによると、木村たちがカナダ原子力公社を訪問した際、同社の総裁は「他国の政府がコントロールしているものを使うのは、はなはだ危険です。……エネルギー源を他国の手に握られるのは、絶対に避けねばなりません」と語ったとされる、これに関して木村は「同じような意見は、イギリスやフランスでも聞かされた。アメリカの濃縮ウラン原子炉を競って輸入しようという日本の電力会社とは、根本の〝哲学〟が違うようだ」という感想を述べている(木村、一九六五:三〇二)。

(16) 『朝日新聞』一九七八年一月一日(朝刊)。

(17) 『朝日新聞』一九七八年三月一八日(朝刊)。

(18) 『朝日新聞』一九七八年三月二四日(朝刊)。

(19) 『読売新聞』一九七七年六月一五日(朝刊)。

(20) 『読売新聞』一九七九年七月二八日(朝刊)。

(21) 『読売新聞』一九八一年八月七日(朝刊)。

(22) 例えば、二〇一六年三月の読売新聞の社説には「……核燃料サイクル事業は、日本の原子力政策の柱だ。……原発の再稼働を急ぎ、プルトニウムを通常の原発で燃やすプルサーマル計画を軌道に乗せねばならない。高速増殖炉『もんじゅ』の再起動もなお必要ではないか」との主張が見られる(『読売新聞』二〇一六年三月二三日(朝刊))。

(23)　原子力委員会（一九九四）「原子力の研究、開発及び利用に関する長期計画」（http://www.aec.go.jp/jicst/NC/tyoki/tyoki1994/chokei.htm）［二〇一六／四／二七アクセス］。
(24)　『朝日新聞』一九八五年一月五日（朝刊）。
(25)　『朝日新聞』一九九四年六月二六日（朝刊）。
(26)　『朝日新聞』一九九五年七月一三日（朝刊）。
(27)　『朝日新聞』一九七九年三月三一日（朝刊）。
(28)　『読売新聞』一九七九年四月七日（朝刊）。
(29)　『読売新聞』一九七九年一一月一日（朝刊）。
(30)　『読売新聞』一九八〇年八月九日（朝刊）。
(31)　『朝日新聞』一九八一年一月一九日（朝刊）。
(32)　例えば、事故発生から数日後の読売新聞の社説では、「原子力発電の安全にとって、秘密主義ほど危険なことはない。……わが国や欧米で原子力発電の安全性が向上したのは、情報を公開して絶えず社会の批判に身をさらし、改善の努力を続けてきたからである」との見解が提示されている（『読売新聞』一九八六年五月一日（朝刊））。なお、このような主張に対し、ある朝日新聞記者は「ソ連事故のとき、専門家の何人かは、『ソ連には原発批判派がいない。日本では反対派の監視が厳しい』ことを、日本の原子炉は大丈夫だという理由の一つにあげた。そのこと自体は事実だろうが、こんな時だけ反対派の存在を強調し、ふだんは目の敵という精神風土が日本の悲劇だろう」という指摘を行っている（朝日新聞社原発問題取材班、一九八七：二五九～二六〇）。
(33)　『読売新聞』一九八六年六月六日（朝刊）。

(34)『朝日新聞』一九八六年五月一六日(朝刊)。

(35)チェルノブイリ事故の前年に職を退いているものの、朝日新聞の論説主幹を務めた岸田純之助は、事故の数カ月後に発表した文章で次のように述べている。「現在運転中の原子力発電所の運転実績をみても、非核保有国の方がいい成績を上げている。日本の昭和六〇年度の設備利用率は七五・八%で過去最高、三年連続七〇%以上の記録が続いた。……核兵器開発を主体にして原子力技術を発展させてきた技術開発の姿勢や仕組みには、平和利用の観点からすると、足りないところやゆがみがあることを示していると言えまいか。原子力平和利用技術を文字通りの意味で完成させる役割を担っているのは非核保有の国々だと、認識すべきなのではないか」(岸田、一九九〇:七〇~七一、この文章の初出は一九八六年八月)。

(36)なお、一九九〇年代までには日本と米国のメーカーのクロスライセンス(特許の持ち合い)のもとで「改良型軽水炉」が開発され、また米国のメーカーが軍事用のものを除いて原子炉製造部門を縮小・廃止したことから(鈴木、二〇一四:六三~七二)、軽水炉技術における対米従属という問題設定そのものが意味を喪失していった。

(37)『朝日新聞』一九八四年一〇月六日(朝刊)。なお、伊藤宏による研究でも、一九八〇年代前半から中盤にかけて、朝日新聞が日本の原発の運転実績を強調するようになったことが指摘されている(伊藤、二〇〇五:一一二~一一五)。

(38)『朝日新聞』一九八六年五月一日(朝刊)。

(39)『読売新聞』一九八六年八月三〇日(朝刊)。

(40)『読売新聞』一九八六年九月一三日(朝刊)。

(41)七沢潔によれば、チェルノブイリで事故を起こした黒鉛減速チャンネル型炉には制御棒が適切に機能せず、かえって核分裂反応を促進してしまう構造的な結果があった（七沢、一九九六：八五）。にもかかわらず、当時のソ連政府は現場作業員の「人為的ミス」に事故原因を押しつけることによって、同じ型の原子炉を数多く稼働させていることへの批判や不安が拡がることを抑制しようと試みた。そして、他の先進国も自国内で反原発運動が拡大することを恐れ、ソ連政府のそうした結論を深く追求することなく受け入れたのだという。黒鉛減速チャンネル型炉の構造的な問題が明らかになるのは、ソ連政府による一九九〇年から翌年にかけての再調査を待たねばならなかったのである。また、日本国内では黒鉛減速チャンネル型炉には格納容器がついていないことや正のボイド係数を持つことから、日本の原発とは大きく構造が異なることが強調されたものの、チェルノブイリ級の事故では格納容器や圧力容器は役に立たず、同様の暴走事故は様々なタイプの原子炉で発生しうるという指摘も一部では行われていた（吉岡、二〇一一：二二五〜二二六）。

(42)　ただし、朝日新聞社原発問題取材班が出版した『地球被曝』（朝日新聞社原発問題取材班、一九八七）という著作は、チェルノブイリ事故の分析に主眼を置いているものの、日本の原子炉における振動疲労による事故などを取り上げていることに加えて、設備利用率の高さに対しても疑問を投げかけている。それまでの同紙のスタンスとは方向性の異なる著作だといえよう。この時期の朝日新聞の論調には原発の推進と批判との混在がみられるとの指摘が行われており（伊藤、二〇〇九：一一一）、これは批判的な姿勢が強く現れた著作だということができる。

参考文献

朝日新聞社原発問題取材班（一九八七）『地球被曝――チェルノブイリ事故と日本』朝日新聞社。

阿部潔（二〇〇一）『彷徨えるナショナリズム――オリエンタリズム／ジャパン／グローバリゼーション』世界

思想社。

石井晋（二〇一四）「原子力発電の効率化と産業政策」（RIETI Discussion Paper Series 14-J-026（http://www.rieti.go.jp/jp/publications/dp/14j026.pdf）［二〇一六／五／一六アクセス］。

伊東章子（二〇〇三）「戦後日本社会におけるナショナル・アイデンティティの表象と科学技術――新聞広告を手がかりに」中谷猛ほか編『ナショナル・アイデンティティ論の現在　現代世界を読み解くために』晃洋書房。

伊藤宏（二〇〇四／二〇〇五／二〇〇九）「原子力開発・利用をめぐるメディア議題（上／中／下）」『プール学院大学研究紀要』vol. 44/45/49、六三～七六／一一一～一二六／一〇一～一一六頁。

伊藤守（二〇〇五）『記憶・暴力・システム――メディア文化の政治学』法政大学出版局。

大熊由紀子（一九七七）『核燃料――探査から廃棄物処理まで』朝日新聞社。

――（一九八五）『女性科学ジャーナリストの眼』勁草書房。

大山七穂（一九九九）「原子力報道にみるメディア・フレームの変遷」『東海大学紀要　文学部』vol. 72、四一～六〇頁。

オストリー、S&R・Rネルソン／新田光重訳（一九九八）『テクノ・ナショナリズムの終焉――テクノ・グローバリズムと国際経済統合の深化』大村書店。

加治木紳哉・谷口武俊（二〇一五）「原子力発電技術の導入・普及」城山英明編『福島原発事故と複合リスク・ガバナンス』東洋経済新報社。

烏谷昌幸（二〇〇三）「高速増殖炉開発をめぐるメディア言説の変遷――ニュース言説の生産過程の分析に向けて」鶴木眞編『コミュニケーションの政治学』慶應義塾大学出版会。

――（二〇一五）「原子力政策における正当性の境界――政治的象徴としての『平和利用』」『サステイナビリティ研究』vol.5、九一～一〇七頁。

菊池道樹（二〇一〇）「日本の消費市場と外国製品――日本人はなぜ、外国製品を買わないのか」『経済志林』七八（二）、一二三～一四六頁。

岸田純之助（一九九〇）『平和国家　日本の原子力』電力新報社。

橘川武郎（二〇〇四）『日本電力業発展のダイナミズム』名古屋大学出版会。

木村繁（一九六五）『アトム記者世界道中記』朝日新聞社。

――（一九八二）『原子の火燃ゆ　未来技術を拓いた人たち』プレジデント社。

小宮隆太郎（一九八四）「序章」小宮隆太郎ほか編『日本の産業政策』東京大学出版会。

サミュエルズ、R・J・奥田章順訳（一九九七）『富国強兵の遺産　技術戦略にみる日本の総合安全保障』三田出版会。

――（一九九九）廣松毅監訳『日本における国家と企業　エネルギー産業の歴史と国際比較』多賀出版。

自主技術研究会編（一九八一）『日本の原子力　エネルギー自立への道』日刊工業新聞社。

上丸洋一（二〇一二）『原発とメディア　新聞ジャーナリズム2度目の敗北』朝日新聞出版。

鈴木真奈美（二〇一四）『日本はなぜ原発を輸出するのか』平凡社新書。

竹森俊平（二〇一一）『国策民営の罠　原子力政策に秘められた戦い』日本経済新聞出版社。

中日新聞社会部編（二〇一三）『日米同盟と原発　隠された核の戦後史』東京新聞。

津田正太郎（二〇一六）『ナショナリズムとマスメディア　連帯と排除の相克』勁草書房。

東京電力福島原子力発電所事故調査委員会（二〇一二）『国会事故調　報告書』徳間書店。

富永憲生（一九九九）『金輸出再禁止後の日本経済の躍進と高成長商品』渓水社。

中村政雄ほか（一九九〇）『誰も知らなかったソ連の原子力』電力新報社。

中山茂（二〇一二）「テクノナショナリズムvs.テクノグローバリズム　日本からアジアへ」吉岡斉編『新通史日本の科学技術――世紀転換期の社会史　一九九五年～二〇一一年（別巻）』原書房。

七沢潔（一九九六）『原発事故を問う――チェルノブイリから、もんじゅへ』岩波書店。

長谷川信（二〇〇六）「重電機工業の発展と発電設備供給能力の形成――戦後復興から1980年代までを中心に」『青山経営論集』vol. 41(1)、一～三二頁。

松本三和夫（二〇一六）『科学社会学の理論』講談社学術文庫。

山田敦（二〇〇一）『ネオ・テクノ・ナショナリズム――グローカル時代の技術と国際関係』有斐閣。

山本昭宏（二〇一二）『核エネルギー言説の戦後史　一九四五―一九六〇――「被爆の記憶」と「原子力の夢」』人文書院。

吉岡斉（一九九一）『科学文明の暴走過程』海鳴社。

――（二〇一一）『新版　原子力の社会史――その日本的展開』朝日新聞出版。

吉見俊哉（一九九七）「アメリカナイゼーションと文化の政治学」井上俊他編『現代社会の社会学』岩波書店。

読売新聞科学部（一九九六）『ドキュメント「もんじゅ事故」』ミオシン出版。

Dauvergne, P. (1993) 'Nuclear power development in Japan: "outside forces" and the politics of reciprocal consent,' *Asian Survey*, 33(6), pp. 576-591.

Morris-Suzuki, T. (1994) *The Technological Transformation of Japan: From the Seventeenth to the Twenty-first Century*, Cambridge University Press.

Partner, S. (1999) *Assembled in Japan: Electrical Goods and the Making of the Japanese Consumer*, University of California Press.

その他資料

原子力安全委員会『原子力安全白書』。
原子力委員会『原子力白書』。
原子力安全基盤機構『原子力施設運転管理年報』。
日本原子力産業会議編『原子力年鑑』。

第3章　メディア経験としての「原発事故」
――チェルノブイリ原発事故報道の分析を中心にして

山腰修三

1　原発事故をめぐる「危機」と「日常」

本章では、原発事故という「危機」が社会の中でどのように経験されるのか、そしてその「政治的」意味はいかなるものかをメディア研究、特に言説分析の視座から論じることにしたい。

二〇一一年の東京電力福島第一原子力発電所の事故から五年以上が経過する中で、日本社会の（あるいは世界中の）人々はこの事故に起因するさまざまな出来事を経験してきた。特に、国内初のメルトダウン、放射能の大量飛散による広範囲の汚染、被ばく、海水の汚染、あるいは電力不足や計画停電といった一連の出来事は「危機」として経験されたといえる。これらの「危機」は、日常生活の断絶として、あるいは社会秩序の揺らぎとして経験されたのである。

日常生活の断絶は、日常生活、あるいは社会秩序を成立させていた諸前提を可視化させることになった。すなわち、原子力ムラの存在であり、あるいは社会の多数によって「常識」と受け入れられていた原発の安全神話である。人々は、それらが日常生活や社会秩序を成立させていた論理やコードの一部であることを（改めて）認識したのである。その結果、人々は「危機」をもたらした一連の論理やコードの正当性に疑問を持ち、あるいは対抗的な論理やコードを担う異議申し立てが活性化した。そのような異議申し立てには、新しい社会や政治のあり方を構想するものも含まれていた。

以上のような説明図式は、「リスク社会論」と呼ばれる領域ですでに論じられている。よく知られるように、代表的な論者であるウルリッヒ・ベックは近代化の過程で科学技術が産業化と結びつきながら高度に発展した結果、予測不能で甚大な被害を及ぼす「リスク」を生み出す可能性が高まってきたと論じている。こうしたリスク社会においては、「科学技術がリスクを造り出してしまうというリスクの生産の問題、そのようなリスクに該当するのは何かというリスクの定義の問題、そしてこのリスクがどのように分配されているかというリスクの分配の問題」が中心的課題となるとしている（ベック、一九八六＝一九九八：二三　訳一部変更）。

注目すべきは、「技術＝経済システム」の諸領域の「政治性」が認識されると論じている点である（同：三七七、三八二）。ベックはこの新たな「政治」が議会のような既存の制度的枠組みとは異なる領域で生じると論じ、それが新しい社会形成の原動力となりうる点を強調する（同：三八二、四四〇）。この議論に基づくならば、原発事故は既存の社会秩序のあり方そのものを揺るがし、新たな社会編制に向けた政治意識や異議申し立てを活性化させる出来事とみなされることになる。

こうしたリスク社会論は、福島原発事故、あるいは三〇年前のチェルノブイリ原発事故の経験、そしてそれらの「政治性」を十全に説明しているようにみえる。しかし、上記のリスク社会論では説明しえない局面が存在する。それは「日常」の再秩序化である。二〇一六年現在、東日本大震災と原発事故以後、日本社会の様々な領域で「危機」と「変革」が叫ばれつつも、結果的に大きな変化が生じなかったという見解は広く受け入れられつつある（サミュエルズ、二〇一三＝二〇一六）。いわば、日本社会は「戦後最大の危機」という経験から「日常」という経験へと移行しつつある（あるいは移行した）ようにみえる。

例えば福島原発事故では首都圏から数千万人を避難させるという破局的な状況を回避したことに加え、二〇一一年一二月の政府による「終息宣言」などを通じて社会的な危機意識は次第に低下していった。また、これまでの原子力政策を正当化させてきた一連の論理やコードに対する不信感は社会で広範に残存しているものの、一方で人々は依然として流出する汚染水の存在を知りつつもそうした問題が存在しないかのように振る舞い、あるいは二〇二〇年の東京オリンピックを「復興」の一つの区切りとすることについて違和感なく受け入れつつある。これらは「リスク社会論」では説明しえない「危機」と社会秩序をめぐる「政治性」の一つの局面である。

この「危機」と「日常」は、一部の政策決定者や専門家の間で語られ、論じられてきただけでなく、一般の人々の経験の問題でもあり、そうした経験を可能にするコード、論理や文法の問題でもある。「危機」をめぐる秩序の揺らぎと再構築は、一般の人々の間でどのように経験されてきたのであろうか。この点を考える上でひとつの手がかりとなるのは、一連の危機が多くの人びとにとってメディアを通じて経験されたという点である。ここで参考になるのが、メディアが日常生活の秩序化において果たす権力作用に注目するアプローチである。このアプローチでは、メディアによる表象、そしてメディアに関する日常的な諸実践の中に、既存の社会秩序を維持し、再生産する不可視の権力作用があるとする（Couldry, 2012）。代表的な論者であるロジャー・シルバーストンは「現れの空間」としてのメディアの表象機能に注目する中で、「メディアは日々、いとも簡単に、人びとの感覚を麻痺させるような方法で、非日常的な出来事を日常的な報道や表象へと変えていく」と指摘している（シルバーストン、二〇〇七＝二〇一四：九〇）。

つまり、メディア報道は、原発事故のような出来事に対して、原子力開発・利用のあり方、あるいはそれを可能とする近代社会そのもののあり方の矛盾を明らかにするような対抗言説を編制する可能性に対して開かれている一方で、そうした出来事を既存のフレームやコードによって意味づけ、日常的な秩序を回復させる可能性に対しても開かれていると考えることができる。日本社会の多数にとって、この出来事がメディアを通じて経験されるものであったがゆえに、メディア・テクストを中心とした日常的な社会秩序感覚の揺らぎと再秩序化に関する「意味づけをめぐる政治」（山腰、二〇一二）を分析する必要がある。

本章では日本社会における原発事故のメディア経験について「意味づけをめぐる政治」の視座から分析を行う。分析対象は一九八六年に発生したチェルノブイリ原発事故とする。なぜ、福島原発事故ではなく、チェルノブイリ原発事故なのか。第一に、福島原発事故は日本社会において関心が低下しつつも依然として「展開中」の出来事であり、また、そのように受け止めているメディアや世論も存在しているのに対し、チェルノブイリ原発事故は三〇年以上が経過し、「意味づけをめぐる政治」の過程を析出することが比較的容易であるためである。第二に、チェルノブイリ原発事故はリスク社会論をはじめ、すでに様々な観点から分析が行われているためである。本章では、それらの先行研究の分析概念や知見を適宜参照する。第三に、チェルノブイリ原発事故と福島原発事故は出来事としての相同性を有するためである。したがって、チェルノブイリ原発事故に関する分析と検証を通じて、福島原発事故に関する「意味づけをめぐる政治」の展開の今後の展望について知見を提供したい。以下では日本の二大紙『朝日新聞』と『読売新聞』の分析を通じて、チェルノブイリ原発事故というメディア経験が日本社会の中でどのように意味づけられ、そこからいかなる「政治」が生成・展開したのかを明らかにする。

2　チェルノブイリ原発事故のメディア経験

(1)　事故の発生と初報

まずは、チェルノブイリ原発事故が日本社会の中でいかなる出来事として経験されたのかを検討する。チェルノブイリ原発事故は一九八六年四月二六日に当時のソ連ウクライナ共和国で発生した。チェルノブイリ原発四号機は実験中に暴走し、メルトダウンと爆発を引き起こした。事故の結果放出された放射能はヨーロッパ全土を汚染し、その一部はジェット気流に乗って日本や米国にまで到達した。事故は国際原子力事故評価尺度（ＩＮＥＳ）でもっとも深刻とされる「レベル7」と評価されている。

日本を含む欧米社会において、事故は二七日夜から二八日にかけて北欧で強い放射能が検出されたことをきっかけに発覚した。この時点でソ連は事故を公表していなかった。つまり、この事故は当初、ソ連で発生したことが推測されつつも、不可視の、さらにはいまだ（公的に）名づけられていない出来事として存在していたのである。

こうした傾向は日本の第一報でも確認できる。『朝日新聞』は四月二九日の朝刊一面トップで「ソ連で原発事故か、北欧に強い放射能」と報じた（『朝日新聞』一九八六年四月二九日）。『読売新聞』は社会面で「ソ連原発放射能漏れか、北欧3国で異常値検出」と報じている（『読売新聞』一九八六年四月二九日）。両紙ともにスカンジナビア半島とソ連の位置関係を示す地図を掲載しているが、そこにはソ連のモスクワ以南は含まれていない[1]。つまり、第一報は放射能の異常値を検出するような重大な原発事故がソ連のどこかで生じているという推察にとどまっていたのである。

日本の場合、二九日から三〇日にかけて事故の状況が次第に明らかになり、事態の深刻さが認識されるようになった。その結果、四月三〇日の両紙の紙面は一面、総合面、国際面、社会面を中心にチェルノブイリ原発事故関連の記事で埋め尽くされた。そして、「二千人超す死者？」「数万避難と西側筋語る」「『最大仮想』上回る」「乱れ飛ぶ情報」（以上『朝日新聞』）、「もし日本なら想像を絶する被害に」（『読売新聞』）といったセンセーショナルな見出しが大きく掲載された。しかし、このような衝撃的な出来事にもかかわらず、事故そのものを明示する「現場」の写真（すなわち、事故炉や周辺の様子の写真）は一切存在しない。中心的な事象が不可視、不在のまま、危機的な状況が推測と共に語られるということの二日間のメディア経験は、それ自体「非日常性」を表象し、人々の「不安」を喚起したのである[2]。

(2) 「非日常性」と「不安」

四月下旬から五月上旬の『朝日新聞』と『読売新聞』において、チェルノブイリ原発事故およびその影響は「不安」や「恐怖」といった語彙によって定義づけられた。

両紙は事故直後、「死の～」という語句を多用し、またそこから連想される「恐怖」という言葉で事故と放射能汚染を表現している。すなわち、「暴走する死のかまど」（『朝日新聞』一九八六年四月三〇日）、「情報の壁に恐怖増幅」（『朝日新聞』一九八六年四月三〇日夕刊）、「〝死の灰〟の恐怖」（『読売新聞』一九八六年五月一日夕刊）といった見出しである。

加えて「不安」という表現も国内外の状況の定義づけにしばしば用いられた。

ポーランドは……〝パニック〟寸前の不安が広がっており事故の波紋が周辺国に急速に広がっている（『読売新聞』一九八六年四月三〇日夕刊）。

炉心溶融という最悪の事態となったソ連のチェルノブイリ原子力発電所の事故をきっかけに、原発立地地区の住民や反原発団体の間から不安の声があがっている（『朝日新聞』一九八六年五月一日）。

このように、チェルノブイリ原発事故は非日常の出来事として日本社会において「不安」を喚起した。初期報道では、「放射能汚染が日本にまで広がるのか」という側面に加え、「日本の原発は安全か」という側面も語られていた。しかしながら、次第に前者のニュース・バリューが高まっていった。放射能が五月四日に日本に到達すると、「初めて体験する、原発事故による放射能汚染への不安が、改めて全国に広がった」（『朝日新聞』一九八六年五月五日）と報じられた。すなわち、チェルノブイリ原発事故は外部から到来する不可視の「危機」という形で意味づけられるようになったのである。

(3) 「安全」をめぐる初期の言説戦略

とはいえ、チェルノブイリ原発事故に関する一九八六年時点でのメディア経験の特徴は、こうした「危機」という観点からの状況の定義づけが急速に沈静化した点である。無論のこと、汚染レベルが欧州ほど深刻ではなかった点がその主要因である。六月六日に政府は「安全宣言」を出し、以降「不安」を伝えるニュースは減少した。

政府による「安全宣言」は、社会的な「不安」を緩和し、状況を「非日常＝危機」から「日常」へと再転換させる効果を有していたとみなされる。注目すべきは、政府の安全宣言より以前から、同様の効果を意図した言説戦略が原発推進に関わる様々な主体によってメディア・テクスト上で展開されていた点である。

日本の原発の安全性を強調する言説を担ったのは通産省、科学技術庁、電力業界などである。これらの組織は①日本はチェルノブイリ原発から遠く離れているため、放射能が到来することはない、②日本の原発はソ連の原発と構造が異なる、③日本の原発には格納容器が存在し、放射能が外部に流出する可能性はない、という「安全」を強調する主張を事故直後から発信した。一連の主体の発信する情報はニュース・バリューが高いため、『朝日新聞』および『読売新聞』は積極的に報道した。

日本の原発の安全性を強調する主張は『読売新聞』でより明示的に表象された。同紙は四月三〇日朝刊で、「日本のとは別炉型、原子力開発には影響小」と報じている（『読売新聞』一九八六年四月三〇日）。

また、五月一日朝刊には「日本原子力は、ソ連の原子炉とは構造、設備が異なる」とする官房長官の発言を引用しつつ「日本の原子炉は万全の備え、官房長官強調」という見出しを掲載した（『読売新聞』一九八六年五月一日）。『読売新聞』ではしばしばこれらの情報を発信する主体が情報源として明示されていない。これは、一連の情報を「議論の余地のない前提」「常識」として表象する効果を持つ。

その一方で『朝日新聞』は一連の「安全」を強調する言説戦略に対して一定の距離を置いていたことがうかがえる。例えば「『日本ではありえぬ』通産省、不安鎮静に躍起」（『朝日新聞』一九八六年四月三〇日）、「電力業界などは、我が国とは構造が違うと不安の打消しに懸命だが……（以下略）」（『朝日新聞』一九八六年四月三〇日夕刊）などという表現のように、安全性を強調する主体が明示されている。そして、五月一日付の社説では「わが国の原子力関係者には、日本の原子炉とソ連の事故炉の違いを理由に対岸の火事視するのではなく、むしろ原子力発電所としての共通性を努めて重視し、ソ連の過ちを教訓として生かすようにしてもらいたい（『朝日新聞』一九八六年五月一日社説）」と論じている。こうした主張は、日本の原子力政策、あるいは原子力に依存する社会のあり方そのものを批判的に捉える言説編制の可能性を示していた。

（4）説明図式としての「冷戦」フレーム

このように、事故直後の報道では、社会に広がる「不安」を背景に、日本の原発とソ連の原発を同一の「リスク」として連関させる意味づけと、日本の原発の「安全性」を強調し、ソ連（の原発）との間に境界線を構築する意味づけがせめぎ合っていた。

しかしながら、ソ連の原発と日本の原発を同一の「リスク」とみなす意味づけはその後、急速に潜在化し、ソ連の原発との区分を明確化する視点が前景化する。こうした「意味づけをめぐる政治」の展開は、上記の「安全」を強調するアクターの言説戦略の効果とみなすこともできる。だが、留意すべきは、未曽有の原発事故によって喚起された「不安」を鎮静化し、社会秩序を回復させる機能を果たす、多くの場合非意図的な言説編制の効果である。

そうした言説編制の形式としてソ連と西側諸国とを二項対立図式のもとで捉える「冷戦」フレームが挙げられる。このフレームは五月一日の段階ですでに、『朝日新聞』の「報道の陰に激しい情報戦」という記事と、同日の『読売新聞』の一面記事「サミット緊急議題調整、ソ連原発事故、西側の査察求める」という記事において「ソ連に対して情報公開を迫る西側諸国」という図式で顕在化している（『朝日新聞』一九八六年五月一日、『読売新聞』一九八六年五月一日）。その後、東京サミットのニュース・バリューが高まるにつれ、この説明図式が繰り返し登場するようになった。

東京サミットの開幕を報じた五月五日の朝刊一面で『朝日新聞』は「原発・反テロ声明で合意」と見出しを掲げ、サミット出席者たちの集合写真をその下に据えた（『朝日新聞』一九八六年五月五日）。これは、ソ連（＝原発）とリビア（＝テロ）[3]に対して西側諸国が結束して対峙するという東京サミットのあり方を表象している。六日朝刊では、この構図を引き継ぐ形で「政治三文書、対ソ戦略を優先、西側の結束誇示」という解説記事を掲載した（『朝日新聞』一九八六年五月六日）。『読売新聞』もまた、同様の構図に基づいて五日朝刊で「痛かった原発事故、ソ連、西側結束に弾み警戒」と報じている（『読売新聞』一九八六年五月五日）。このように、東京サミットをひとつの契機として当時の国際政治の文脈、すなわち「冷戦」のフレームからチェルノブイリ原発事故が意味づけられるようになった。

その結果、「国際問題としてのチェルノブイリ」というテーマでは、国境を越えて生じる危機に対して、原発のあり方を自らの問題として考えるという意味づけ方よりも、西側諸国が一致してソ連に対して情報開示を求めるという意味づけ方が優勢となった。例えば『朝日新聞』は一連の事故をめぐってソ連の「秘密主義」を指摘し（『朝日新聞』一九八六年五月一六日社説）、ソ連の対応を「失態を世界にわびるよりも、西側の『誇大宣伝』を非難し、核軍縮の必要にすりかえるのに忙しい」と批判し、「これでは東西の信頼強化も軍縮も進みにくくなる」と論じている（『朝日新聞』一九八六年六月一七日社説）。『読売新聞』の五月一六日の解説記事「〝ソ連流処理法〟再び、原発事故と平和攻勢」でも「事実隠しの後は責任転嫁、そしてさりげなく軌道修正」として、同じ構図でソ連を批判している。そしてその上で、「西側は冷静な対応必要」とし、西側の結束を求めている（『読売新聞』一九八六年五月一六日）。こうした原発の対応をめぐる批判は、ソ連の異質性を強調し、ソ連の体制そのものに対する批判へと結びつく。『読売新聞』は五月二四日に「原発事故から一か月」という特集を掲載し、「情報なお一方的、劣悪な組織こそ大問題」として、ソ連の体質そのものが問題であると指摘している（『読売新聞』一九八六年五月二四日）[4]。

このようにソ連を異質な他者＝「彼ら」と表象することは、「我々」＝西側世界を正しいものとして表象することへと結びつく。七月二六日の『読売新聞』は「チェルノブイリ事故三か月（下）、情報公開、西側との差露呈」という特集を組んだ。ここでは西側諸国では原発事故が発生した際に公開ないし報道が行われるとし、それに対置されるものとしてソ連の閉鎖的な体制を批判している（『読売新聞』一九八六年七月二六日)。また、そうした議論はさらに日本の原子力行政を肯定的に捉える視点とも関連する。一〇月四日の『朝日新聞』は、「ソ連の社会における『安全文化』の不足」を指摘し、それに対し、「わが国の原子力基本法に盛り込まれた自主・民主・公開と平和利用限定の原則は、そうした文化の一つといってよいだろう」として「安全文化」が定着した日本を対比させている(『朝日新聞』一九八六年一〇月四日社説)。

以上のように、「冷戦」フレームに基づいてソ連と西側世界を二項対立図式として捉え、事故の原因をソ連の異質性に求めると同時に西側＝日本の原発の安全性を強調する意味づけがマス・メディアのテクストにおいて顕在化し、「優先的な意味づけ」を形成してきたのである。ニュースは「非日常性」や「理解不可能なもの」を、社会の支配的価値観に基づく説明図式を通じて「理解可能なもの」「説明可能なもの」へと変換する役割を果たす。したがって、チェルノブイリ原発事故という「危機」に対しても、ニュースメディアは「冷戦」という従来のフレームで説明可能な出来事として意味づけることで、「日常」を再秩序化する機能を果たすこととなったのである。

(5)「問題解決」としてのニュースの物語編成

一九八六年段階でのチェルノブイリ原発事故に関する報道量は、六月に一度大きく減少し、八月に再度増加した後、さらに大きく減少している。ニュースの言説分析では、社会問題や事件・事故といった出来事は継続的な報道の過程で「発生―展開―終結」の物語構造を持つとされる(大石、二〇一四)。これらの出来事が「終結」「解決」と報道されることでニュース・バリューは低下し、報道量の減少と世

表 3-1　『朝日新聞』と『読売新聞』の1986年のチェルノブイリ原発事故関連報道の推移（記事件数）

1986年	4月	5月	6月	7月	8月	9月	10月	11月	12月	合計
朝日新聞	57	274	74	48	75	23	14	3	13	581
読売新聞	41	104	36	11	39	17	11	6	12	277

（出典）「聞蔵Ⅱビジュアル」「ヨミダス歴史館」を利用。「チェルノブイリ」および「原発事故」で検索。

論の関心の低下をもたらす。この観点から捉えると、原発事故という出来事が「終結」ないし「解決」したとメディア及び世論に判断される契機が二つあったと予想することができる。

第一の契機は、五月の下旬から六月にかけて、日本の放射能汚染に関する脅威が薄らいだことによる。記事数の減少は、少なくとも日本社会において、放射能汚染の問題＝「危機」がこの段階で「一段落した」ものと認識されていたことを示唆している。このような関心の低下を示す象徴的な紙面は、五月二三日の『読売新聞』社会面である。ここには、放射能調査体制を縮小することを伝える記事が小さく掲載されている。一方で、見開き二ページにわたって大きく報じられている出来事は、衆参同日選挙に向けた政局である（『読売新聞』一九八六年五月二三日）。この紙面構成は、社会的関心がチェルノブイリ原発事故から七月に行われる衆参同日選へと移行しつつあったことを示している。先述の通り、政府は六月六日に「安全宣言」を出すが、この出来事も両紙においては小さな扱いであった（『朝日新聞』『読売新聞』一九八六年六月六日朝刊・夕刊）。以後、七月の衆参同日選に関する報道が増加するが、チェルノブイリ原発事故直後にもかかわらず、国内の原子力政策や原発のあり方が選挙の争点になっていない。メディアが争点化していなかったこともまた、この出来事が国内においては「終わった」と受け取られていたことを示している。

それに対して、九月以降の報道量の減少は、「国際問題」としてのチェルノブイリ原発事故が「解決」したと認識されたことを示している。その重要な契機は、八月のＩＡＥＡ専門家会議である。この会議の直前にソ連は事故に関する最終報告書を発表し、事故の原因を作業員の規則違反による「人為ミス」と断定した。一連の過程について、『朝日新聞』は「ソ連原発、重大ミス六つ重ね爆発」（『朝日新聞』一九八六年八月一六日）、「異常な人為ミスへ、設計上の備え欠いた、原発事故でソ連会見」（『朝日新聞』一九八六年八月二二日）などと報じ、ＩＡＥＡ専門家会議については「チェルノブイリ原発事故、ＩＡＥＡ専門家会議、全体像に詳細なメス」と報じている（『朝日新聞』一九八六年八月二六日）。『読売新聞』も「単純ミスが招いた原発事故、安全確保、最後は人間に」（『読売新聞』一九八六年八月三〇日）と報じている。重要な点は、この国際会議の閉幕を伝える報道で、「事故の教訓」という表現を用いている点である。例えば『読売新聞』は、「ソ連原発事故の教訓」を指摘している（『読売新聞』一九八六年九月一三日）。この「教訓」について、一〇月三一日には『原子力白書』の内容が紹介されている。白書はチェルノブイリ原発事故を教訓に日本の原発の安全対策の徹底化を主張するものとして紹介されている（『読売新聞』一九八六年一〇月三一日夕刊）。以上のような「人為ミスへの対応」「安全対策の徹底化」を教訓とする一連の報道もまた、「冷戦」フレームと同様に、この事故が従来のフレームやコードで説明可能な出来事であると意味づける点において、「日常」を再秩序化する機能を果たしていたといえる。

これら二つの出来事を契機として、事故報道はニュース・バリューを低下させた。チェルノブイリ原発の一号炉の運転再開（『朝日新聞』一九八六年九月三〇日）、二号炉の再開（『読売新聞』一九八六年一一月一一日）、事故を起こした四号炉のコンクリート「埋葬」の完了（『読売新聞』一九八六年一二月六日、

『朝日新聞』一九八六年一二月八日夕刊）が報道されるが、いずれも「べた記事」の扱いであった。

3 「意味づけをめぐる政治」の再活性化

(1) 「不安」の残存と「新しい社会運動」

以上のように、当初は「危機」として編制されたチェルノブイリ原発事故をめぐるメディア言説は、一九八六年の間に潜在化し、人々のメディア経験は「日常」へと回帰した。そしてそれを可能にしたのはソ連の原発と日本の原発を区分けする一連の論理やコードであり、出来事を「解決」と報じることで関心を低下させるニュースの物語構造であった。つまり、チェルノブイリ原発事故という出来事は、従来の社会のあり方を再考させるような「危機」というよりは、従来の論理やフレームによって解釈可能なひとつの「事故」であるとみなされたのである。

だが、果たして「日常」は元通りになったであろうか。一九八六年八月に『朝日新聞』が実施した世論調査によると、チェルノブイリ原発だけでなく、日本の原発においても大事故が起こるという「不安」を感じると回答した割合は六七％であった（『朝日新聞』一九八六年八月二九日）。また、総理府が一九八七年八月に実施した「原子力に関する世論調査」でも、八六％が原子力発電に「不安」を抱くと回答している（総理府、一九八七：一三）。一連の世論調査から、チェルノブイリ原発事故の影響や原発事故のリスクに関する不安が社会にある程度残存していたことがうかがえる。

メディア・テクストに表象されるこの二つの矛盾、すなわち一方において「日常」の再秩序化に向けた論理の編制と、他方における人々の「不安」の残存をどのように説明しうるだろうか。いうまでもなく、たとえ政府や電力会社が日本の原子炉とソ連の原子炉の違いを強調し、「安全」を強調したとしても、それを通じて日本社会のニュースメディアや世論を完全に統制することは不可能である。ニュースメディアは自身のニュース・バリューに従って特定の出来事、あるいは出来事の特性の側面を選択・強調しニュースを生産する。通産省や電力会社は情報源のひとつに過ぎない。また、ニュースの受け手であるオーディエンスやメディアユーザーはそうしたニュースを多様に意味づけ、解釈する。つまり、チェルノブイリ原発事故後の社会の再秩序化を担った論理やコードはジャーナリストのニュース生産や一般の人びとのメディア経験を完全に統制・統御しえないのである。

むしろ、メディア言説の分析にとって重要なのはこの矛盾の存在である。まさにこうした矛盾が存在していることが、事故から約一年が経過し、「日常」が回帰した中で、大規模な脱原発運動が生じ、「意味づけをめぐる政治」が再活性化することを説明しうるからである。言説分析の諸アプローチの中でも、こうした矛盾と「政治的なもの」[5]の活性化に関する分析に取り組んできたのが、ラディカル・デモクラシー論の視座に立った言説分析である（Howarth and Stavrakakis, 2000／Glynos and Howarth, 2007）[6]。この言説分析のアプローチにおいて、ある社会的出来事が既存の社会秩序における支配的な論理やコードでは説明しえない矛盾として経験されることを「敵対性」と呼ぶ。敵対性は社会的な対立や抗争が活性化し、拡大する契機となる（ラクラウ、一九九〇＝二〇一四：三六～三七、六一～六二）。チェルノブイリ原発事故後の「不安」は、支配的な論理では制御、吸収しえない敵対性とみなしうる。つまり、こうした敵対性が残存する限りにおいて、チェルノブイリ原発事故のメディア経験をめぐる「意味づけをめぐる政治」は何らかのきっかけで再活性化すると考えられるのである。

チェルノブイリ原発事故をめぐるメディア経験に残存した敵対性は、一九八七年の輸入食品の放射能汚染をきっかけに活性化し、福島原発事故以前では最大規模の脱原発運動へと発展した。この輸入食品問題を契機として活性化した異議申し立ては、都市在住の主婦層を中心に、既存の組織に依拠しないネットワーク状に展開した単一争点型運動であった。

先行研究では、社会運動論の観点から、この運動には産業社会のあり方やライフスタイル、ジェンダーなど、近代を構成してきた様々な論理やコードに対する異議申し立て、あるいは疎外された（集合的）アイデンティティの回復を目指す志向性が含まれていたと指摘されている（高田、一九九〇／長谷川、一九九一／田島、一九九九／本田、二〇〇五）。この点は本章の観点からも重要な指摘である。よく知られるように、一九六〇年代後半以降に顕在化してきた環境保護、人種やジェンダーの差別撤廃、反核など、多様な主張を掲げる一群の異議申し立ては、ヨーロッパを中心に「新しい社会運動」として注目されるようになった（Melucci, 1989=1997／伊藤、一九九三）。「新しい社会運動」論によると、これらの抵抗運動は、日常生活や文化の多様な領域に浸透した不可視の権力の告発を行うとされる。また、運動の特徴として、アイデンティティの構築を伴う点、そして必ずしも物質的な利益にとどまらない多様な諸価値の実現が目指される点が指摘される。特に重要なのは、こうした対抗運動が有する意味構築的な側面である。すなわち、現代社会の抗争は情報やコードといったシンボリックな資源をめぐって展開される（Melucci, 1996）。対抗運動は、支配的コードによって構成された不可視の権力を対抗的なコードによる意味づけ（「名づけ（naming）」）によって明らかにする。そして新たなアイデンティティや価値観の意味構築を通じてシステムの論理そのものの変革が目指されるのである。すなわち、「新しい社会運動」としての脱原発運動は、近代社会システムを成立させている支配的価値観そのものに対する対抗的なコードを有していたと考えることができる。こうした点から、この運動は「意味づけをめぐる政治」としての特徴を強く有していたとみなされるのである。

以上の二つの議論、すなわちラディカル・デモクラシー論と「新しい社会運動」論から、脱原発運動の活性化と、「意味づけをめぐる政治」の再活性化を説明することができる。つまり、脱原発運動の登場とその主張がニュースメディア及び世論によってどのように意味づけられ、解釈されたのかに注目し、それを通じてチェルノブイリ原発事故を契機として生じた敵対性が「意味づけをめぐる政治」としてどのように展開し、社会秩序を意味づける論理の変容にどのように関わっていたのかを明らかにすることができるのである。

(2) 脱原発運動の展開とニュース報道

それでは、チェルノブイリ事故以後のメディア経験において、敵対性がどのように脱原発の異議申し立てへと展開していったのかを新聞記事の言説分析から明らかにしたい。

先述の通り、チェルノブイリ原発事故を契機とする大規模な脱原発運動は、一九八七年一月の輸入食品の放射能汚染をきっかけに活性化したとされる(吉岡、二〇一一:二〇一)。輸入食品の放射能汚染という事実に加え、国の暫定基準の妥当性や検査体制そのものに関して子どもを持つ女性を中心に不安が広がった。それは例えば放射能を独自に測定する運動などへと発展した。また、一九八七年四月に広瀬隆の『危険な話』、七月に甘蔗珠恵子の『まだ、まにあうのなら』といった放射能汚染をめぐる諸問題を告発する書籍が出版され、女性たちを中心に広く読まれ、講演会などが盛んに行われるようになった（烏谷、二〇一二）。こうして「一九八七年を通じて、都市部を中心に全国各地で主婦層の新しい反原発グループが多数形成されていった」のである（本田、二〇〇五：二〇三）[7]。

対照的に、一九八七年の一連の出来事に関する『朝日新聞』及び『読売新聞』のニュース・バリューは高くなかった。最初に暫定基準を超える放射能が検出された同年一月九日のトルコ産ヘーゼルナッツの事例は、『読売新聞』が同日夕刊の一面と社会面で掲載するなど、比較的大きく扱われた（『朝日新聞』『読売新聞』一九八七年一月九日夕刊）。その後も両紙は二月六日夕刊でトルコ産月桂樹とセージ、フィンランド産牛肉の汚染について報じている。また、『朝日新聞』はスウェーデン産トナカイ、ヨーロッパ産月桂樹、セージ、ヒースの汚染を報じている（『朝日新聞』一九八七年二月一三日夕刊、五月九日）。『読売新聞』もイタリアとスペインから輸入されたアーモンドとハーブ茶の汚染を伝えた（『読売新聞』一九八七年五月二九日）。しかしながら、一月九日の記事を除いて一面に掲載されなかった。また、論調もセンセーショナルなものではなく、厚生省の発表をもとにした事実報道が中心で、「人体への影響はない」とする同省の見解が繰り返し引用された。

すなわち、この時点におけるマス・メディアのフレームは、チェルノブイリ原発事故は少なくとも日本社会にとっては「終わった出来事」として「日常」を再生産する機能を果たしていたと考えられる。そのことを指し示す報道として、第一に、チェルノブイリ原発事故から一年が経過した同年四月の報道は、欧州における放射能汚染の実態と脱原発世論の高まりに主たる関心が向けられている（例えば「食糧汚染の衝撃」『読売新聞』一九八七年四月二六日)。つまり、チェルノブイリ原発事故は「対岸の火事」視されていたといえる。

第二に、脱原発のデモは東京でも一九八六年の秋ごろから一五〇〇人を動員する規模のものが実施されるようになったが(笹本、一九九九：二八三～二八四)、両紙のニュース・バリューは高くなかった。脱原発運動の集会について報じたのは、チェルノブイリ原発事故から一年にあたる四月二六日の集会に関してのみであった(『朝日新聞』一九八七年四月二五日、二七日、『読売新聞』一九八七年四月二七日)。

第三に、原子力政策については、一九八七年の時点では両紙は従来と同様に推進の立場をとっている。例えば『朝日新聞』は、政府・原子力委員会が発表した原子力開発利用長期計画に関する社説でチェルノブイリ原発事故など、「原子力をめぐる状況に変化はあったものの、長期的にみれば同委員会(＝原子力委員会：引用者)の開発推進の姿勢は妥当だと思う」と評価し、「途上国に超安全原子炉を供給するといったことも、これからは、日本に課せられた責務となってくるだろう」と原発の積極的な推進政策を支持する主張を展開している(『朝日新聞』一九八七年六月二四日社説)。また、同じ原子力開発利用長期計画に関する『読売新聞』の解説記事では、「新計画がシナリオ通りに進めば、日本は世界をリードする〝原発大国〟になる」と評価している(『読売新聞』一九八七年七月六日)。

以上のように、一九八七年の段階では、少なくとも全国紙のレベルにおいて、国内の「脱原発」世論の形成や運動の活性化は明示的に報じられていない。しかしながら、「不安」を抱える女性たちにとって、主流メディアで一連の事柄が報じられないというメディア経験と自らの日常的な「不安」の経験とのギャップが一層、敵対性の拡張をもたらしたと考えることができる。そして、「不安」を抱える女性たちにとって自らの不安や原発事故の影響を説明するための論理やコードを提供したのが、広瀬隆や甘蔀珠恵子の著作だったのである。とくに広瀬の著作は、主流メディアは原発を推進する権力構造に組み込まれているために「真実」を報道していないという説明図式を提供した（広瀬、一九八九）。こうした対抗的なコードが女性を中心とする集団の中で共有されるようになり、結果として、脱原発のネットワークは主流メディアのニュース・バリューを満たすレベルにまで拡大したのである。

（3）脱原発運動のメディア表象

『朝日新聞』や『読売新聞』において、脱原発の運動や世論は事故から約二年、輸入食品の汚染が発覚してから約一年が経過した一九八八年ごろから大きく取り上げられるようになった。

第一の要因は、一九八八年二月の伊方原発再調整試験[8]の反対デモである。愛媛県の四国電力伊方原発は、一九八七年一〇月に一回目の出力調整試験を実施した。それに対し、チェルノブイリ原発事故を引き起こした実験も原発を低出力状態にする点で共通しているという指摘がなされた。二回目の試験が一九八八年二月に実施されることが明らかになると、一九八八年一月二五日に四国電力本社がある香川県高松市で反対集会が開かれ、デモには約一五〇〇人が参加した（本田、二〇〇五：二二七）。また、二月一一日にも集会が開かれ、約五〇〇〇人が参加した（同）。『朝日新聞』は、二月一一日から一二日にかけて愛媛県高松市および伊方町で行われた抗議活動について、二月一二日の夕刊の一面および社会面で大々的に報じた（『朝日新聞』一九八八年二月一二日夕刊）。この脱原発運動のニュース・バリューが高くなった理由として、参加者が大規模であった点に加え、機動隊とデモ隊とのにらみ合いやもみあいといった緊迫した状況が展開した点が挙げられる。

第二に、主婦を中心とした女性たちのネットワークに対して「ヒロセタカシ」現象という名称が与えられたことである。『読売新聞』は一九八八年三月二五日から二七日にかけて、婦人面で「げんぱつ現象」というシリーズを連載し、広瀬隆や甘蔣珠恵子の書籍の影響に言及している（『読売新聞』一九八八年三月二五日、二六日、二七日）。そしてこれまで原発問題に関心を抱いていなかった主婦層が食料品の放射能汚染に不安を感じ、同じ不安を共有する主婦のネットワークを通じて運動に参加した経緯が語られている。『朝日新聞』はこうした「脱原発」の潮流を「ヒロセタカシ」現象と名づけた（『朝日新聞』一九八八年四月二日、『読売新聞』一九八八年六月一一日社説）。こうした名づけは、脱原発の論理を共有した集団が規模を拡大させつつあることを報道を通じて可視化させるとともに、脱原発のネットワークに対するニュース・バリューを高める機能を果たしたといえる。

第三に、脱原発運動および世論の活性化を受け、通産省や電力業界を中心としたPR戦略がマス・メディア上で展開されたことである。PR活動の主たる対象は広瀬隆の『危険な話』に向けられ、例えば東電が「海外からの証言」という反論ビデオを制作したことが『朝日新聞』および『読売新聞』両紙で報じられた（『朝日新聞』一九八八年六月四日、『読売新聞』一九八八年六月五日）。また、日本原子力文化振興財団による『危険な話』への反論本の出版も報じられている（『朝日新聞』一九八八年九月六日夕刊、一一月一日夕刊）。一連の動向は原発の安全性を強調することで、世論が原発に抱く「不安」を解消させることを狙ったものであるが、新聞両紙は原子力推進主体のそうした意図も含めて報じている点が注目される。

同庁（通産省・資源エネルギー庁：引用者）は、反原発運動が地元の住民だけでなく、原発から遠く離れた都市部にも広がってきたことに危機感を強めている。また、最近の反原発運動が、「原発は危ない」という感性に訴える作戦で効果をあげているとし、鎮静化のため、広報活動が必要と判断した（『読売新聞』一九八八年五月七日）。

これらの報道を契機として、脱原発運動に対するニュース・バリューが高まり、報道量も増大した。伊方原発の出力調整実験直後の一九八八年二月一八日の『朝日新聞』に脱原発運動の新動向に関する解説記事が掲載された（『朝日新聞』一九八八年二月一八日）。さらに、チェルノブイリ原発事故から二年後の一九八八年四月に行われた反対集会の報道は『朝日新聞』で五件、『読売新聞』で二件と積極的に報道されるようになった（『朝日新聞』一九八八年四月一九日夕刊、二三日、二三日夕刊、二四日、二五日、『読売新聞』一九八八年四月二三日夕刊、二五日）。

『朝日新聞』は一九八八年五月四日に「高まる反原発運動、政党・労組超えた広い参加層」という解説記事を掲載した（『朝日新聞』一九八八年五月四日）。この記事は上記の主婦のネットワークを脱原発運動の新たな参加層とみなしている。また、泊原発（『朝日新聞』一九八八年七月二一日夕刊、『読売新聞』一九八八年一〇月一七日夕刊）、女川原発の新設（『朝日新聞』『読売新聞』一九八八年八月二五日夕刊）、六ヶ所村（『朝日新聞』一九八九年四月一〇日）への抗議活動も積極的に報じられた。このように、女性たちによって担われ、都市部で展開する新しい運動と、従来から存在する原発立地地域の紛争が共通の「脱原発運動」のフレームから関連づけられるようになった。

また、マス・メディアは脱原発派と原発推進派の論争を積極的に紹介するようになった（『朝日新聞』一九八八年八月八日夕刊、九月一一日）。とくに『朝日新聞』は広瀬隆、高木仁三郎（原子力資料情報室代表）、鈴木篤之（東京工業大学教授）、宅間正夫（東京電力原子力業務部部長）を迎えて討論形式の企画記事を掲載した（『朝日新聞』一九八八年五月二六日）。さらに同紙では一九八八年を中心に読者の投稿欄でも論争が展開した(9)。

これらの変化は「意味づけをめぐる政治」の大きな転換を示している。なぜならば、マス・メディアのテクストにおいて「脱原発」の敵対性が表象されるようなったことを示しているからである。

（4）「意味づけをめぐる政治」の展開と敵対性

「意味づけをめぐる政治」の新たな特徴は、先行研究が指摘するように「女性／主婦」という主体が対抗コードの担い手として表象されるようになったことである。『朝日新聞』と『読売新聞』の場合、運動の担い手として女性が明確に可視化されたのは、伊方原発の出力調整試験をめぐる反対運動である。『朝日新聞』は「原発不安に女性パワー、各地で集会や街頭行動」という見出しを掲げた（『朝日新聞』一九八八年二月一〇日夕刊）。四月二三日には「日本国内の反原発の動きが、これまでにない高まりをみせている。政党色が薄れ、主婦層が運動の中心になっているのが新しい。運動は具体的で、多様だ」と解説を加えている（『朝日新聞』一九八八年四月二三日）。また、『読売新聞』も一九八八年三月二五日から二七日にかけて、「主婦」や「女性」に焦点を当てた「げんぱつ現象」という連載を掲載した。このように、一九八八年ごろから急速に「女性／主婦」という主体に注目が集まるようになった。

こうして「原発の安全性」をめぐる主婦たちの論理と推進派の論理との対立が紙面上で顕在化することになった。『朝日新聞』や『読売新聞』は一連の論争を紹介しているが、そこでは主として「輸入食品汚染の影響」、「原発の安全性」、「放射性廃棄物」、「原発のコスト」などが問われていた（例えば『朝日新聞』一九八八年九月一一日夕刊）。しかしながら「原発問題がイデオロギー論争の枠を超え、日常的な市民生活の問題として語られ始めている現実を浮き彫りにした」という指摘（『読売新聞』一九八八年一二月九日）にもあるように、主婦たちの担った対抗コードが既存の論理に回収されえないものであることも示唆されている。例えば、「食品の安全性などに関心を持つ人にとって、原発は生命の存続にかかわる問題、意識の根っこが揺らぐ問題なんです」（大分県の主婦）、「チェルノブイリ以降、どんな世界になるのか、そこへ生命を送り出していいのか、不安です」（妊娠中の女性）「初めはとにかく家族に安全なものを食べさせたい、子ども守らなくちゃというエゴですよね」といった女性たちの「声」を引用しつつ、人びとの生活様式や、生命と自己決定の関係性が問われていることが紙面でも紹介されている（『朝日新聞』一九八八年二月一八日、四月一九日『読売新聞』一九八九年三月二日）。これは新しい脱原発運動の主張が立地地域の利害関心や放射能汚染のリスクといった従来型の争点には回収しえない、近代社会のあり方そのものをラディカルに捉え直す可能性に対して開かれていることがメディア・テクスト上でも示唆されていたことを示している。

その結果、主婦たちの担う論理は従来の支配的コードでは説得できない次元で展開し、メディア・テクスト上で展開される両者の議論のギャップが明確になった。『朝日新聞』では、電力各社が「今までの原発広報では対処できない」という危機感を募らせていることを報じている（『朝日新聞』一九八八年四月二日）。政府や電力会社がＰＲに力を入れていることは、社会の中で敵対性が拡張していることの証左であり、また、メディア・テクストが「意味づけをめぐる政治」が展開する場所となっていたことを示している。主婦たちの対抗コードは、新聞紙面上に従来の原発推進の論理を改めて可視化させるとともに、原発推進の論理では説明しえない「敵対性」も可視化させたといえる。

以上のような「意味づけをめぐる政治」の活性化は、全国紙の原子力開発・利用に関する論調の変化をもたらした。顕著な変化は『朝日新聞』にみられる。『朝日新聞』は、伊方原発の出力調整試験に対する反対運動が生じた後、一九八八年四月四日に「原発立地はこれでよいのか」という社説を掲載した。社説では、原子力発電開発が「新しい局面を迎えた」と指摘し、「自然食品グループや子供連れの主婦が前面に出た反対運動は、先の四国電力・伊方原発の出力調整問題でも脚光を浴びたが、歌や踊りをまじえた〝楽しい反原発〟のしたたかさと効果を見せつけた」と論じている（『朝日新聞』一九八八年四月四日社説）。さらに、チェルノブイリ原発事故から二年目にあたる四月二六日には「立ち止まって原発を考えよう」という社説を掲載した。そして「日本における原子力開発の行く末を冷静に、長期的視野で再吟味する必要があると考える」と主張している。推進派と脱原発派の意見を紹介しつつ、「原発の是非は、それぞれ論拠がある。社会全体の将来のビジョンに沿って点検し、人びとが納得できる選択をしていく必要がある。まず立ち止まり、当局者を含む多角的な議論を深めることを提唱したい」とまとめている（『朝日新聞』一九八八年四月二六日社説）。脱原発派の主張を一部組み込みつつ原子力開発・利用の今後のあり方を議論する必要性を論じるこの社説では、前述の一九八七年六月二四日の社説で示されていた原発政策の積極推進の立場から論調が変化していることが分かる。

一方、『読売新聞』もまた、「チェルノブイリ原発事故後、食品の安全性に関心が高まったのは当然だった」としつつ、「原子力の安全性に対する理解と信頼が十分に得られないでいる」と指摘している（『読売新聞』一九八八年一〇月一四日社説）。そして「原発という重要な問題について、不安感や反対を傍観するような態度は行政の怠慢である」として、そうした不安を解消させるような情報提供を政府に求めている（『読売新聞』一九八八年六月一一日社説）。

（5）敵対性の縮減とニュースの文法

しかしながら、脱原発運動が担った対抗言説の影響力を過大に評価してはならないであろう。『読売新聞』は原発推進の路線を維持し、『朝日新聞』もまた、「脱原発」へと明確に立場を変えたわけではない。さらに留意すべき点として、『朝日新聞』は脱原発運動の「新しさ」を積極的に評価するが、それは表層的、形式的な側面における「新しさ」であり、一連の運動が担った主張の内容を詳細に検討し、「近代社会」「産業社会」のあり方を再考する論理といった点からの「新しさ」を評価しているわけではない[(10)]。このことは、脱原発運動が担った対抗言説の「敵対性」がマス・メディアのニュース・バリューやフレーム、さらにはその背後にある社会の支配的な価値観を根本から転換させるには至らなかったことを示している。

実際に、脱原発の世論と運動は一九八八年をピークに退潮へ向かった。「意味づけをめぐる政治」の観点からは、チェルノブイリ原発事故を「危機」とみなす意味づけが広範な支持を獲得するに至らず、支配的なコードによる「日常」が再秩序化したとみなされる。新聞の言説分析から明らかになることは、この再秩序化は二つの言説編制によって展開していたという点である。換言すると、チェルノブイリ原発事故をめぐる「敵対性」は二つの言説編制を通じて縮減し、既存のヘゲモニックな言説に吸収されたのである。

第一は、「地球温暖化問題の解決手段としての原発」という言説編制である。原発や放射能汚染の問題は、チェルノブイリ原発事故後、地球環境問題の一つとして語られるようになった。例えば一九八七年二月二八日の『読売新聞』社説「〝地球SOS〟にこたえるために」では、「現在地球上では、森林を荒廃させる酸性雨、フロンガスによるオゾン層の破壊、熱帯雨林の減少、砂漠化、核を含む有害物質の廃棄など、国境を越えた環境汚染、破壊が進んでいる」と論じている（『読売新聞』一九八七年二月二八日社説）。

こうした中、地球環境における放射能汚染のリスクよりも、地球温暖化という別の環境問題の解決手段として原発の必要性を主張する論理が新聞紙面上に登場した。こうした言説戦略は、「脱原発」の世論や運動が担ってきた「環境保護」という政治象徴を原発推進派の論理に組み込む効果を有している。『朝日新聞』は一九八九年の原子力産業会議を伝える記事の中で、「ソ連のチェルノブイリ原発事故で、世界的に原発反対運動が盛り上がっているが、一方でフロン問題をきっかけとした、二酸化炭素による地球温暖化、酸性雨対策として原子力発電推進を打ち出そうと言う動きが、今週開かれた日本原子力産業会議の年次大会ではっきりしてきた」と指摘している（『朝日新聞』一九八九年四月一五日夕刊）。

注目すべきは、脱原発運動が盛り上がった一九八八年の春の時点からすでに、『読売新聞』は社説や解説記事でこうした主張を積極的に展開してきた点である。

原子力を使わなければ原油価格は高騰し、私たちの生活を直撃するだろう。まきや石油、石炭などの資源エネルギーには限度があり、その燃焼によって生ずる酸性雨や炭酸ガスによる環境問題もある。原発は電力会社の問題である以上に、大きな存在である（『読売新聞』一九八八年六月一一日社説）。

炭酸ガスによる気温上昇を考えれば、化石エネルギーの利用には限界がある。原子力はやはり欠かせないエネルギーだ（『読売新聞』一九八八年一〇月一四日社説）。

今や深刻化している石油、石炭などの化石エネルギーがもたらす地球規模の環境悪化を考えると、原発を完全に否定することができないのも事実だ（『読売新聞』一九八八年一二月九日社説）。

こうした言説編制は、次の点で「脱原発」の敵対性を縮減させた。すなわち、チェルノブイリ原発事故が引き起こした「危機」を「オゾン層の破壊」「地球温暖化」「砂漠化」などの問題と等価のものとして並列化させることでこの問題の固有性を失わせた。また、地球温暖化の「解決手段」として提示することで、原発問題の内在的な問題を不問とした。その結果、「産業社会」そのもののあり方や論理に対する異議申し立ては後景に退き、むしろ「産業社会」の論理の枠内での問題解決の「手段」としての原発のあり方というテーマが前景化することになったのである。

第二に、「女性による『政治』への異議申し立て」という言説編制である。マス・メディアにおけるこうした言説の編制は、異議申し立てを「リスク社会論」が指摘しているような「新しい政治」として解釈するよりも、むしろ「政党政治」「選挙」といった「既存の政治」の中にこうした異議申し立ての持つ意味を変換する機能を果たしたのである。

当初、脱原発運動の主体は、政党に代表される制度化された「政治」が脱原発の「声」を反映させていないと批判していた。例えば一九八七年三月二九日の『朝日新聞』では、福井県敦賀市長選において社会党が原発推進派の候補を推薦したことについて、反原発団体代表の発言が報じられている。

ソ連のチェルノブイリ事故が起きた時も、政党の反応は鈍かった。核、原発により、地球が滅びるのが先か、人類が滅びるのが先か、という時代なのに。目先の経済的利益に目を奪われて原発を容認するなどもってのほか。私たちは、たとえ政党が揺れようとも、息の長い、草の根的な市民運動を続けていくしかない（『朝日新聞』一九八七年三月二九日）。

しかしながら、脱原発の世論や運動が活性化する中で、社会党や公明党が脱原発路線を取るかどうかに関心が高まり、既存の政党政治の文脈において、脱原発が語られるようになる。一九八九年七月に実施された参議院選挙の報道では、『読売新聞』は「脱原発」を争点化する記事を掲載していないが、『朝日新聞』では、公示前から市民グループが脱原発派の候補者を擁立する動きを報じ（『朝日新聞』一九八九年五月五日）、「争点　参院選」という連載の中で原発問題を取り上げた（『朝日新聞』一九八九年六月二四日）。

『朝日新聞』の参議院選挙報道では、「女性による異議申し立て」が大きく扱われた。この選挙では、土井たか子が日本社会党の委員長に就任し、「女性であること」が自民党政治や日本の政治風土そのものに対する異議申し立ての象徴として語られたのである。そして脱原発運動は、そうした異議申し立ての「きっかけ」として位置づけられている。

一気に噴き出した感のある女性の政治への参加も、下地は既にできていたとみる人は多い。共同購入などを通じて食の安全を求める動き。チェルノブイリ事故以来の脱原発運動。ここ数年、ひたひたと波がよせるようにごく普通の主婦を中心にした運動が起きている（『朝日新聞』一九八九年七月一八日）。

だが、選挙期間中の報道では、「脱原発」そのものはほとんど語られなくなる。同じ原発問題に関する異議申し立ての担い手としては、「女性」を党首とする日本社会党にニュース・バリューが集中し、脱原発のミニ政党の動きは報じられなかった。さらに、日本社会党が担った異議申し立てでは「リクルート事件」や「消費税」が中心的なテーマとなり、「脱原発」は争点として埋没したのである。その結果、選挙結果を伝える記事では、「女性の政治進出」や「社会党の躍進」が語られる中で、「環境保護では、票に結びつきにくいのか」と解説がなされた（『朝日新聞』一九八九年七月二五日）。

一連の言説編制は、次の点で脱原発の「敵対性」を潜在化させたといえる。すなわち、「脱原発」が「女性の異議申し立て」として意味づけられ、さらに「女性の異議申し立て」が「女性を党首とする日本社会党の自民党政治に対する異議申し立て」へと変換された点である。「意味づけをめぐる政治」が展開し、敵対性が発展してきた際に、「女性」という政治象徴を媒介項として他の争点と脱原発運動とを結びつける役割を果たしてきた。しかしながら、こうして編制された対抗言説はむしろ、「社会党党首」を中心的なシンボルとし、当時の自民党政治の政治的腐敗（リクルート事件）や消費税に対する不満を語る言説へと変容した。このような議会政治の論理に必ずしも回収されない脱原発の争点は、「女性の怒り」という対抗言説の構成要素となりつつも、参院選の争点としては潜在化することとなった。換言すると、「脱原発」の言説が有していた既存の論理では回収できない、すなわち「理解が難しい」側面は、新聞報道の中ではそぎ落とされ、「理解可能な」言説へと変換されたのである。

以上のように、脱原発運動の有していた対抗的コードが既存の「政治」の文法へと読み換えられることによって、結果的に既存の秩序の中に組み込まれ、その敵対性は潜在化したのである。

4　社会秩序、政治的なもの、そしてメディアの機能

現代社会の多数の人々は通常の場合、重大な事件や出来事をメディアを通じて経験する。そうした経験は、メディアを消費する人々の間で共有され、集合的な記憶となる。いわば、こうしたメディア経験や集合的な記憶のされ方自体が「意味づけをめぐる政治」や「政治的なもの」の一部なのである。

チェルノブイリ原発事故から三〇年が経過し、福島原発事故の経験から五年が経過している二〇一六年の日本社会（あるいは世界）はこれらの経験が折り重なり、複雑な記憶を形成し、それが政策過程や

日常生活に様々な影響を与えている。

しかし、他方で、原発事故、そして大震災を経験した日本社会の何が「変わったのか」という問いかけが行われている。それは、「危機」を経た社会の再秩序化の過程をめぐる問いであり、「危機」を契機として社会を変革しようとする論理と、既存の社会の支配的な論理との「意味づけをめぐる政治」をめぐる問いでもある。そしてそうした「意味づけをめぐる政治」において、メディアは主戦場のひとつとなる。本章での分析を通じて、「危機」と「日常」をめぐるメディアの機能が明らかになった。

第一に、メディアは「危機」を通じて既存の社会の支配的なコードや論理を可視化する機能を有する。ただし、必ずしもそれはリスク社会論が指摘するような「新しい政治」の活性化へと直線的に帰結するとは限らない。むしろ、既存の支配的なコードや論理を通じた「日常」の回帰へも開かれている。

したがって、「危機」においてメディアが担いうる第二の機能は、現状維持機能である。チェルノブイリ原発事故に関する報道と政治過程をめぐる本章の分析から明らかになったことは、「新しい政治」へと向かう可能性が制約・縮減され、既存の政治社会の再秩序化が進展するメカニズムである。そこでは、社会で広く共有された支配的価値観（例えば原発の安全神話）が重要な役割を果たすが、本論で明らかになったことは、「危機」や「新しい政治」を従来のフレームやコードを用いて理解な可能なものへと変換、換言するニュースの機能である。それが結果的にメディア経験に「日常」をもたらす現状維持の役割を果たしていると考えることができる。

しかし、ニュースメディアのテクストは、支配的な論理では説明しえない、そこから零れ落ちる矛盾も表象してしまう。あるいは、矛盾として解釈される余地を残してしまう。つまり、メディアが担う第三の機能は、「敵対性」を表象することである。それは様々な対抗的な意味づけ、あるいは社会秩序の論理の長期的な変化の可能性である。「危機」を経験した後、再秩序化される「日常」は以前の「日常」の完全なる回帰ではない。チェルノブイリ原発事故と福島原発事故を経験した後で原発の安全神話がメディア・テクスト上でかつての役割を担うことは不可能であろう。また、これから日本社会、あるいはグローバルなレベルで原発をめぐる事故やその他の「危機」が生じるたびに、「フクシマ」や「チェルノブイリ」の記憶が想起され、相互に連関し、新たな論理やコードを生成へと結びつく可能性も存在する。

本章で明らかになったメディア経験の「政治性」は、リスク社会が想定するものよりも複雑な「意味づけをめぐる政治」である。確かに、チェルノブイリ原発事故や福島原発事故は「リスク」である。しかし、「リスク」や「リスク社会」の存在は必然的に「新しい政治」の活性化に帰結するわけではない。本章では「意味づけをめぐる政治」の展開の過程で「原発のリスク」が他の争点や論理と連関していく点を明らかにした。このことは、「意味づけをめぐる政治」において、敵対性を拡張し、「新たな政治」を活性化させる手がかりを示している。それはまた、ジャン＝リュック・ナンシーが福島原発事故に関する考察において「破局の等価性」として示した議論とも通底している。こうした議論は「リスク」の存在そのものではなく、ある「リスク」と他の「リスク」との関係、あるいはそうしたリスクを組み込んだ社会全体の諸関係を分析し、その中でいかなる「政治」が展開しうるのかを考察する視座を提供する（ナンシー、二〇一二＝二〇一二：五四）。福島原発事故やチェルノブイリ原発事故が他のリスクとどのように結びつけて意味づけ、理解されるのか、あるいは記憶され、想起されるのか。ここに福島原発事故から五年以上が経過した現時点においてもなお、この問題を分析し続ける意義があるといえよう。

注

(1) チェルノブイリ原発は、モスクワから約七〇〇キロメートル南西に位置する。
(2) 同様の傾向はNHKニュースでも確認できる。同局は、二九日から繰り返し事故を報じるが、事故炉の映像が写真という形で報じられたのは五月一日である（山腰、二〇一六）。
(3) リビアは当時続発した国際テロの「主唱もしくは支援に明白にかかわっている国家」と名指しされた（『朝日新聞』一九八六年五月六日）。
(4) 記事は「反体制歴史家ロイ・メドベージェフ」の発言を紹介する形で構成されている。
(5) 「政治的なもの」とは、ヘゲモニー闘争を通じたアイデンティティ、社会的実践や社会関係の意味構築の契機および過程を指す（ラクラウ、一九九〇＝二〇一四）。
(6) こうした言説分析のアプローチをメディア研究に応用したものとして、Phelan and Dahlberg（二〇一一）、山腰（二〇一二／二〇一四）、Phelan（二〇一四）などを参照のこと。
(7) 次の指摘も参照のこと。「チェルノブイリ原発事故は女性たち、特に母親たちに大きな影響を与えた。身近な牛乳、お茶などの食品の放射能汚染、さらに放射能の人体への影響、中でも胎児、乳幼児、子どもたちに対する影響は深刻に考えられた。事故後、反原発運動全国連絡会（全国約一〇〇カ所の反原発運動組織で構成）事務局には、「多くの、若い母親たちの小さな集まりなどからの」講演依頼が寄せられ、さらに政府の安全宣言に対する不安や「何を子どもに食べさせたらよいか」という問合せが寄せられた。女性たちがチエルノブイリ原発事故をきっかけに反原発運動に関心を向けるようになり、全国各地で運動をはじめた」（笹本、一九九九：二八五）。

（8）なお、一九八七年一〇月に実施された一回目の試験で問題を示すデータがあったことを『読売新聞』が報じている（『読売新聞』一九八八年一月三一日）。

（9）分析期間中の投書は次の通りである。「原発輸出には慎重さほしい」（一九八七年一二月九日）、「「安全神話」はもう通じない」（一九八七年一二月二〇日）、「「原発問題」に私の胸は痛む」（一九八七年一二月二一日）、「原子力導入は不可避の選択」（一九八七年一二月二八日）、「「原子力導入は不可避」に異議あり」（一九八八年一月一〇日）、「原発の詳細を報道すべきだ」（一九八八年二月一一日）、「原発問題、納得いくまで論議続けよう」（一九八八年二月一八日）、「「原発出力調整実験」に消えない疑問」（一九八八年二月一八日）、「夏には1時間冷房切っては」（一九八八年四月二四日）、「放射能汚染した食品の監視強化して」（一九八八年五月一日）、「原発反対、微力な一歩も大勢集まれば」（一九八八年五月一日）、「絶対ではない原発の安全性」（一九八八年五月一日）、「誤認に基づく否定論は困る」（一九八八年六月三日）、「原発推進側の熱意に危険性」（一九八八年六月三日）、「通報遅かった、玄海原発の地元」（一九八八年六月一七日）、「賛否以外の面からも原発問題考えよう」（一九八八年六月一八日）、「大気を汚さぬ原子力発電の長所も考えて」（一九八八年六月二九日）、「反原発のレコード発売中止　物もいえない貧しい社会か」（一九八八年七月三日）、「道民の不安に北電は対応を　泊原発に核燃料搬入」（一九八八年七月三〇日）、「世界に訴えよ、〝非核5原則〟」（一九八八年九月二日）。

（10）例えば『朝日新聞』の一九八八年二月一八日の記事では運動にパロディーや歌など「遊び感覚」が漂う点を指摘している（『朝日新聞』一九八八年二月一八日）。また、五月四日の記事では、運動方針について「この姿勢が、思いついたグループが思いついたことを行動するといった、従来とは異なる運動形態を生み、書物や講演会で啓発された主婦、自然食品グループなどの広い参加層を得ることができた」と解説している（『朝日新聞』一九八八年五月四日）。

参考文献

伊藤るり（一九九三）「〈新しい社会運動〉論の諸相と運動の現在」山之内靖他編『システムと生活世界』岩波書店、一二一～一五七頁。

大石裕（二〇一四）『メディアの中の政治』勁草書房。

烏谷昌幸（二〇一二）「戦後日本の原子力に関する社会認識――ジャーナリズム研究の視点から」大石裕編『戦後日本のメディアと市民意識――「大きな物語」の変容』、一八三～二四〇頁。

笹本征男（一九九九）「チェルノブイリ原発事故と日本への影響」後藤邦夫・吉岡斉編『通史　日本の科学技術　第五―I巻　国際期　一九八〇―一九九五』学陽書房、二七九～二九一頁。

サミュエルズ、R・J／プレシ南日子・廣内かおり・藤井良江訳（二〇一三＝二〇一六）『3・11震災は日本を変えたのか』英治出版。

シルバーストン、R／藤田結子訳（二〇〇七＝二〇一四）「現れの空間としてのメディアポリス」伊藤守・毛利嘉孝編『アフター・テレビジョン・スタディーズ』せりか書房、九〇～一〇八頁。

総理府（一九八七）「原子力に関する世論調査」内閣総理大臣官房広報室。

高田昭彦（一九九〇）「反原発ニューウェーブの研究」『成蹊大学文学部紀要』二六号、一三一～一八八頁。

田島恵美（一九九九）「エコロジー運動とジェンダー的視点」後藤邦夫・吉岡斉編『通史　日本の科学技術　第

五―Ⅱ巻　国際期　一九八〇～一九九五』学陽書房、九六三～九七五頁。

七沢潔（一九九六）『原発事故を問う――チェルノブイリから、もんじゅへ』岩波新書。

ナンシー、J＝L／渡名喜庸哲訳（二〇一二＝二〇一二）『フクシマの後で――破局・技術・民主主義』以文社。

長谷川公一（一九九一）「反原子力運動における女性の位置――ポスト・チェルノブイリの『新しい社会運動』」『レヴァイアサン』八号、四一～五八頁。

広瀬隆（一九八九）『新版　危険な話』新潮社文庫。

ベック、U／東廉・伊藤美登里訳（一九八六＝一九九八）『危険社会――新しい近代への道』法政大学出版会。

本田宏（二〇〇五）『脱原子力の運動と政治――日本のエネルギー政策の転換は可能か』北海道大学図書刊行会。

メルッチ、A（一九八九＝一九九七）山之内靖ほか訳『現在に生きる遊牧民：新しい公共空間の創出に向けて』岩波書店。

山口俊明（一九八八）「原発PR大作戦」『世界』一九八八年九月号、二二九～二三二頁。

山腰修三（二〇一二）『コミュニケーションの政治社会学――メディア言説・ヘゲモニー・民主主義』ミネルヴァ書房。

――（二〇一四）「デジタルメディアと政治参加をめぐる理論的考察」『マス・コミュニケーション研究』No. 85、五～二三頁。

――（二〇一五）「チェルノブイリ原発事故に関するメディア言説の分析――一九八六年の全国紙の初期報道を事例として」『メディア・コミュニケーション』No. 65、一七～二七頁。

――（二〇一六）「チェルノブイリ原発事故報道とメディアの政治学」『法学研究』第八九巻二号、二三九～二六〇頁。

吉岡斉（二〇一一）『新版 原子力の社会史――その日本的展開』朝日選書。
ラクラウ、E／山本圭訳（一九九〇＝二〇一四）『現代革命の新たな考察』法政大学出版会。
――／青木隆嘉訳（一九九六＝二〇〇二）「脱構築・プラグマティズム・ヘゲモニー」C・ムフ編『脱構築とプラグマティズム――来たるべき民主主義』法政大学出版局、九一～一三〇頁。
Couldry, N. (2012) *Media, Society, World: Social Theory and Digital Media Practice*, Polity.
Howarth, D. & Y. Stavrakakis (2000) 'Introducing Discourse Theory and Political Analysis,' in D. Howarth, A. J. Norval & Y. Stavrakakis (eds.) *Discourse Theory and Political Analysis: Identities, Hegemonies and Social Change*, Manchester University Press: 1-23.
Glynos, J. & D. Howarth (2007) *Logics of Critical Explanation in Social and Political Theory*, Routledge.
Melucci, A. (1996) *Challenging Codes: Collective Action in the Information Age*, Cambridge University Press.
Phelan, S. and Dahlberg, L. (2011) "Discourse Theory and Critical Media Politics," in L. Dahlberg & S. Phelan (eds.) *Discourse Theory and Critical Media Politics*, Palgrave: 1-40.
Phelan, S. (2014) *Neoliberalism, Media and the Political*, Palgrave.

第4章　原発輸出政策をめぐるメディア言説の編制
——外交政策・メディア・世論

三谷文栄

1　東日本大震災と原発輸出

本論は、外交政策、メディア、世論の三者間の関係について、東日本大震災以降の原子力発電技術の輸出（以下、原発輸出）の議論を通じて考察を加えるものである。

外交政策、メディア、世論の三者間の関係においては、メディアと世論は積極的な役割を果たすとは考えられてこなかった。国際問題に関して、メディアは現地の取材が困難であることや、国際的な問題に対する関心が世論においては高くないことを前提に、政府の発表する解釈を受け入れる傾向が国内問題より強いと考えられてきたのである。しかし、近年のソーシャルメディアといったコミュニケーション技術の発達により、こうした前提が覆されつつある。即座に伝達される情報により、人びとは国際的な問題に関する情報入手が容易になった。アラブの春にみるように、情報伝達により世論が喚起される状況もみられるようになった。世論の関心が高まった外交上の争点において、メディアと世論はその争点の展開においていかなる役割を果たすのであろうか。

東日本大震災以降、日本社会では原子力発電所（以下、原発）の稼動の是非をめぐって広く議論されてきた。二〇一二年五月五日に全電源停止となった原発の再稼動を求める議論が高まる一方で、再稼動の反対を訴える人びとが首相官邸前や国会議事堂前に集まりデモを行っている。二〇一六年現在でもこの問題に関しては日本国内で意見の一致をみておらず、活発な議論が展開されている。これと連関するかたちで、原発輸出に関しても同様に意見の一致はみられていない。

原発輸出とは、原子力協定を締結した相手国に原子力発電に必要な原子炉や核物質などを輸出し、その国での原子力発電所を建設することを指す。必要な場合、原子力発電所建設後の運転に関する技術などの指導なども含まれる。原発輸出は原子力協定を締結することが前提となるため、原子炉のメーカーや電力会社のみならず、政府の協力が重要な要素となる。日本においては、民主党菅直人政権下においてインフラ輸出の一環として原発の「トップセールス」が推進されるようになった。

しかし、原発輸出を積極的に推進し、原子力協定を締結するという外交政策は、東日本大震災を契機に見直しを迫られることとなった。原発の稼動に対する批判の声が上がり、「脱原発」が菅首相によって提示された。そうした状況において、原発輸出を促進することへの批判的な声が上がるようになる。しかし、二〇一一年九月、野田佳彦首相は原発輸出反対の声を押し切り、国連において原発輸出を継続するとした演説を行った。この国連演説以降、日本において原発輸出は所与のものとして推進されていくことになる。福島第一原発事故から野田首相の国連演説までの期間、メディアや世論は原発輸出をめぐっていかなる議論を展開したのであろうか。また、野田首相は国連演説でいかなる言葉を用いて原発輸出を正当化したのか。本論では、東日本大震災から二〇一一年九月に国連演説にいたるまでの期間を対象に、原発輸出に関するメディアの言説、世論を分析し、外交政策に携わる政治エリート、メディア、世論の相互作用を考察する。

2　メディア言説の分析枠組み

(1)　メディア言説とフレーム

社会で意見が分かれている原発輸出を、政治エリート[1]はどのように正当化したのであろうか。

民主主義社会において、世論の支持は政策の正当化に必要なもののひとつである。そのため、政治エリートは通常、自身の政策への支持を獲得するために一般の人々に向けて説明する。彼らはその説明の中で、一般の人々の不満を和らげる要素をちりばめることによって支持の獲得を試みるが、この過程においてメディアがその説明をどのように報道するのかという点がその後の支持／不支持の流れを形成する、重要な要素となる（エーデルマン、一九六四＝一九九八）。

メディアは、国際的な問題や外交問題に関して、現地を取材することが国内に比べて困難である場合が多い。そのため、政治エリートらの説明を取材し、結果として彼らの説明がメディアに反映される傾向がある。同様に、一般の人々にも政治エリートらの説明はそのまま受け入れられる傾向があると指摘されてきた。しかし、本論で取り上げる原発輸出の問題は単純に「外交」「国内」と分けることは困難であり、連関しているものである。こうした要素を有する外交問題において、メディアや世論は政治エリートらによる正当化の言葉をそのまま受け入れるのだろうか。

本論では、こうした観点から、メディアの言説を分析する。言説とは、出来事や争点に関して体系的に書かれたものや、話されたもので、特定の意味を与える言葉、イメージ、表象などによって形成されている（Howarth, 2000: 7-8）。言葉やイメージなどで「特定の意味」を与え、言説としてまとめ上げる中心には、意味付けの規則性が存在する（バー、一九九五＝一九九七：七四）。その規則性は、マス・コミュニケーション研究においては「フレーム」という概念で呼ばれている。フレームに沿って、出来事や争点の構成要素が組織化され、一定の意味が与えられるのである（Gamson and Modigliani, 1989: 3）。

メディアの報道においてフレームは、多様な解釈が可能な出来事や争点の「何／どこが問題なのか？」ということを示すものである。フレームは、ニュースの取材、報道、受容の際に用いられる認識枠組みである（Gitlin, 1980: 7）。この認識枠組みによって、出来事や争点の構成要素の一側面が選択され、組織化されてニュースとして報道される。フレームが適用された出来事や争点の報道は、パターン化する。原発輸出の争点において、いくつかのフレームが析出されるが、そのひとつに、「原発輸出をすることによって、日本は経済的に利益を得ることが可能であり、また輸入する相手国ではエネルギーが安定し、経済成長することができる」という認識枠組みをあげることができる。このフレームに沿って、多様な側面を有する原発輸出という争点を構成する、いくつかの要素が選択（フレーミング）される。それは、原発輸出に関する出来事の中でも、「諸外国が原発輸出を促進している」といった要素や「原発輸出の市場が活性化している」といった要素である。こうした要素が選択され組織化されることで、意味が付与され、言説が編制されるのである。

表 4-1　原発輸出をめぐるメディア・フレーム

	フレーム	立場	要素
経済成長	争点は、原発輸出が日本の経済成長に寄与するというものである。原発を輸入する相手国も原発を導入することによって経済発展が可能である。	諸外国が原発輸出を積極的に推進していく中で、日本の原発技術を生かすべきではないか。	諸外国の原発輸出推進、市場、経済発展、インフラ輸出
民意	争点は、原発輸出の賛否に世論の声が反映されるべきであるというものである。	諸外国で原発の導入への反対の声や、反対の声を反映して廃止が決定していく中で、日本も世論を反映させるべきではないか。	住民運動、声、世論、民主主義、市民、不安

（出典）　筆者作成。

重要な点は、フレームを中心とした言説編制の過程が選択と排除の過程であるということである（Gitlin, 1980: 7）。特定のフレームによって編制された言説は、そのフレームが選択した要素によって構成されている。そのため、そのフレームによって選択されなかった構成要素は言説にあらわれない。外交問題の報道において注意すべき点は、一般の人々はその外交問題を直接経験することができないため、メディアを通じて外交問題に関する現実を構築するが、排除された構成要素は現実として構築されないということである。出来事や争点の構成要素の選択／排除はパターン化されるため、報道が継続することによって言説は補強・強化されることになる。

とはいえ、ひとつの出来事や争点においてひとつのフレームのみが存在するわけではない。出来事や争点は多様な側面を持つため、通常複数のフレームが存在し、そして複数の言説が編制される。特定の言説が社会で広く受け入れられる場合もあれば、他の言説が受け入れられない場合もある。すなわち、出来事や争点をめぐって複数存在する言説のあいだで競合が存在するのである。このフレーム競合に関しては、一時点においては特定のフレームが支配的になる場合もあれば、後に異なるフレームが支配的となる場合もある。争点をめぐって、文化的に適用可能なフレームが複数存在し、全体として争点をめぐる意味づけの闘争が繰り広げられているのである（Gamson, 1988: 221)。特定のフレームが競合の中で支配的になる背景には、社会で広く共有されている価値観が存在する。換言すると、そうした価値観がフレームには反映されているのである。

このようなメディア・フレームを原発輸出の報道の分析に用いることは以下の点を重視することを意味する。分析対象の争点に関して、どの言説が社会で広く共有され、支配的なものであるのかという点である。原発輸出は、日本の経済を成長させるという観点からフレーミングされていた争点であったが、東日本大震災と福島第一原発事故を受けて、輸出先の地域で反対の世論の声が挙がっており、環境汚染を広げているという認識を促すフレームが表出した。これらのフレーム競合は、現在でも継続している。本論では、福島第一原発事故直後にみられた経済成長へとつながる原発輸出という観点からのフレームの支配的な状況から競合状態へと変化したメディア言説の編制過程を提示し、そうした競合を可能にした社会で広く共有されている価値観を世論調査などから明らかにする。

(2) 原発輸出をめぐるフレーム

原発輸出とは、原子力発電の技術および施設・部品を海外に売り出すこと、海外における原子力発電所の建設事業に日本企業が参入すること、海外における原発の導入に日本が技術を提供することの三つの段階に分けられる（田辺、二〇一五：五六）。原発輸出は、近年になってからはじめて議論されるようになったものではない。一九七〇年代から日本において原発の輸出入の必要性が唱えられていたが、当初は日本が原発の部品や技術などを輸入する側として議論されていた。

一九八〇年代に入ると、アジアへの原発のプラント輸出が議論されるようになり、遠くない将来に「日の丸原発」がアジアで登場するとの報道もされるようになる（鈴木、二〇一四）。しかし、日本の原発輸出が順風満帆に促進されてきたわけではなかった。むしろ国際社会の状況の変化によって頓挫してきた。一九八〇年代、日本は中国の秦山原子力発電所へ原子炉圧力容器の輸出を試みた。しかし、冷戦下ということもあり米国との折り合いがつかないまま、天安門事件が発生したことで中国への輸出は頓挫した。また、一九九〇年代にはアジアの途上国が将来の輸出先として想定されるようになりインドネシアへの輸出が計画されたが、一九九七年のアジア金融危機により計画が頓挫した。

日本政府は二〇〇〇年代に入り原子力ルネッサンスともいわれる米国の原発回帰政策を受けて、原発輸出に向けて新たな計画を考案する。日本原子力産業会議は二〇〇四年「向こう一〇年間に何をすべきか」という文書をまとめた。原発輸出はその二〇番目に「原子力輸出」として提言された。この日本原子力産業会議は、同年一一月に経済産業省と外務省の支援を受けて「原子力国際展開懇話会」を設置し、原発輸出に向けた議論を進めていく。その懇話会には、メーカー、電力会社、銀行といった民間企業と内閣府、外務省、文部科学省、経産省のオブザーバーも参加し、輸出の重要性と課題が提示された。こうした日本原子力産業会議の動きが二〇〇五年に閣議決定された「原子力政策大綱（〇五年大綱）」に反映されたのである（鈴木、二〇一四：七一～七四）。

その「〇五年大綱」においては、日本が主体的かつ能動的に原発輸出を進める地域としてアジアを位置づけ、特に「開発途上国」を対象とするとした（原子力委員会、二〇〇五：四九）。二〇〇六年には「原子力立国計画」を経産省が策定し、そこでは国内の受注が低迷する期間は輸出を進めることで原子力技術・人材を維持するとしたのである。ただし、原発建設への日本企業の参入を視野にいれ、大型の原発輸出を国の政策として本格的に動き出すようになるのは、民主党政権においてである。二〇一〇年六月一八日、原発というインフラ輸出をひとつの目玉とした「新成長戦略――「元気な日本」復活のシナリオ」を閣議決定した。そして同年一〇月、菅政権はベトナム政府と原発建設の協力を正式合意したのである（外務省、二〇一一）。

このように、原発輸出は七〇年代から議論されてきたものであり、その議論からは以下のようなフレームが析出可能である。それは、原発の輸出とは、日本の経済成長を可能とし、そして「開発途上国」の「インフラ」を整え経済発展を促す「国際的な貢献」を行う政策であるというものである。この「経済成長」フレームで用いられる言葉としては、「商機」「市場」「経済」「成長」といった日本の経済にとって利益につながること、または相手国の経済発展を示す言葉が挙げられる。「経済成長」フレームの根底には、日本の不況を乗り越え、日本経済を立て直すことがもっとも重視されるべきものであるという価値観が存在している。そのため、「経済成長」フレームを適用した報道においては福島第一原発事故後、原発の危険性が日本社会で改めて認識された後でも、日本の「復興」との関係から、相手国が求めればインフラ輸出の一環として原発の輸出を進めるべきだという観点から議論が進められることになる。

他方、福島第一原発事故から原発の危険性を強く認識し、輸出先の地域の市民の不安や、輸出先で事故が発生した場合の「環境汚染」に対する懸念から、原発輸出の倫理を問うフレームも存在する。そこでは、民主主義国家において政府は世論に耳を傾けるべきであり、世論が原発輸出に反対しているのであれば原発輸出はひかえるべきであるという観点から議論されている。

こうした世論や住民の「声」を重視すべきだという観点から原発を論じる議論は、一九九六年新潟県巻町で行われた原発建設の是非をめぐる住民投票を報道する中でもみられたものである。一九七一年東北電力が新潟県巻町に原発建設計画を正式発表した。一九九四年、原発建設への反対の姿勢を見せるため、「住民投票」を計画する「住民投票を実行する会」が結成された。議会が住民の声を反映していないとする見解が巻町の住民の間に広まり、一九九六年八月四日に行われた原発建設の是非を問う住民投票では、反対が圧倒的多数の結果となった。最終的に二〇〇三年、巻町の原発建設計画を白紙に戻すと発表されたのである。

注目すべき点は、この一連の出来事において、住民投票の正当性の評価をめぐって異なる見解がメディアにおいて提示されていたということである。すなわち、住民投票によって議会が決定した原発計画を白紙に戻すことを「間接民主主義の否定」につながるとみるのか、または住民投票などによって「民意」を確かめた上で決定すべきであるとする見解の双方がメディアにおいて提示された（伊藤・渡辺・松井・杉原、二〇〇五：二二九～二三〇）。そこでは、住民の声を聞くことの政治的意義を評価し、そうした声は政治に反映されるべきであるとする見解が示されていたのである。こうした世論や住民の「声」を重視するフレームが、福島第一原発事故を契機に原発輸出をめぐる報道に適用されることになった。

この「民意」フレームで用いられる言葉としては、「世論」「市民」「運動」といった言葉や、「不安」「環境汚染」といった輸出先地域の人々の感情を表す言葉などが上げられる。このフレームの根底には、市民の声を反映させる民主主義という価値観が存在している。そのため、市民の反対があるならば輸出すべきではなく、環境汚染へとつながる原発を輸出しないことこそが「国際的な貢献」や「責任」を果たすことに繋がると論じられることになる。

これらのフレームは必ずしも一定の政策選択と結び付いているわけではない。「経済成長」フレームにおいては、原発輸出を促進する立場を、また「民意」フレームにおいては原発輸出を反対する立場を提示しているように読むことは可能である。しかし、「経済成長」フレームの観点から報道されたことが、必ずしも原発輸出の促進を促す立場を提示しているわけではない。例えば、「経済成長」フレームでは他の製品の輸出を促進するほうがより経済的な利益が得られると判断した場合、原発の輸出を促進するような見解が提示されないこともある。また、「民意」フレームにおいても相手国の世論が原発を求める場合、原発輸出の必要性を示すものがみられるようになる。このように、メディア・フレームは単なる政策の賛否を提示するものではなく、出来事を解釈する際の認識枠組みなのである。

原発輸出をめぐっては、当初は「経済成長」フレームが支配的であったが、福島第一原発事故以降、「民意」フレームの勢いが増し、競合状態となる。本論では、二〇一一年九月に野田首相が国連で原発輸出の継続を明示するが、そこにいたるまでメディア言説はどのような競合状態が見られたのか、その競合状態と原発輸出の正当化、そして世論の関係はいかなるものであったのかを考察する。

3　原発輸出政策をめぐるメディア・フレームの分析

本論では、原発輸出をめぐる報道のフレーム分析を行う。分析対象のメディアとしては、資料の入手可能性の観点から全国紙である『読売新聞』（以下『読売』）と『朝日新聞』（以下『朝日』）の二紙を取り上げる。対象となる主な記事は社説、特集記事、解説記事であるが、それに加えて原発輸出に関して言及されている記事も取り上げる。東日本大震災が発生した二〇一一年三月一一日から、二〇一一年九月二一日の野田首相の国連演説の半年の間にいかなるフレームの変容が見られたのかを明らかにする。

(1)　フレームの優勢──「経済成長」フレーム

二〇一〇年六月一八日、菅首相は「新成長戦略──「元気な日本」復活のシナリオ」を閣議決定し、インフラ輸出を柱にすえた新成長戦略を発表した。対象となるインフラは鉄道、下水道、電気、そして原子力発電所が含まれていた。発表当時、インフラ輸出に対する反対の声はほとんどみられなかった。むしろインフラ輸出を進めることによって日本経済によい影響を与えるのではないかと議論された。そこでは、「トップセールス」で官民一丸となり推進していく必要が唱えられた。例えばアラブ首長国連邦（UAE）の原発入札に韓国に負けたことについて、以下のように論じている。

UAEの入札では、直嶋自身も直接乗り込んで、売り込みをかけた。トップセールスの力で韓国に負けたのか（二〇一〇年八月二日『朝日』グローブ四五号「〈日本の原発を中東で売る〉建設予定地にはベドウィンのテント」）。

原発の建設計画はインド、タイ、インドネシアなどにもある。ブラジルは年内にも高速鉄道建設の発注先を決める予定だ。政府は政治主導による取り組みを継続してもらいたい。……海外インフラをめぐる受注獲得競争に「オールジャパン」で取り組み、これまでの出遅れを取り戻さねばならない（二〇一〇年八月六日『読売』社説「インフラ輸出　オールジャパンで巻き返せ」）。

これらの記事にみられるように、原発輸出は日本の経済成長にとって重要なものであり、輸出先のインフラを整えることで国際的な貢献へとつなげるとする「経済成長」フレームで論じられていたのである。

こうした状況は二〇一一年三月一一日東日本大震災と、三月一二日に生じた東京電力福島第一原発の事故によって影響を受けることとなった。原発事故後、日本社会では原発に対する反対の声が大きくなっていった。それに伴い、原発を輸出することの是非が問われたのである。

原発事故後、メディアの報道はどのようなものであったのか。原発事故直後、インフラ輸出の重要な要素として原発を位置づける報道に変化はみられなかった。以下にみるように、原発事故後、原発輸出が可能なのか否かという点に焦点が当てられていた。

日本が、原発の売込みを目指す国々は、主に原発導入が初めての新興国や途上国だ。……今回の事故で日本の原発の安全性への信頼が揺らいだことで、売り込みの停滞は避けられそうにない。……エネルギー資源の獲得競争の中で、中国をはじめ新興国が建設計画を次々と打ち出している。この商機を逃すばかりか、そんな世界的な市場が自らの事故で縮小してしまう可能性がある（三月一六日『朝日』「原子力政策、岐路に　依存戦略に厳しい目　福島第一原発事故」）。

……高い評価を受けていた日本の原発の事故がきっかけで、世界各国で原子力政策の見直しが進み、日本政府もエネルギー政策の転換を迫られる可能性がある（三月一九日『読売』「原子力政策　見直し論　与野党　代替エネルギー課題」）。

日本は原発プラントの輸出事業に国を挙げて動き始めた矢先、この災禍に見舞われた。現在の事態を前に受け入れがたい議論かもしれないが、技術の進歩は一度とぎれたら終わりだ。原発は本来、危険なもので、安全への配慮を怠れば危険は地球全体に及ぶ。日本が出来うる人類への貢献は、……より完全な安全システムを構築することしかない。まさにゼロからの出発である（三月三〇日『読売』「原発「想定外」では済まない　安全システム　ゼロから出発を　高嶋哲夫」）。

このように、福島第一原発事故の直後は、事故の状況が不明確であったこともあり、原発輸出そのものに対する反対の報道はなされていなかった。むしろ、原発事故によって原発輸出の動きが停滞し、経済的な影響を受けるという懸念の声が聞かれた。原発輸出は情報公開を徹底して行い、進められるべきと示されていた。すなわち、事故直後の原発輸出をめぐる報道においては「経済成長」フレームが適用されていたのである。

(2) フレーム競合

①「民意」フレームの表出

しかし、福島第一原発の事故の深刻な様子が徐々に明らかになるにつれて、原発輸出をめぐる言説において、異なるメディア・フレームが明示されるようになっていく。こうした言説編制と連動するように、日本社会において原発輸出を考え直す必要性が唱えられるようになった。国会では四月一八日、参議院予算委員会で質問に対する答えの中で菅首相は「原子力発電のあり方を徹底的に検証する中で、将来のことを考えていかなければならない。一度白紙から検証して、再建する必要がある」と述べた。同席していた清水正孝東京電力社長は、公明党の加藤修一議員による原発輸出の今後についての質問に対し、「これからの海外戦略は見直さざるを得ないだろうと考えている」と原発輸出に関して見直しの考えを示したのである。また玄葉光一郎国家戦略相が四月二二日の閣議後の記者会見にて原発輸出について「一度立ち止まって考えないといけない」と発言し、インフラ輸出として原発の輸出を柱の一つに位置づけていた新成長戦略の見直しが示唆された。四月末、外務省は原子力協定交渉中のインド、トルコ、ブラジル、南アフリカとの交渉ペースが事故後落ちていることを明らかにした。五月一八日、民主党外務部門会議は、韓国（二〇一〇年一二月）、ベトナム（二〇一一年一月）と署名した原子力協定について、国会承認を慎重にすべきだとの方針を提示したのである。

日本国内の原発輸出に反対する流れが存在したのみならず、「最高の水準」とされた日本の技術でも事故が発生したことで、諸外国で原発建設を反対する声が高まっていく。米電力大手NRGエナジーはテキサス州で原発を増設する計画を立て、NRGエナジーの提携先である東芝が原発建設を受注していた。しかし、NRGエナジーは「福島第一原発が状況を一変させた」と述べ、増設計画への追加投資を打ち切ると発表した（二〇一一年四月一九日）。事実上、受注が頓挫したのである。東芝が国内メーカーとして初めて単独で原発建設を受注していたため、注目されていた原発輸出であった。原発輸出が困難な状況が生じつつあったのである。

日本において、諸外国の原発政策の動向と同様に大きく報道されたのは、日本の原発輸出の海外戦略に関する諸外国における市民たちの反応であった。たとえば、二〇一〇年六月から交渉が進んでいたインドとの原子力協定は交渉中止が懸念されたが、インドの外務次官が継続の姿勢を示した（四月九日）。しかし、インドの建設予定地において原発建設反対の市民の声が高まり、反原発の運動が報道されていた（五月二六日『読売』「インド　高まる反原発　「フクシマ」機に運動活発」）。

こうした報道では、原発政策は政府が上から押し付けるのではなく、建設予定地の市民たちの声をどのように反映するのかが重要であるという点から、世論調査や反対運動の動きが提示されていた（四月一七日『朝日』グローブ六一号「〈原発、揺れる世界〉原子力政策をめぐる各国の動き」）。たとえば、韓国では、原発停止のために市民が裁判所に申請したことが報道された（四月一二日『朝日』「韓国の原発停止、仮処分を申請へ」）。また、『東亜日報』の世論調査の結果もあわせて報道され、「安全ではない」が四三

%で「安全だ」の二二%を上回り、政府の原発事故への備えについては「対応不足」が七一%と、韓国の原発に対する市民の不安が反映されていた。

こうした報道では「原子力は民主主義のカルチャーを必要とする」（四月四日『朝日』）「中東の原発計画政変・紛争に耐えられるか」という発言が掲載されるなど、『朝日』『読売』の両紙ともに世論や市民の反応、不安を提示し、原発建設・運営には、それらの声が反映されるべきであるとする「民意」フレームが報道に適用されていた。

②「経済成長」フレームの維持

しかし、両紙ともに「民意」フレームのみを適用していたわけではなかった。以下に見るように、この時期の報道では「経済成長」フレームも同様に適用されていた。すなわち、ひとつの新聞の中で、二つのフレームが適用されたのである。

日本の原発輸出に反対の声が国内・国外で高まり、計画が困難になっていく中、日本の穴を埋めるかのように諸外国が原発輸出を推進するという報道がなされるようになる。たとえばロシアや韓国が原発輸出を積極的に推し進めていることが示されていた。

一方、原子力の今後はどうか。世論が大きな影響力を持つ欧州諸国では原発の見直しを求める声が強まっている。少なくとも新設の動きは当面止まりそうだ。ただ、どの国も重要な電力源とみなす原発を手放すことまでは考えていない。特に、電力の約8割を原子力に頼るフランスに「脱原発」という選択肢はありえない……中国も同様だ。ロシアは「チェルノブイリの事故を教訓に開発した我が国の原発は安全」として、逆に商機を見出そうとしている（三月二九日『読売』「原発事故とアラブ騒乱　電力の安定確保難題（解説）」）。

原発安全神話の崩壊に、フランス政府と産業界は神経を尖らせている。……アレバの幹部は、輸出がしやすくなると考えているのではないか。……福島の事故で「安い原発」の時代が終わるのではないかとの期待もにじむ（四月一七日『朝日』「波聞風問安全神話の崩壊「安い原発」終わりのとき　有田哲文」）。

原発輸出に力を入れるロシアは、安全強化に関する国際的ルール作りで主導権を握ることで、輸出拡大につなげたい思惑もあると見られる（四月二八日『読売』「原発安全強化、露が提案　G8などに建設や情報公開要件で」）。

李政権は原発を……2030年までに80基輸出の目標を掲げる。福島第一原発事故後、韓国内でも安全性を疑問視する声が高まりつつあるだけに、日本との情報共有を国内の事故防止策に生かし、原発推進方針に説得力を持たせたい考えだ（五月二三日『読売』「復興てこ「友好」演出　輸入緩和は限定的　日中韓首脳会談」）。

原発輸出を日本が停止することによって、他国はその市場を獲得する。こうした観点から、『読売』

は、「原子力を「準国産」のエネルギーと位置づけ、米仏に次ぐ原発大国への道を歩んできた日本はいま大きな岐路に立たされている」が、脱原発を選択すべきではないと訴えていたのである（五月一一日『読売』「主要国の原発対応　「建設加速」「現状維持」「脱却」（解説）」）。また日本の原子力関連技術が他国に遅れをとることは、経済的発展の観点から避けるべきだと指摘していた。加えて、中東やロシアからの資源輸入に依存することは現在の国際情勢からも避けるべきであり、「冷静かつ戦略的」に考える必要があると唱えられたのである。そうした見解は、社説「イタリアの選択　欧州の原発依存は変わらない」（『読売』六月一六日）にもみることができる。イタリアは脱原発を選択したもののヨーロッパそのものは原発に依存している社会であることから、エネルギー需給のバランスを考えるべきだとしたのである。

『朝日』も同様に原発輸出が成長戦略の一要素として認めていたが、原発事故を受けてそれが継続されるかどうかを疑問視していた。たとえば、日米が共同して使用済み核燃料の貯蔵施設をモンゴルに建設することが五月九日明らかになった。これを経産省が「原発の輸出を目指し、新興国でニーズが高い使用済み核燃料の処分もセットにして売り込む狙いだ」と位置づけながらも、「構造が実現するかどうかは不透明」と述べている（五月九日『朝日』「モンゴルで核処分案　日米、原発輸出へ構想」）。『朝日』においてこの出来事に対し、モンゴルの市民の声を伝えることもなければ、大きく報道することもなかった。

このように、これらのメディアはひとつのフレームを適用していたわけではなかった。原発事故が発生したことによって言説が再編制されることとなり、その編制過程において双方のフレームが適用されることとなったのである。

(3) 原発輸出を通じた国際社会への「貢献」

上述のような言説編制は、菅首相による「脱原発」発言を契機に変化した。各メディアがそれぞれの言説を明確に示すようになる。すなわち『読売』が「経済成長」フレーム、『朝日』が「民意」フレームを適用するようになった。

民主党政権において原発輸出は慎重に議論された。六月二七日、『読売』との単独会見の中でインドネシア政府の原子力規制庁長官が「我が国の経済発展にはエネルギーが必要だ。原子力建設計画は進めるべきだ」と発言し、原発建設計画の堅持を表明した。こうした発言以降、「われわれ」日本が原発輸出を必要とするからというよりも、むしろ輸入する「相手国」が求めるから原発輸出を進めるべきであるという見解が民主党政権からも示されるようになる。

七月一三日の記者会見で菅首相は脱原発の方針を示す。六月二日に退陣表明をした後の脱原発の方針の表明であったため、どこまで真剣に考えられてのことなのかが問われた。翌日七月一四日には、枝野幸男官房長官は「遠い将来の希望という首相の思いを語った」として政府の明確な方針であることを暗に否定したのである。注目すべきは、脱原発を表明した記者会見であったにもかかわらず、菅首相は原発輸出に関して「我が国はどの国よりも厳しい安全性のもとで当面活用していく。輸入する側がどう受け止めるかを含めて、中期的に検討する」とする見解を述べた点である。日本での原発は段階的に少なくするにもかかわらず、求められれば輸出を行う可能性があると示唆されたのである。

こうした見解に対して「これまでと同じような形で推し進めることはできないだろう」（海江田万里経済産業相七月一四日衆院東日本大震災復興特別委員会にて）という意見も示されたが、日本社会において原発輸出継続への大きな反対が見られたわけではなかった。七月一四日にリトアニア北部の原発建設で日立が優先交渉権を獲得したことが発表されたが、それに対する反応はほとんどみられなかった。むしろ原発輸出を停止する見解に対する批判が日本社会で噴出したのである。

七月二一日、菅首相は政府が推進してきた原発輸出について、「もう一度、きちんとした議論がなされなければならない段階に来ている」と述べ、見直しが必要との考えを示した。この見解に対し、以下にみるように『読売』は国際的な信用を失うと明確に批判した。

菅首相は参院予算委員会で、個人的な考えのはずの「脱原発」を正当化し、政府の方針を転換するかのような答弁を繰り返した。……「外交手続きは進んでいる」とする一方で、「きちんとした議論がなされなければならない」と述べ、輸出を見直す考えを示した。「脱原発」との整合性を取るためだけの窮余の答弁だろう。だが、政府が主導してまとめた契約を、一方的に見直すというのは無責任に過ぎる（七月二三日社説「原発輸出見直し　国際信用損なう首相の不見識」）。

この社説に見るように、菅首相の原発輸出見直しの発言は、「個人的」なものであり、国際的な「信用」維持し、「責任」を日本は保持すべきであり原発輸出は継続すべきであると捉えられた。これに呼応するように米倉弘昌経団連会長も記者会見で菅首相を批判し、「ベトナムは、東日本大震災以後も

（原発輸出は）大丈夫かと、政府代表が日本に来て確認している。国際的な信用を裏切ることは絶対にやってはいけない」と述べたのである（七月二五日）。

　これらの記事にみるように、日本は原発建設を求める声に応じるべきであり、またそれが日本の国際的な「信用」に応じ、「責任」を示すことになるとされた。以下にみるように、『読売』は経済成長のために原発が必要だとする地元の人々の声を示すなど「経済成長」フレームを適用して報道するようになった。

……福島第一原発の事故後、「先端技術を持つ日本でも事故が起きたのに、本当にインドネシアは問題ないのか」との声が出るようになった。だが、バンカ島中心部で雑貨販売業を営むエリック・スジャッミカさん（二九）は「頻繁に停電がおき、仕事にも生活にも支障をきたす。事故への恐怖はあるが、原発で電力不足を解消しないと、経済は発展できない」と話す。実際、記者が島に滞在した三日間、毎日数回ずつ停電が起きた（六月二八日『読売』「インドネシア　原発推進「経済発展には必要」原子力規制庁長官が明言」）。

菅首相は七月、唐突な「脱原発」発言に続いて、原発輸出を成長戦略からはずす可能性に言及し、国際的な不信を招いている。政府はようやく先週末になって、継続中の輸出交渉は進めるとの方針を打ち出したが、長期的な取り組みは不明だ。……安全基準を満たした原発の輸出については、日本の成長を図る観点から継続の方向性を明示してはどうか（八月一一日『読売』「震災復興　読売新聞

社緊急提言　その三」）。

高性能で安全な原発を今後も新設していく、という選択肢を排除すべきではない。中国やインドなど新興国は原発の大幅な増設を計画している。日本が原発を輸出し、安全操業の技術を供与することは、原発事故のリスク低減に役立つはずだ（九月七日『読売』社説「エネルギー政策　展望なき「脱原発」と決別を」）。

原発や新幹線などインフラの輸出も促進したい。政治が先頭に立ち、官民が連携し、原発などでトップセールスをかける韓国やロシアなどに対抗しなければならない（九月一八日『読売』社説「経済成長戦略　重要政策に絞って加速させよ」）。

最終的に菅政権は原発輸出を当面継続することを決定する。「我が国の原子力技術に対する期待は、引き続きいくつかの国から表明されており、諸外国が我が国の原子力技術を活用したいと希望する場合には、世界最高水準の安全性を有するものを提供していくべきだ」とする答弁書が八月五日、閣議決定されたのである。菅政権の選択と同じくするように、『読売』においては原発輸出に関して「経済成長」フレームの観点から報道されるようになったのである。

他方、『朝日』は「経済成長」フレームがみられなくなり、「民意」フレームを適用した報道が中心になっていく。例えば、原発輸出を推進する中国に関する報道においては、そうした原発政策に対して警鐘を鳴らす科学者のインタビューを掲載していた（八月六日『朝日』「中国の原発　「原発大躍進」に警鐘を鳴らす老科学者・何祚キュウさん」）。たとえ諸外国で原発輸出が推進されていたとしても、その国の市民が反対していると訴えたのである。すなわち、『朝日』の「民意」フレームでは、原発政策に関する「世論」や市民の「反対」といった言葉が用いられ、こうした反対の声が挙がっている以上、日本は原発輸出をひかえるべきであり、それが日本の「責任」であり「貢献」になると指摘していたのである。

日本で起きた原発事故に、世界で最も敏感に反応した国がドイツだ。原発の運転延長を決めたばかりだったメルケル政権は、二〇二二年までの全廃を決めた。脱原発へと百八十度舵を切った背景には、圧倒的な国民世論があった（六月七日『朝日』「脱原発へ世論一気　メルケル独首相豹変　「脳裏に福島の映像」　二〇二二年全廃決定」）。

東日本大震災と福島原発事故を機に、トルコでも、反原発の世論が盛り上がるようになった。地元紙が三月に実施した調査では、六七％が反対した。反核NGO代表のサバハット・アスランさん（四九）によると、四月に地元メルシンで開いた集会には、以前の二倍近い約一〇万人が参加した。……隣国のギリシャのパパンドレウ首相が「そんな場所に原発を作るというのは、道理に合わない」と述べるなど、周辺国からも懸念の声があがる（七月六日『朝日』「トルコ、原発計画続行　フクシマ後、世論反発」）。

自国内に原発を保有していなくても、ひとたび隣国で事故があれば、放射能は国境をこえる。日本の惨状をみて、国民の不安はこれまで以上に高まっている。我々は世界の脱原発の流れを後押しする責任があると考える（七月一七日『朝日』グローブ六七号「〈先読み世界経済〉原発は過渡期のエネルギー、代替技術確立へ日米欧結集を」ジャン・アッセルボルン　ルクセンブルク副首相兼外相へのインタビュー）。

このように、『朝日』においては、諸外国の不安、不満を広い世論として報道することで、日本の原発輸出を抑制すべきであるとしたのである。こうした『朝日』の主張は、菅首相による「脱原発」発言以降、「脱原発」と「原発輸出」の整合性を問う形となった。そこでは、国内の原発が減少する方向にあるにもかかわらず、原発の輸出を撤退しないのは「二重基準」ではないのかと疑問を呈していた（八月二二日『朝日』「原発輸出へ官も民も　パーカー、海外一層重視」）。

すでに東京電力は、原発輸出からの完全撤退を表明した。……主力選手を欠いた「日の丸チーム」に、どこまで勝ち目があるだろうか。……すでに協力協定を結んだベトナムや、交渉継続中のトルコなどに対しては、相手の希望を確認しつつ、日本国内での課題や事情をきちんと説明する。少なくとも政府が旗振り役を勤めるのは避けるべきだ。事故の原因究明と真剣な反省に立ち、安全規制の強化や事故に備えた避難体制、賠償の枠組み作りなどに経験を生かす。それこそ、日本が国際社会にできる最良の貢献のはずだ（八月二三日『朝日』社説「原発輸出　国にそんな余裕はない」）。

このように、『読売』と『朝日』は原発輸出に関する国際社会への「信用」「責任」「貢献」とは何かという点を「経済成長」フレームと「民意」フレームで論じていた。これらのフレームの競合は、日本社会の原発をめぐる議論が二分していたことを反映していた。各紙面で取り上げた投書には、それぞれのフレームに沿うような声が反映されていた。たとえば、『朝日』の原発輸出に関しては、「「原発の汚染」を輸出するな」(七月三〇日)、「原発輸出継続は納得できない」(八月一一日)、「矛盾する菅首相に幻滅した」(八月一八日)という投書のタイトルにあるように、明確に原発が現地を「汚染」するものであり、整合性のない原発を輸出することは「納得できない」と提示していたのである。

他方、『読売』は日本の電力に関する投書のみを扱った「気流欄」(六月一九日)を掲載した。そこでは、以下にみるように、原発の即座の廃止は日本の経済成長を考えると困難であり、自然エネルギーの比重を高めると同時に、原発稼動という合理的な選択を冷静な議論を通じて下すべきであると主張されていた。

◆原発廃止は困難(医師　三四歳　さいたま市)
……「原発廃止」となれば、資源小国の日本は産業競争力などを低下させかねない。

◆原発の安全強化(義肢装具士　三九歳　愛知県日進市)
約三割の電力を担っている原発を即座に廃止することは困難だ。依存度を下げていくにせよ、有力な新エネルギーの実用化も進めつつ、原発の安全性を高めていくことが何より大切だ。

◆太陽光の普及を(主婦　六八歳　前橋市)

……日本が培ってきた高い技術力を結集し、国際競争力を有する太陽光発電産業を育成してほしい。長期的な日本の経済復興貢献にもつながるはずだ。

◆過度な期待禁物（会社員　五四歳　東京都世田谷区）

日本は、自然エネルギー利用が進むとされる欧州とは環境などが異なる。……過度な期待を持たないよう、採算性も含めた冷静な議論が求められよう。

『朝日』と『読売』にみられたようなメディア言説におけるフレーム競合では、いずれかが支配的になるということはみられなかった。こうした競合状態は継続していった。

九月二日、野田内閣が成立した。玄葉外相は就任記者会見で原発輸出に関して「積極的になれるかといえば、必ずしもなれない」と発言した。民主党内での原発輸出に関して見解が分かれていたことは明確であった。しかし、野田首相は原発の再稼動と、原発輸出の促進を明示していく。九月二〇日、米紙『ウォールストリート・ジャーナル』のインタビューで原発再稼動の時期を「来年の春以降、夏に向けてきちっとやっていかないといけない」と発言した。その数日後の九月二二日、国際連合において原発輸出に関して「原子力利用を模索する国々の関心に応える」と語り、安全性を高めた原発や関連技術については新興国などに引き続き輸出する方針を示した。新興国などに輸出することによって国際貢献を図るとしたこの発言は、「経済成長」フレームが適用されたものだったといえる。

野田首相の国連演説の『読売』の報道からは、以下のような「経済成長」フレームを析出できる。

急増するエネルギー需要をまかなうため、中国やインドなどの新興国を始め、多くの国が原発利用の拡大を図っている。首相が「原子力利用を模索する国々の関心に応える」と語ったように、日本は、原発の輸出体制を建て直し、事故防止のノウハウも積極的に供与すべきだ（九月二四日『読売』社説「首相国連演説　「安全な原発」活用を公約した」）。

野田首相は先週、「原発の安全性を世界最高水準に高める」と国連で演説し、原子力技術による国際貢献を宣言した。原発輸出政策を継続する意向も示した。アジアでは、経済拡大とともに原発への期待が高まっている。視野の広い議論が欠かせない（九月二八日『読売』社説「原子力政策大綱　現実を踏まえ冷静な議論を」）。

他方、『朝日』の報道からは以下のような「民意」フレームを適用し、原発輸出推進という選択を市民に納得させる必要性を示した。

……原子力安全に関するハイレベル会合での演説には大いに疑問がある。……今後のエネルギー政策を具体的に語ることもなく、原発輸出の継続を宣言した。訪米前に米国紙に、原発の再稼動時期を「来夏に向けて」と明言したこととあわせて、菅首相の「脱原発依存」の交代を図っているようにしか見えない。……首相は明確に国民に説明する責任がある（九月二三日『朝日』社説「首相国連演説　脱「内向き」の先頭に」）。

これまでみてきたように、原発輸出問題に関するメディア言説において、福島第一原発事故後、事故の状態が明確に把握されていない状況では「経済成長」フレームが適用されていた。しかし、徐々に事故の深刻な状況が伝わるにつれて市民の声や世論を重視する「民意」フレームが登場し、競合状態が発生した。この競合状態は、各紙がいずれかのフレームを適用した結果発生したメディア間の競合ではなく、各メディア内において双方のフレームが提示されるというメディア内でのフレームの競合であった。菅首相による「脱原発」発言以降、メディア内でのフレーム競合は、『読売』が「経済成長」フレーム、『朝日』が「民意」フレームを明確に適用したことでメディア間での競合へと発展していった。

また、政治エリートによる原発輸出政策の正当化とメディア言説には連関があることが明らかになった。すなわち、政治エリートの発言に呼応する形でメディアは各フレームを適用し、メディアの提示するフレームに応じる形で政治エリートが発言するといった現象がみられた。しかし、メディアは常に政治エリートが提示する正当化を受け入れていたわけではなかった。菅首相による「脱原発」発言や野田首相の国連演説は、それぞれが異なるフレームから論じ、一方が政治エリートの正当化を受け入れ、他方は批判するという状況が見られた。

4　フレーム競合の背景

福島第一原発事故直後を除いて、『読売』『朝日』の両紙では、原発輸出をめぐって「民意」フレームと「経済成長」フレームが競合していた。そして二〇一一年九月の野田首相の国連演説にいたるまでその競合状態に変化はみられなかった。それぞれの紙面上で「民意」「経済成長」フレームの競合が析出されたことは、各ジャーナリズム組織内部での見解の一致が見られなかったことを示唆している。しかし、これらフレームの競合は、ジャーナリズム組織内部を超えて、メディア間のフレーム競合へと発展し、継続してみられた。メディア言説においてみられるフレームは、社会で広く共有されている価値観や世論の動向が反映されている。以下では、原発輸出に関する世論の動向と、「経済成長」「民意」というフレームが競合した背景を世論調査から考察する。

第一に、「経済成長」「民意」フレームの競合が継続してみられていたことは、世論において原発輸出に対する支配的な意見が存在しなかったことが指摘できる。実際、原発輸出に関する世論について、直接的な問いで十分に調査されてきたとはいえない。原発に関する世論が日本社会で大きく二分していたため、輸出に関する問いまで問われてこなかったのである。そのため原発輸出問題に関するフレーム競合の考察においては、原発そのものに関する世論調査を参考にする必要がある。(2)

福島第一原発事故直後の原発輸出のメディア言説においては「経済成長」フレームが適用されてきたが、当時の世論調査では原子力発電の利用に関して「脱原発」が世論調査で提示されていたわけではなかった。たとえば『読売』(四月四日)の世論調査では、原子力発電所を「現状を維持すべきだ」とする意見が四六%ともっとも支持されており、『朝日』(四月一八日)も同様に、原子力発電を利用することに関して「賛成」が五〇%と原発が日本社会にとって必要なものだと認識されていたといえる。しかし、原発事故の深刻さが認識されるようになり、国会などで原発輸出の再検討が論じられるようになる。そうした議論を反映した「民意」フレームはまさに原発を「減らすべきだ」とする世論が増加していっ

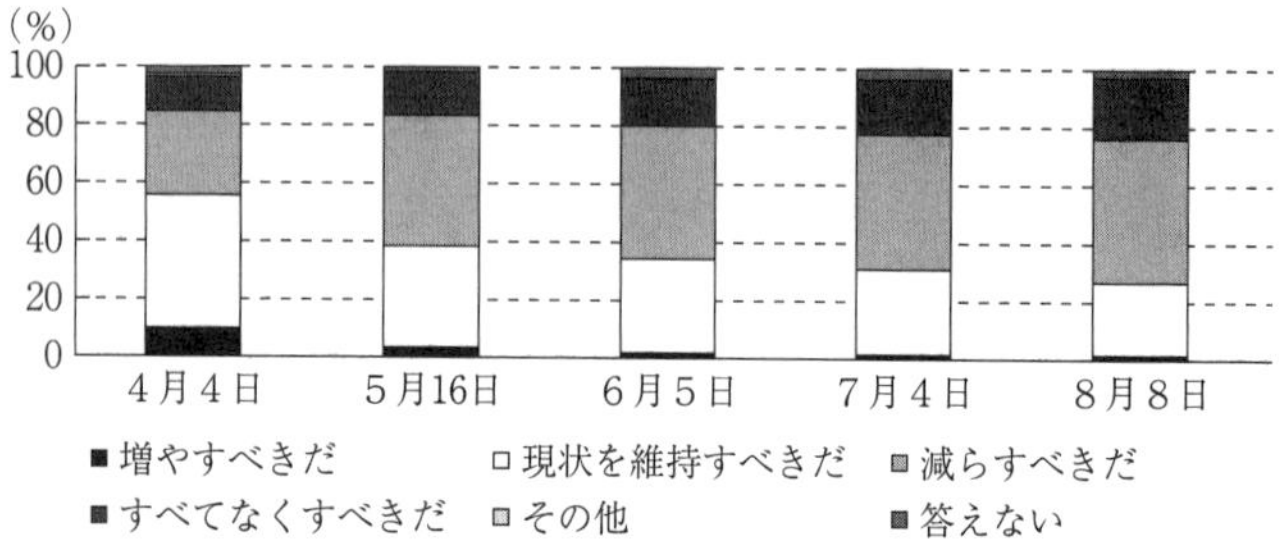

質問は「現在、日本の電力の3割近くは原子力発電によるものです。今後、国内の原子力発電所をどうすべきだと思いますか。次の4つの中から、1つだけ選んで下さい」というもの。

図4-1　原発に関する世論調査

（出典）『読売新聞』をもとに筆者作成。

たことを背景に優勢になっていったのである（**図4-1**）。他方、原発の必要性を認める見解も提示されている。たとえば定期検査で運転を停止している原発について、安全対策が取れた原発の運転再開に関して、『朝日』では賛成五一％、反対三五％（六月一四日）、と一定程度の条件を満たした場合において、原発の運転再開を認める世論が多数である。しかし同時に段階的に原子力発電を減らす「脱原発」に賛成する世論が高い水準で推移している（**図4-2**）。この六月一四日の世論調査には、将来的に「脱原発」へと移行するが、現段階での安全な原発の運転再開を求めるという世論が現れている。こうした複雑な世論が原発輸出問題をめぐるフレーム競合に反映されたのである。

第2に、「経済成長」フレームと「民意」フレームが適用された背景には社会で広く共有されている価値観が存在していたと考えられる。日本経済の不況が続く中、経済的に今後成長する市場として原発輸出が提示されたことによって、日本経済にとって利益となるものとして認識されたのである。原発の安全性と同様に、原発によってもたらされる経済への影響への関心

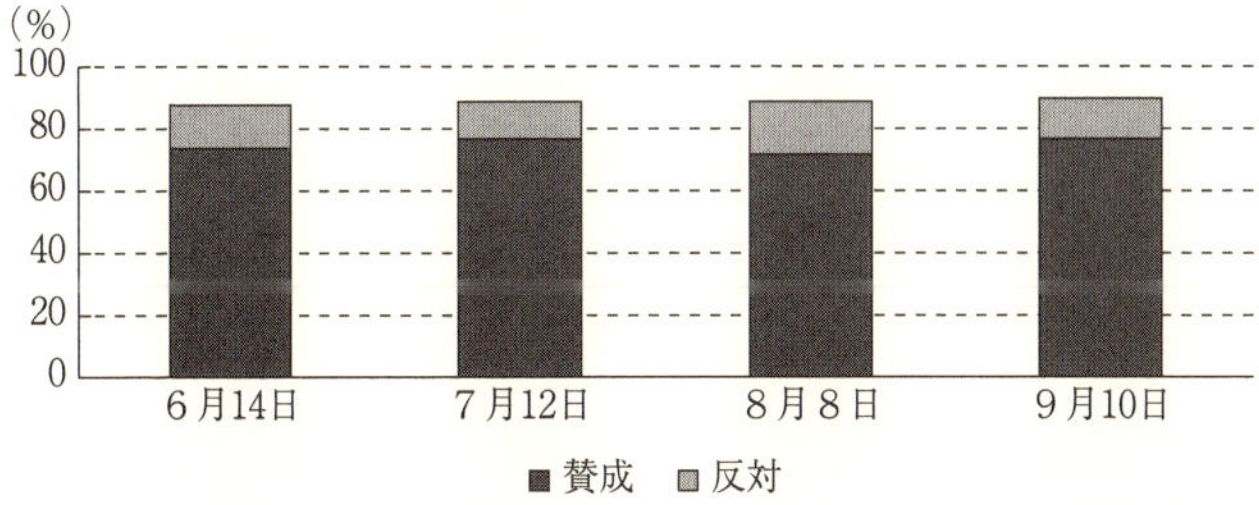

質問は「原子力発電を段階的に減らし、将来はやめることに賛成ですか、反対ですか」というもの。

図4-2　脱原発に関する世論調査

（出典）『朝日新聞』をもとに筆者作成。

は極めて高い。世論調査（『朝日』七月一二日）では、「定期検査で停止中の原発を再開するかどうかを判断するとき、経済への影響をどの程度考慮しますか」という問いに対しては「大いに考慮する」二〇％、「ある程度考慮する」五三％、「あまり考慮しない」一四％、「ほとんど考慮しない」六％と、七三％が考慮すると答えている。すなわち、世論においては原発が経済と連関して考えられている。このように、日本の経済的な不況と、原発輸出によって引き起こされる経済成長への期待が、「経済成長」フレームが広く受け入れられた背景となった。

他方、「民意」フレームが登場し、「経済成長」フレームと競合するようになった背景には、以下の二点があげられる。第一に、福島第一原発事故の深刻な状況がメディアを介して広く伝わったことが挙げられる。当初は事故を制御できると考えていた世論は、原発を制御することが困難であることを改めて認識し、原発への恐怖と日本の技術への不信を背景に、こうした性質を有する原発を輸出することに関する声を上げ始めるようになった。特に、こうした認識が広まった要因として、原発事故がチェルノブイリ原発事故と同様のレベル7の事故として国際的に認定されたことが挙げられよう（四月一二日）。これと関連して第二に、原発に反対する各国の市民の声に応えてドイツが脱原発を決定したように、原発なき社会の実現可能性が高まったことが挙げられる。こうした期待に応えるように五月一〇日に菅首相が原発依存の見直しを表明したことも重要である。すなわち、ドイツが「脱原発」の姿勢を示したことで、日本の「脱原発」、そして「原発輸出をひかえる」という選択肢が現実的なものとして認識されるようになったのである。

また、こうした市民の声を政策に反映させるべきという根底には、政治不信が存在する。民主党内では五月に入り、福島第一原発事故の対応などから菅首相への批判の声が高まっていった。こうした民主党内の内部分裂を見て、自民党など野党は内閣不信任案を提出する。しかし、六月二日、「一定の役割を果たせた段階」で菅首相が辞任することを条件に民主党は内閣不信任案を否決した（小林、二〇一二：一二〇～一二二）。六月三日、四日に行われた『読売』の世論調査によると、内閣支持率三一％、不支持率五九％と菅内閣への支持率は低いが、民主党内の不信任案賛成の動きは「理解できない」が七三％を占めていた。菅内閣を支持していないが、東日本大震災や原発事故の対応がまだ必要となる中、党内で闘争を行っていることで民主党への不信が深まったといえる。こうした政権与党への不信が、「民意」フレームの根底に存在していたと考えられる。

これらのフレーム競合は、原発を通じた国際貢献という論点が提示されると、いっそう明確になった。すなわち、相手国の求める原発を輸出することによって、相手国の経済成長に寄与することができ、それを通じて「国際貢献」を行うとする「経済成長」フレームと、相手国の市民が反対している原発の輸出を停止し、事故の教訓を伝えることが「国際貢献」だとする「民意」フレームである。日本社会は、湾岸戦争で巨額の資金を拠出したにもかかわらずクウェート政府による感謝広告に日本がのっていなかったことで、深い徒労感にとらわれた。そうした経験から、相手国や国際社会が求める「国際貢献」とは何かをめぐって、日本社会で大きな議論が行われてきた。現在でも、様々な外交問題への対策を提示する際に「国際貢献」という言葉を用いて政策を正当化している。「経済成長」と「民意」のフレームがそれぞれ「国際貢献」という言葉を用いることによって、それぞれが提示するフレームの正当性を高めようとしたといえる。

5　原発輸出への日本社会の「関心」

これまでみてきたように、原発輸出政策をめぐるメディアの言説においては、「経済成長」フレームから構築された言説が支配的であった。しかし、福島第一原発事故が発生したことによって支配的な状況は失われ、「経済成長」フレームと「民意」フレームとの競合が発生した。この競合状態は、『読売』『朝日』それぞれのメディアの中でみられたものであったが、菅首相の「脱原発」発言を契機に、『読売』は「経済成長」フレームを、『朝日』は「民意」フレームを適用し、それぞれの競合状態が継続されることとなった。

本論は原発輸出問題のメディア言説の分析を通じて、外交政策、メディア、世論の三者間の関係について考察してきた。本論の意義としては以下の二点が挙げられる。第一に、外交政策、メディア、世論の三者間の関係を対象とした先行研究において、出来事の定義づけは外交政策に関する政治エリートのものが社会で広く共有されることが多く、メディアと世論が独自に彼らとは異なる解釈を提示することは困難であると考えられてきた。しかし、本論で示したように、国内問題と連関した争点においては一部メディアと世論は政治エリートとは異なるフレームを用いて解釈を提示しており、競合状態が継続していた。

これと関連して興味深いのは、第二に、一部メディアと世論が政治エリートとは異なるフレームを用いていたとしても、政治エリートは外交政策決定を下すという点である。すなわち、外交政策決定に携わる政治エリートたちは一部のメディアと世論がその政策を支持／不支持を示し、フレームが競合した状況においても、自身が必要とする政策を決定することが提示されたのである。今回の事例では東日本大震災後、「民意」フレームが表出し、「経済成長」フレームの優位性が失なわれ、競合していた。当時の「民意」フレームは世論の後押しもあり、勢いもあった。しかし、原発輸出は「経済成長」フレームのもと、継続が決定された。それは、原発輸出の継続・停止のどちらを決定したとしても、同様の批判を受けることを考慮した結果、すでに原子力協定を結んでいることからも継続を決定したということであろう。こうしたフレーム競合の状態においては、新たな政策を決定させるよりも、既存の政策を継続させることにつながると考えられる。

本論はメディア・フレームの分析を通じて、日本社会における原発輸出問題をめぐる価値観の変容を提示してきた。フレーム競合の状態が継続していることからも、この問題について社会で意見の一致が見られているとはいいがたい。しかし、それらは原発の再稼動に関するものであり、むしろ原発の再稼動問題への関心に比較すると原発輸出問題に関して世論は多くの関心を払っているとはいえない。二〇一六年一一月一一日、日本とインドは原子力協定に署名し、原発輸出に向けて動きが本格化しつつある。他方、同月二二日には、ベトナムが原発建設計画を撤回し、日本の原発輸出計画が頓挫した。こうした原発輸出をめぐる様々な出来事に対して、世論に大きな反応は見られなかった。また、メディアでも大きく注目されていたわけでもなかった。換言すると、原発輸出問題への同意形成が促されるほどの議論もなされていない。こうした状況には、原発問題の当事者性の欠如、すなわち「NIMBY（自分の裏庭・近所以外なら）」という考え方が明確に現れている。こうした考え方が社会で根強く存在する限り、「民意」フレームが原発輸出問題において支配的な地位を獲得することは困難だといえる。

付記　本章は、慶應義塾大学スーパーグローバル事業安全クラスター危機報道プロジェクトの研究成果の一部である。

注

（1）本論の用いる「政治エリート」とは、外交政策の政策決定に関与することが可能な政治家、官僚などを指す。本論で取り上げる事例は二〇一一年三月から九月までの半年間の原発輸出政策に関するものなので、与党民主党の閣僚を中心に、野党自民党や経団連会長などの発言に注目する。

（2）「経済発展」フレームが原発促進の世論と、「民意」フレームが脱原発賛成の世論は確かに連関しているが、本文中でも述べたように、フレームとはある政策選択の賛否を示すものではない。政府の立場と同様に、国内においては脱原発を推進すると同時に、国外に向けては原発輸出を促進すると言う見解も存在するため、脱原発に賛成であること＝原発輸出に反対であると明言することは困難である。

参考文献

伊藤正子・吉井美智子編（二〇一五）『原発輸出の欺瞞――日本とベトナム、「友好」関係の舞台裏』明石書店。

伊藤守・渡辺登・松井克浩・杉原名穂子（二〇〇五）『デモクラシー・リフレクション――巻町住民投票の社会学』リベルタ出版。

エーデルマン、M／法貴良一訳（一九六四＝一九九八）『政治の象徴作用』中央大学出版部。

外務省（二〇一一）『外交青書』。

原子力委員会（二〇〇五）「原子力政策大綱」http://www.aec.go.jp/jicst/NC/tyoki/tyoki.htm。

小林良彰（二〇一二）『政権交代――民主党政権とは何であったのか』中公新書。

「新成長戦略――『元気な日本』復活のシナリオ」（二〇一〇）首相官邸ホームページより。

鈴木真奈美（二〇一四）『日本はなぜ原発を輸出するのか』平凡社新書。

バー、V／田中一彦訳（一九九五＝一九九七）『社会構築主義への招待』川島書店。

Entman, R. M. (2007) *Projections of Power: Framing News, Public Opinion, and U. S. Foreign Policy*, University of Chicago Press.

Gamson, W. A. & A. Modigliani (1989) "Media Discourse and Public Opinion on Nuclear Power: A Constructionist Approach", *American Journal of Sociology*, 95(1): 1-37.

Howarth, D. (2000) *Discourse*, Open University Press.

第5章　「原発事故避難者」の表象と地元メディアのジレンマ
――〈ジャーナリズムの理念〉をどう対象化するか

新嶋良恵

われわれが言わないで誰が言うのかという気概を持って、地元の目線で、それを〝フクシマイズム〟と仮にいうとすれば、理解されようがされまいが、伝えていくことが、地元メディアには必要だと思っています（福島テレビ報道部長・後藤義典、二〇一二年五月一七日メディアと法研究会『メディアと法第10期合本』二〇一二：三二）。

1　原発問題と地元メディア

(1)　問題の所在

マス・メディアは、世の中で生起する事象を発見し、選択し、編集し、伝達するというその仕事において、出来事を人びとに「現実」として可視化させる機能を担う。出来事は、ジャーナリズムによって報道されることで初めて「社会的に可視的な存在となり、出来事の推移に多くの力が作用することになる。それとは逆に、報道されない出来事は、社会レベルでは不可視の存在となり、出来事の推移に関与する行為者はかなり限定される」（大石、二〇〇五：一二三）。

地元メディアは、全国メディアの手が届かない地域の問題について、地元に根をおろし、腰を据えて報道できるのが特徴であり、ジャーナリズム論の規範的な観点からもそうした姿勢が求められてきた。特に、原発事故において、地元メディアは風化に抗いながら地域の声を伝えることを使命として尽力してきた。しかしながら、地域と密着しているからこそ、県民が触れてほしくないというような出来事に関して報道する難しさがあるというのは多くの地元ジャーナリストが言及している。震災後、地元ジャーナリストが語る難しさには、「地元の目線」で県民の必要な情報を提供するという理念から生まれる、ジレンマがあるという。

> 震災以降に、……いろいろずれが生じるという話がありましたけれども、被災者の方たちがパチンコざんまいの生活をしていたり、ふだんなら行けないようなおすし屋さんで食事をしていたり(1)して、そんなところを見ていると被災者たちを受け入れている自治体の一般の住民たちは、おもしろく思っていないというのも事実です。でも、それは事実ではあるけれども、それが真実なのかというのはいつも悩んでいます。その事実を伝えることが本当に必要なのか（福島中央テレビ報道部長・松川修三、二〇一三年六月六日メディアと法研究会）。

福島中央テレビの松川氏が語ったのは、ある特定の「原発事故避難者」の姿について報道する難しさである。メディアによる表象がイメージを生み、「現実」を作り出す、そうした象徴的な権力性を意識するからこそ、地元メディアとして一部の避難者の姿、そして避難者と受け入れ先の住民が対立しているという「事実」について報道することがコミュニティにいかなる影響を及ぼしうるのか。避難者と受け入れ地域の間に起こる一部の対立をあたかも全体の対立のように表象し、結果としてこうした対立を強化してしまうのではないか。多くの地元ジャーナリストが吐露する難しさがある。すなわち、被災民の複雑な心情を特に理解する地元メディアは、地域にふりかかる問題について外部に伝えていくという使命感と同時に、内部に起こるデリケートな問題について報道することに対しては難しさを感じてきたという。関与する行為者に近い距離にある地方メディアだからこそ、内部で起こる対立などの事柄を知りえると同時に外部に発信をしていくことが難しいと感じるというのは地元ジャーナリストの随所での発言から理解される。

それは、全国メディアが内部の複雑な事情を伝えることなくセンセーショナルな報道をし、後ろ足で砂をかけるようにして去っていくという一般的なジャーナリズム批判との対比から起こるといえよう。地元を代弁する立場であることが意識され、内部で起こる分裂を報道することによって、そうした対立を顕著なものとし助長することを危惧するのだという。「賠償金を贅沢に使っている」というような避難者について、全国メディアでしばしば取り上げられ、インターネット上で話題になったが、地元メディアにとっては「タブー」として言及されることが避けられてきたのもそうした地元メディアが抱える困難さを示すひとつの例であろう。地元ジャーナリストが打ち明けるように、ある種の「避難者」像を構築してしまうことへの抵抗が、全国メディアと地元メディアとの間の「被災者の姿」というメディア表象上の差異を生んでいると考えられる。

　そこで本章では、全国メディアと地元メディアによる原発事故をめぐる報道の中で、こうした一部の避難者の姿が可視化／不可視化されてきたことに注目したい。構成としては、まず、原発事故が起きた福島県の地元紙・地元テレビといった、地元で活躍するジャーナリストの発言を取り上げ、地元ジャーナリストが伝えづらいとした「内部の分断」について検証していく。そして、全国紙の報道分析、地元紙の報道分析を通して、全国メディアと地元メディアとのアイデンティティの違いがコミュニティの対立表象に与えてきた影響についてみていく。考察として、このようなメディア言説上における「避難者」および「対立」の表象が、ジャーナリズム論の観点から重要な研究対象となることを論じていく。全体として避難者をめぐる対立のメディア表象を検証することを通じて地元メディアのジャーナリズム機関としての位置づけを支える力学について検討を加えることにしたい。

（2）「地元メディア」の理念とアイデンティティ

　地方メディアについては有力企業、行政機関、地元の権力者などと密接に結びつき、その報道において特定の事象について偏向する視点から出来事を伝えてきたという批判がある（例えば桂、一九九〇）。「県益」をもたらす大きなイベントや開発などについて、経済発展を期待するあまり、そのメリットばかりを伝えてきたという批判である。

　例えば福島において、地方メディアは地域開発の一環として原子力発電「誘致キャンペーン」を張り、県の「原発プロジェクト」を成功させるべく誘導を行っていったというような言及がなされている（開沼、二〇一一：三〇九）。こうした批判がある一方で、地方権力とメディアが不可分に結びつく危険性について自覚しながらも、自分たちの故郷に対する誇りから、地域の抱える問題について積極的に向き合ってきたとして、地方紙の取り組みを高く評価するものもある（鎌田、二〇〇二）。草の根民主主義の確固たる基盤を地方メディアが作ってきたという視点（同：五二〇）は、地方メディアによって多くの地域問題が発掘され、全国的な世論そして政策過程にまで影響を与えてきたという、地方メディアに対する肯定的な評価に繋がるものでもある（村川、一九九六）。

地方メディアの立場から全国メディアに対しては、無神経に現場に入り、「批判しっぱなしで、責任をとらない」との反感が地方新聞の記者たちの間ではあるとされる（鎌田、二〇〇二：五一六）。このような批判は、地域の「運命共同体」（同：五一六）としての地方メディアという自覚から出てくるものといえる。「後ろ足で砂をかけるようにして去っていく」全国紙との記者とは対照的に、「地元に責任をもつ」と口をそろえるようにしていう地方メディアの記者たちは、地方行政と共に地域の将来を見据える存在である（同：五一五〜五一八）。

これは三・一一以降の被災地において、地方メディアの記者たちが、「被災者と同じ視点、同じ立ち位置から無数の物語を背負い、その物語をおたがいに共有」（佐々木、二〇一二：四五四）し、そうした報道は地域住民を励ましてきたということがあるのだろう。地元目線に立った報道の具体例としては、岩手日報による特集「忘れない」(3)や、NHK仙台放送局の「被災地からの声」(4)といった番組もあげることができるだろう。地域報道では視聴者の視点、目線と一体化した「当事者ジャーナリズム」が要請されるのであり、客観報道主義と比して視聴者、読者側に一歩踏み込んだ、地域の人々に寄り添う姿勢は高く評価されてきた（深沢、二〇一三／佐々木、二〇一二）[5]。

この報道の在り方は中立・公平公正を是とする日本の従来のジャーナリズムの規範からすれば〈偏向〉と受け取られかねず客観報道とは相いれないものかもしれない。しかし、被災地のメディアでは記者や制作者自身も被害を受けた当事者であった。彼らは地域住民と悲しみを共有しながら〈何を報道すべきか〉を自問自答しながら報道にあたった。彼らは客観報道では語り得ない圧倒的な現実を身もって体験し、だからこそ発せられた言葉が高い評価を得ることにつながったともいえるだろう（深沢、二〇一三：八一）。

この「寄り添う」という姿勢は、東日本大震災以降、地方メディアが目指したところである。

民報・早川：立場の違いでいうと……中央と地元ではやはり目線が違うんだと実感しました。僕ら地元メディアの役割というのは、県内に踏みとどまっている一九八万人の福島県民の目線で物事を見て、考え、訴えていくことだと思っています。

福島テレビ・後藤義典報道部長：われわれは住民でもあるわけで、被害者意識とまではいかなくても、当事者意識を強く持っています[6]。

福島中央テレビ報道制作局長・佐藤崇は、原発事故をめぐる報道を振り返り、このように記している。

大小さまざまな混乱や課題を抱え続けたが、報道方針は、「県民の生命と愛さんを守るために役に立つ情報を、県民に寄り添いながら発信する」だった。「生命」はもちろん命と健康であり、「財産」は有形・無形の財産、つまり生活そのもの。衣食住も、人と人との絆も思い出も大切な財産だ。「県民に寄り添いながら」は、福島に生き福島を愛する者同士として、と言い換えてもいい（佐藤、二〇一三a：二七〇）。

以上のように、地元メディアは当事者として地元を代弁するという役割を担ってきたといえる。そして三・一一をめぐる被災地の地元メディアは、災害や事故に立ち向かうコミュニティを一枚岩として表象し、まとめあげる機能を果たしてきた。しかしながら、その一方で、現在の福島の状況において顕著なのは、地域に密着する地元メディアであるからこそ明確に伝えづらい事柄が存在するということである。例えば、藤森（二〇一二）によると、原子力発電所の今後について、全国紙では原発維持／脱原発で分かれたが、地元の福島民報と福島民友では立場が明確にしない「中立」報道が特徴的であったという。

「地元メディア」というアイデンティティを持つ地方メディアは、被災者に寄り添い、声なき声を拾ってきた。しかしながら、「地域に寄り添う」ことを目指す地方メディアは、三・一一以降、ジレンマを抱えることになる。それは、ジャーナリストたちの発言にも表れているように、地域で起こる出来事のうち、県民の心情を考慮し、特定の事柄については言及を控える傾向が生じる点である。県民の求める情報を発信するという理念と表裏一体に、県民が見聞きしたくない情報をあえて取り上げることへの難しさが語られている。特に、「補償金で遊んで暮らす避難者」の姿は、福島内部における対立を示す象徴となりかねないとの不安があるという。

地域密着型のメディアは、地域の問題点を発掘する立場であると同時に、「当事者」であり、地域住民の心情に近いからこその報道の難しさを抱えている。つまり福島の人間だけが孤独に放射線と向き合うことを強いられる状況については、地元の声なき声を拾うことを通して伝えてきたが、地元を「一枚岩」としてまとめ上げるうえで、内部が抱える対立については言及し難いとまとめることができるだろう。

被災者と同じ立場からという地方メディアの理念は、コミュニティ内部の分裂をめぐる全国メディアとの報道の違いとして明確に表れていると仮定される。すなわち、全国メディアと地元メディア理念の差は、全国メディアと地方メディア、それぞれが報道機関としてどのような役割を担ってきたのかを反映するものであるのだ。「何を伝え／何を伝えてこなかったか」、コミュニティ内部の対立問題に見て取れるように、どのような被災者が取り上げられ／取り上げられてこなかったのかという被災者をめぐるメディア表象に、メディア機関としての働きを見ることができると考えられるのである。

そこで、次節以降、具体的に全国メディア／地方メディアの報道を見ていく。地元ジャーナリストの言葉にもあったように、「タブーとされる原発事故避難者」、すなわち可視化／不可視化されてきた避難者の姿について分析する。

2 コミュニティ内部の対立の「可視化」と「不可視化」

(1) 全国紙の報道と「避難者」像の可視化

全国メディア／地方メディアの差は、それぞれ何を伝え／何を伝えてこなかったか、というメディア表象に表れるだろう。そこで、まずは住民と原発事故避難者の対立について全国メディアはどのように報道したのかを明らかにしたい。

コミュニティ内部の不協和を示す事柄の一つとして、東京電力福島第一原子力発電所（以下、原発）事故からの避難者と受け入れ先の住民の間で軋轢が生まれているという問題がある。いわき市内三か所の公共施設で、原発事故からの避難者に対する中傷と思われる落書きが発見されるなど、不満が顕在化しているというのだ。(7) 二〇一二年一二月二七日付の読売新聞（東京朝刊）によると二〇一二年一二月二三日、いわき市庁舎の柱に黒いスプレーで「被災者帰れ」と書かれているのを職員が見つけたという。

いわき市仮設住宅での軋轢問題をめぐる報道を分析するにあたって、記事はデータベース、朝日新聞「聞蔵Ⅱビジュアル」、読売新聞「ヨミダス」、毎日新聞「毎索」、産経新聞「The Sankei Archives」から「あつれき（軋轢）」、「対立」、「落書」というキーワードで検索した。記事の抽出には政治、社会、社説、特集、コラムの各項目の見出しを用いた。報道をより包括的に検証するため、落書き事件が起きた日（二〇一二年一二月二三日）以前の記事を含め、原発事故避難者を中心的議題としているもの、四四本の記事を分析する。

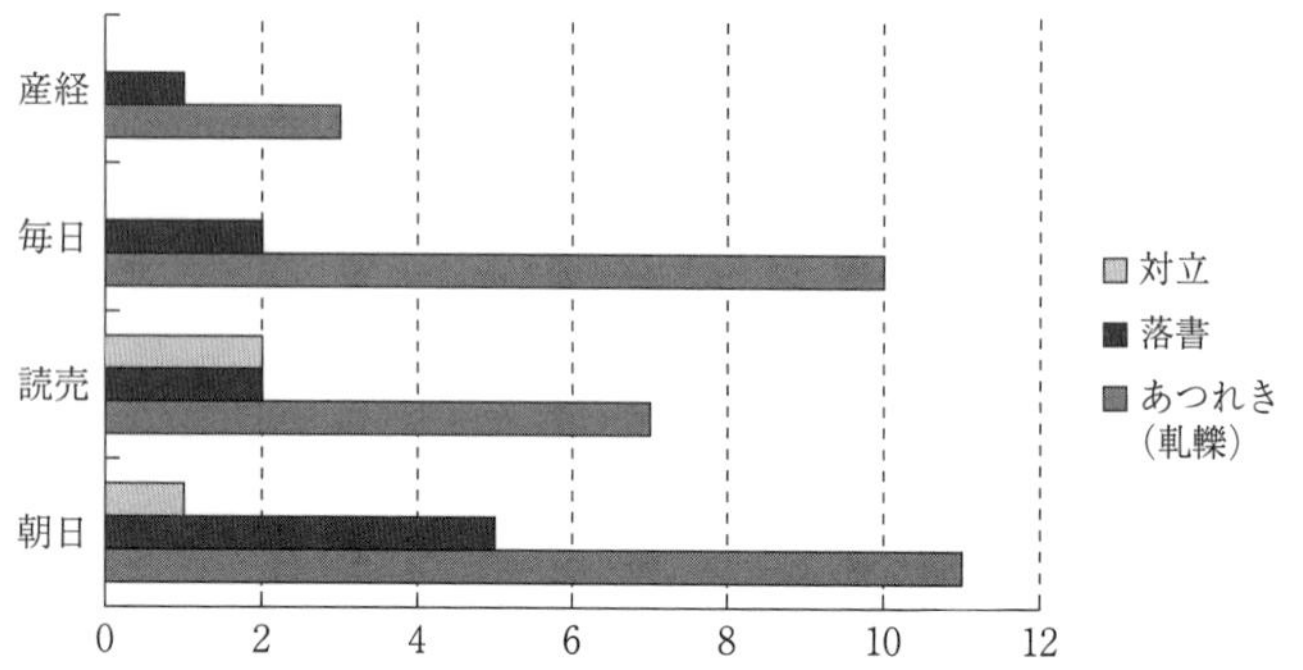

図 5-1　各紙記事数

（出典）　筆者作成。

検索結果は以下の通りである。

同記事の中に複数のキーワードが出てくる場合は、いずれかのキーワードに「1」とカウントした。

全国紙は、福島内部、避難所などで、原発事故賠償金を発端とした住民同士の軋轢が生まれているという住民の主張について定期的に報道を行ってきたことが分析からわかる。特に毎日新聞は、たびたび特集を組み、精力的にいわき市での軋轢問題を伝えている。記事によると軋轢を生じさせる原因には、「補償金」がもたらす格差だけではなく、生活に伴うルールの違いなど日常生活上のトラブルに関することから、医療機関での混雑や交通渋滞など、急激な人口増加が引き起こす混乱など、多岐にわたる。結論を先取りすると全国紙の報道はこのようにまとめられる。

いわき市は国内最大規模の避難者受け入れ地区となっており、災害後の混乱した社会的状況に起因して、様々な軋轢が生まれていると考えられる[8]。このいわき市の状況について、三月二日付朝日新聞朝刊は一面で、「津波被害を受けながら東電の損害賠償がほとんどない地元と、四人家族で平均五千万〜一億円をうけとる原発避難者の感情的な対立」があることを報道している[9]。補償金が被災地において格差をもたらしてきたとして、いわき市の仮設住宅で起きた器物破損事件を報道する中で、「賠償金を元手にパチンコ店に入りびたるわずかな避難者の存在」が対立の背景となっているとし、避難者の特定の姿について言及した。

被害を受けて楢葉町に住む男性（二五）は「東電から賠償金をもらっているので、ねたまれているのかもしれない」。市役所には「被災者帰れ」というスプレー書きもあった（朝日新聞、二〇一四年三月二日）。

落書きについては、二〇一六年時点においても報道されている。二月二九日付産経新聞は、『避難者＝賠償金を持っている人』というイメージが広がった」と伝えるとともに避難者については、「大声で賠償金の話をしていた」「スーパーで『もっと高いのねえのか』とはなしていた」と、楢葉町のいわき出張所に寄せられた市民からの苦情を通して表象した（産経新聞、二〇一六年二月二九日）。

読売新聞は、「正直、避難者をねたましく思う」といういわき市民を紹介し、津波で沿岸部の自宅が一部被災し、親類も失ったにもかかわらず、原発の避難者と違って東京電力からの補償がなくやりきれないといういわき市民が不公平に感じていることを伝えている。また、長期化する避難は、受け入れる側の市民との軋轢をも招いていると、「（福島はいま）震災二年半　避難受入れ負担増す」との見出しで報道している（読売新聞、二〇一三年九月二九日）。

毎日新聞は、このような不公平感を生む原因として、補償の有無に加えて、避難者が受け入れ先であるいわき市に住民税を納めていないことも報道した。例えば、「落書き、住民の本音を代弁〈もといた人が遠慮している〉」との小見出しをつけた記事において、市に「今回の役所の落書きの事件に関して」と題するメールが市民から寄せられたことを伝えている。

「公共の場に落書きは許されず、書いた人は捕まるべきです。しかしこういったのが書かれる程、いわき市民と双葉避難者との軋轢は、悪化の一途をたどっているのも事実です。実際、彼らが避難してきてから、道路でのマナーは悪化し、病院などのインフラを無償化で湯水のごとく使うために、元からの市民が使うのに影響が出、挙句、市に家を創りつつも双葉地区に住民票を置き、自治会にも入らないという話まで聞こえ、彼らに対する陰口は絶える事がありません」。「……困ったときは助け合うのが大事だと思いますが、今のいわきは避難者が中心となり堂々と生活する中、もともといわきにいた人が遠慮して住んでいるように感じます」（毎日新聞、二〇一三年五月二四日）。

避難者の受け入れ先であるいわき市民が、不公平感を持つ原因のひとつとして、賠償額の差が繰り返し報道されている。

被災地なのに「光が当たっていない」という感情もいわき市民の心境を複雑にする。津波で自宅が全壊し、中央大の仮設住宅に入居しているいわき市民の鈴木恒二さん（八一）は、海が近い元の場所に戻るのはあきらめ、別の地区の高台に長男が家を建てる。家に帰れないのは原発避難者と同じだが、賠償には大きな差がある。「ある程度の差は仕方ないが、なるべく肩を並べるようにしてほしい。私らは取り残されてしまったみたい」（毎日新聞、二〇一三年五月二四日）。

全国紙の報道で明らかになるのは、いわき市民が持つ不公平感だが、それは金銭面での優遇にとどまらない。いわき市民が避難民と同じ「われわれ」意識を共有することを阻むのは、同じ被災者でありながら注目されてこなかったことに対する疎外感である。

◇世間の目向かず、底流には疎外感

震災以降、市民は疎外感を持ち続けていたように思う。私（記者）は、震災一二日後に市内に入ったが、四四一人が亡くなった被災地にもかかわらず「やっと記者が来てくれた」と言われた。……他の被災地同様に混迷していたのに「世間の目が届いていない」との嘆きがあった。

今春、市民の心中は震災直後と変わっていなかった。津波で家が全壊し、市内の仮設住宅で暮らす新妻美郎（よしお）さん（六三）は語気を強めた（毎日新聞、二〇一三年五月三〇日）。

疎外感についての報道として象徴的なこの記事は、「私らのつらさは、いつになっても分かってもらえない」との受け入れ地域住民の声を紹介し、ずっと続くもどかしさが住民間の不和の根っこになっているという記者の考察で締めくくられている。

このように、全国紙はいわき市民が言及する避難民の特定のイメージを報道し、それを通じて「対立」を表象してきた。その軋轢は補償金を受け取り仕事もせず遊んで暮らす怠惰な避難者と、同じ震災被災者でありながら光を当ててこられなかったいわき市民という対比の中で描かれる。

(2) 地元紙における軋轢問題の「不可視化」

いわき市における避難者と住民の間の対立を伝える全国紙の記事は、その多くがいわき市民の声を取り上げることで構成されていた。同じく震災で被災したという立場ながら、補償は受けられず被災者として忘れられがちないわき市民の不満を伝える記事が目立った。そして、こうした不満は、「補償金によって遊んで暮らしている」というある特定の「避難者」イメージによって強化され、対立を支える原動力となっているということも伝えられた。

一方で地元メディアはこうした対立や軋轢問題について大きく報道することを控えてきた。

避難者への嫌がらせは許せないことですが、わが社の紙面では社会面3段くらいの扱いにとどめました。なぜなら、市民がやったのかどうかも分からないし、原発事故の被災者サイドに立った一方的な視点で大きく報じると、ストレスに耐えているいわきの人たち全体が悪者になってしまい、ひいては反発を招いて住民間の対立と分断を招きかねないためです。この辺りの報道の仕方は極めて難しいところです（福島民報社報道部長・早川正也、『マスコミ倫理』二〇一三・五・二五、六四三：三）。

この事件を報道することに対して地元ジャーナリストが抱える困難は以上の発言からも明らかである。

また、全国紙がいわき市の軋轢問題について特集を組み、定期的に伝えるのとは対照的に、地元メディアは軋轢問題をあまり取り上げてこなかったというのはこれまでに上げてきた元ジャーナリストたちの発言からも明らかである。

パチンコ三昧は真実か？ 被災者の姿が見えなくなったり解決の道筋を見失ったりすると、私たちは分かりやすさを求めて、時に問題をタイプ分けしたり相手にレッテルを貼ったりする。……避難生活者の中にもいろいろな人間がいることは事実だろう。……しかし、パチンコ三昧を伝えることは、事実かもしれないが、真実には達しない。県外では最近、「福島にダンナを残して家族が避難生活をしているって、電力会社や国からお金をもらいながら単身赴任してるってだけじゃないの」という声が上がっているという。福島の人間ならだれでも知っている。真実ではない（福島中央テレビ報道制作局長・佐藤崇、二〇一三b：一六二）。

ただ、やっぱり賠償金をもらって、仕事をしないでも生活が成り立っているところで、非常に地域の住民の人たちとずれてきているところもあるのも事実です。どこかの時点で我々はこの部分をきちんと伝えなければいけないときが来るのかもしれません。ただ、いまはその時期ではないのかなと悩んでいます（福島中央テレビ報道部長・松川修三、二〇一三年六月六日メディアと法研究会）。

全国メディアとは異なり、このような「避難者」の姿というのは一部に限られる、または誤ったイメージである、との報道を地元メディアは行ってきた。[10]原発事故の避難者をめぐる「事実」の報道は、佐藤が危惧するように、時にディテールを省き「暴力」的に被災地を伝えてしまう。事実であるかもしれないが一部である、ある特定の避難者の姿に言及するということ、そうした報道自体が、歪められた「避難者」イメージを強化し、軋轢を再生産しかねないとして、地元メディアは報道すること自体に難しさを感じてきた。様々な「事実」が存在する中で、地元メディアとして何を伝えていくべきか、ジレンマを抱えてきたのである。

3　地元メディアによる対立の表象

(1)「原発災害『復興の影』」報道

全国メディアが行っているとされる、安易な「東電による事故補償金制度の受益者VS非受益者」という図式の採用は、複雑な問題を伝えきれないとして地元メディアは言及することを避けてきた。分かりやすさを求めてこのような「補償金で遊んで暮らす」というステレオタイプ的な避難者像を追随するのではなく、背景となる行政や国の問題を指摘していきたいというのが地元ジャーナリストの語りにも表れていた。そして、被災者の間で対立が生まれていること――軋轢の存在――とは、ある意味「タブー」であるとされ、地元メディアは伝えづらさから報道することをさけてきた。こうした忌避感は地元ジャーナリストの間で共有されていたことはこれまでに言及してきたとおりである。

震災から数年がたった今、地元メディアとしてあえてタブーに挑戦していこうという動きがある。地元ジャーナリストに自覚されていた、「地元メディア」として抱えてきた困難を乗り越え、コミュニティ内部の対立といった「タブー」を報道していくことにあえて挑戦したというのがここで分析の対象とする特集記事である。

本節では、地元メディアがコミュニティ内部の対立を報道することを通じてこうした対立を解消しようとする試みと、地元メディアのアイデンティティとの関係性について分析する。

福島県の地元紙である福島民友が行った、「原発災害『復興』の影」という特集は、避難先からの帰還をテーマにした「帰れない」から、事故後三年四カ月の課題を検証した「今を問う」まで、一〇シリーズの連載であり、地元メディアとして触れられてこられなかった地域の問題についてあえて読者に問いかける試みである。(11) 代表的なものに、以下の記事がある。

◇「移住避難者」続く不安　住民とのあつれき恐れ隠れて生活

「双葉郡の人が周りにたくさんいれば、そりゃあ安心だよ」。郡山市東部の大型分譲地「東山ヒルズ」に家を建て、昨年一二月から暮らす富岡町の渡辺孝一（六九）は言う。避難者が多くても、不安は完全には拭えない。渡辺は家を建てる際、防犯のため敷地の外灯を多めに設置、車を車庫内に置く際は必ずシャッターを下ろす。昨年まで暮らしていた仮設住宅で、車に傷を付けられた人がいたことなどが理由だ。不安の背景には、賠償金や税金負担をめぐる受け入れ先住民との間のあつれきが、根強く存在しているという現実がある。（福島民友、二〇一四年七月八日）

福島民友シリーズ「原発災害『復興』の影」は、現場に入り、問題の背景となっている根源的な要因を伝えようとの取り組みであるという。この連載の目的とは以下の通りである。

コンセプトには、「タブーの排除」を掲げました。これまで地元紙という形の中では、避難住民の心に配慮してあえて触れない、手を突っ込まないようにしようという分野、そういう問題が幾つかあったのではないか。それらを洗い出して国や県に問いかけるだけではなくて、避難住民や受入先の住民の方々、一般の県民の方にも問うていこう。復興の妨げになっているのは何なのかを洗い出していこうという取り組みです（福島民友新聞社編集局次長・小野広司、二〇一五年五月二二日「メディアと法研究会」）。

このように、読者である地元民に、地域が現時点で抱える問題として、今まで言及を避けてきたような話題について取り上げ、あえて問題化をしていくことにしたという。そして、地域に密着した地元メディアだからこそ可能な報道のあり方として、問題の詳細をすくい上げることが意識されたという。

「原発災害『復興』の影」特集第一回の見出しは、「被災者間で〝溝〟あらわ　津波被害、助成限定「納得できず」」（二〇一三年九月一四日）であり、その後、「生活再建〝弾まぬ心〟　賠償金で……他人の目気にし家新築」（二〇一三年九月二〇日）、「お金の話でいさかい　避難者間に横たわる賠償などの格差」（二〇一四年一月六日）といった記事が載せられている。

以下において、特集シリーズを軸に、今まで不可視化されてきたと地元ジャーナリストが語った「避難者」の姿についてその特徴をみていくこととする。この試みによって、全国メディア報道おける被災者のメディア表象との違いが浮かび上がるだろう。

分析の対象としたのは、前述のとおり、福島民友の特集記事である。分析対象期間は連載開始二〇一三年九月から二〇一四年七月、記事数は一一二本となった。この一一二本の記事の中であえてとりあげられた「避難者」の姿とはいかようなものか、分析の結果を示していく。

（2）「贅沢」「怠惰」という表象

二〇一三年九月一四日付福島民友は、「被災者間で〝溝〟あらわ　津波被害、助成限定〈納得できず〉」という特集記事を載せた。そこでは、「避難所暮らしの時から硬い床で寝るのが嫌と言って、東電の仮払金で旅行に行っていた」「賠償金で高い食品ばかりを買うため、スーパーの刺身が高くなった」と語る避難者が存在するとした上で、「原発避難者を何度殴ってやりたいと思ったか分からない」と憤るいわき市民を取り上げている。

記事の中で注目すべきは、こうして贅沢に暮らす避難者というのは、このいわき市民が抱く「原発事故避難者像」であると言及している点である。「仮設住宅で避難生活を送っている自身の境遇への不満が、原発事故避難者への憎しみに形を変えている」と記者による考察を載せ、「病院や道路が混む」「ごみ収集や水道などを〝ただ乗り〟している」といったいわき市民の怒りは、自身の境遇に対する不満が転嫁されたものであることを示唆する内容となっている。避難者への一方的なイメージの背景にあるいわき市民の不満を伝える一方、大熊町から同市（いわき市）に避難している住民による「本当に悔しい。

いろんなものからばかにされてる」という語りを紹介した。「狭い仮設に押し込められてストレスもたまる。パチンコをしたくもなると語るこの避難者は、「津波被害者はいい。好きな時に被災地に行って『ここに家があったよね』なんて思い出に浸り、涙も流せる」とも語った（福島民友、二〇一三年九月一四日）。

「ぶちまける」や「憎しみ」など、全国紙での報道に比べ厳しい言葉を使用するこの記事には、この避難者像の真偽については言及がない。反感を持ついわき市民の心情と並列して、パチンコにも通わざるを得ない避難者の心情を伝えるこの特集は、全国紙の記事とは異なる様相を呈する。

二〇一三年九月一五日の同特集における記事においては、「『この野郎っ』。避難者が集った幹事会の終盤、同市の仮設住宅で避難生活を送る六〇代後半の男性が、東京都に避難する六〇歳前後の男性に殴り掛かった。」と、激しい表現に加えて、軋轢問題がいわき市にとどまらないことを伝えている。会津若松、南相馬市、郡山市などにおいても、住民と避難者の軋轢があり、事件が起きていることを伝え、原因となるのは、避難者が受け取っている賠償金使用であるとしている。この事件のきっかけとなったのは、避難者の男性が「息子が外国製の高級バイクを買った」と自慢げに語ったと、避難者が裕福な暮らしをしていることについても言及している。殴りかかった会津若松の男性は、「今も第1原発で作業員として自己収束作業に当たる多くの知人を思い激高した」のだという。「避難生活で疲れ切り、身近な人に鬱憤をぶつけている。みんな、心がダメになっていく」という別の住民の声を通して、先行きが不透明な生活が避難所に暮らす人々に精神的な苦痛をもたらしていると、国と行政の対応を批判する内容となっている。

これらの記事においては、鬱憤を持つ住民側と、避難者、どちらの声も紹介し、両者が疲弊している状況を描かれている。

避難者と受け入れ先住民の対立についての記事は他にもある。

「生活再建〝弾まぬ心〟賠償金で……他人の目気にし家新築」（福島民友、二〇一三年九月二〇日）は、賠償金を受け取っていることについて、避難先にもともと住んでいる市民から反感を買っていること、また、軋轢の存在にも自覚する避難者の姿を伝えている。市民の視点を理解しながらも、賠償金を元に家を新築しなければならないという、現状について報道する。避難者の生活再建の方法が多様化しつつあり、行政運営の不備を指摘する内容となっていた。

「『加害者が決めるな』東電、賠償支払い指針を〝骨抜き〟に」（福島民友、二〇一四年五月一日）は、「賠償が働かない人を生んでいるのは事実」との避難者の語りを紹介する一方で、「高齢などで再就職が難しい人もいる」と東電による一律の賠償打ち切りには疑問を呈す。

記事の中では、ステレオタイプ的とされる「パチンコに通う避難者」が実際に存在するという発言を拾いながらも、避難者の中には生活のために賠償金が必要であることを強調する。それまで営んできた生業を断念し、避難生活を強いられる、福島の現場の声を伝える内容となっていた。

同時に特集の中では、パチンコなどに興じる避難者は、補償金の使途に関して批判を受け、就労せずとも収入を得ているという、そうした状況が「怠惰」であるとして、人々の不満を買っているとの報道も目立った。

地元メディアである福島民友は、人々の間の対立を生み出している補償金制度の不備が、避難者を怠惰たらしめる要因となっていることを報道している。

◇「賠償金で揺れる　家族の亀裂産む危険、相続めぐる問題も」「原発事故前はまじめに働いて家族思いだった人が避難後、賠償金を得て酒、ギャンブルにはまり、家族に生活費を残さないといった相談があった」。ドメスティックバイオレンス（ＤＶ）被害者の保護などを担う県女性のための相談支援センター（福島市）の担当者はそう明かす（福島民友、二〇一四年四月二七日）。

◇就労意欲の低下に

賠償金が避難者の就労意欲低下につながる例もあり、福島大学院人間発達文化研究科教授の生島浩（五八）＝臨床心理学＝は「働けない、働かない親を仮設住宅の至近距離で見てきた影響は計り知れない」と、子どもへの教育上の悪影響も心配する（福島民友、二〇一四年四月二八日）。

このように地元メディアは、勤労意欲のない避難者の姿も紹介し、さらには、ＤＶといった問題に加え、補償金を狙って仮設住宅に忍び寄る薬物の問題についても記事にしている（四月二八日付「復興」の影、償う【２】）。通常では起こりえなかった事態が、避難指示という非日常な状況においては起こっているという。

そして、「避難指示解除をめぐり〝賛否両論〟　賠償に影響、揺れる帰還」（福島民友、二〇一四年五月六日）においては、避難者とひとくくりにされる人々の間にも、補償金に対する考え方はさまざまであることなども示している。補償金をもらい続けたいという人は一部であって、そういう人がすべてであるとの認識が広がることへの不安を抱いている避難者がいるとするこれらの記事は、地元メディアとして、現場に入り、多様な声を拾いながら、読者へシステムの問題を伝えていこうという試みであろう。

問題の背景をていねいに伝え、地域に寄り添うこと、地元の代弁者となることを理念としてきた地元メディアは、軋轢の根底にあり、同時に対立を増長する、「贅沢」で「怠惰」な「避難民」という像を構築・または再生産しないよう、配慮してきた。このようなレッテルを貼られた避難民像に抗おうと地元メディアは、「避難民」の多様性を強調するとともに、システムの不備や国の責任を追及してきた。そして、そうした背景にある複雑な問題を理解しているからこそ、地元メディアは「タブー」として、コミュニティ内部における対立という表面的な事実のみを伝えることを避けようとしてきたのだといえる。

(3) 地元メディアの対立表象とその相対化

本章の前半部で紹介した地元ジャーナリストが語った困難さの背景とは、ディテールを伝えきれずイメージだけが先行してしまうという懸念、さらに被災者同士の分断を促進しかねないという危機感である。

この点に関して、特集「『復興』の影」を刊行した福島民友新聞社編集局次長・小野広司氏は以下のように語った。

こういう隣人の顔が見える地域では、いままではデリケートな配慮を要していた案件で、日々、これを書いたらどうなるのかを考えながら地元紙は書いていています。ただし、今回はあえてそこを取り上げていこうという取り組みです。

中央紙の型にはまった論調だと、どうしてもいまの自分たちの現状が見えてこない、地元の目線で問題提起をもっと続けてほしいという声が最近は増えていています。誤解のないように言いますと、被災者を突き放しているわけではなくて、本当の意味で寄り添うというのを考える中での一つの試みだと思っています。影がかかった部分に光を当てていく問題提起として、さらに続けていこうと思っています（福島民友新聞社編集局次長・小野広司、二〇一五年五月二二日「メディアと法」研究会）。

特集「原発災害『復興』の影」と全国紙の報道分析の比較から明らかとなるのは、これまで不可視化されてきた避難者の姿は二つ、「贅沢」「怠惰」という言葉で表される特徴を持っていることである。というのも、いわき市をはじめ避難者受け入れ地域で起きた軋轢は、全国紙の報道の中で伝えられたような「贅沢」で「怠惰」な避難者という表象によって支えられ、コミュニティ内部での対立は強固なものとなっていると考えられるからである。「贅沢」で「怠惰」であるという「原発事故避難者」表象を通して、地元コミュニティで起こる対立が伝えられ、ネット上でセンセーショナルな事実として広がっていったことは周知のとおりである。そうした事態に危機感を抱く地元メディアは、このような表象を裏付けるような事実というものをタブーとして言及をなるべく避けるようにしてきたというのは、これまでのメディア報道検証において指摘されてきたことであった。

全体の分析結果として指摘できるのは、全国紙は「対立」にニュース・バリューを見出していたものの、それは必ずしもセンセーショナルな報道ではなかったという点である。全国紙が報じたのは、いわき市民（受け入れ自治体住民）の声と、そこから導かれる「いわき市民／避難民」という対立図式の存在である。全国紙においては、いわき市民の「同じ被災者として不公平だと感じている」との声とともに、「ねたまれても仕方がない」といった避難者の声が伝えられていた。避難者が補償金を浪費するといった姿がいわき市民の体験談を通して表象されていた。そうした表象は、「同じ震災被災者であるにもかかわらず忘れられてきた」いわき市民の不満とともに伝えられ、賠償金を受け取っている避難者といわき市民の感情的な対立が、彼らの声が記事内で併記されることによってわかりやすく伝えられるという特徴をもっていた。

他方で地元メディアがコミュニティ内部の対立を報じる際の特徴は、避難者の多様性、そして精神的な苦痛についての報道と、「補償金」というシステムに対する批判的指摘が行われていた点である。システム上の問題には、東京電力が一部の被災者のみに賠償を行っているということ、帰宅困難地域の問題、国の介入不足などがあげられ、これらの問題の解決の糸口が見いだせないという。そして、このような「復興の妨げ」となっている問題の存在が地元ジャーナリストには明らかであるからこそ、住民同士の対立など、コミュニティ内部における表面的な問題について安易に事実だけを報道することを避けようとしてきたと理解される。このような背景的な問題の複雑さが、地元紙として避難者の姿のみ、避難所での軋轢などの事件の報道することへの難しさにつながっているともいえる。

しかし、福島民報の特集からは、地元メディアがコミュニティ内部の対立をどのように扱うのかモデルが示されていると言えるだろう。つまり、本来的に復興をコミュニティの目標として掲げ、それを支援する役割を担う地元メディアは、コミュニティ内部を一枚岩として表象する傾向があり、当初はコミュニティ内部の対立は復興の妨げとして明確に表象されなかったが、それは地元メディアの理念によるところが大きいようだ。コミュニティ内部の対立を認め、報道する際には、対立が単純な二項対立ではないこと、つまり、複数の対立が存在することが示され、そうした対立を生み出す諸要因の詳細な報道がなされる。それらはコミュニティ内部の対立を相対化しようとする地元メディアのアイデンティティと関連していると考えられるのである。

4 「避難者」のメディア表象から探るジャーナリズム論の可能性

本章において行った原発事故をめぐる報道分析により、どのような被災者が可視化／不可視化されてきたのか明らかとなった。地域メディアにおいては、地域社会における様々な問題を取り上げ、都市と地方の世論を媒介するジャーナリズム機能がある（米倉、二〇一〇）が、地方メディアがその存在理由として示す「寄り添う」という姿勢が、時にその現場への近さから、軋轢問題を取り上げることに苦悩する地元ジャーナリストを生みだすことも事実である。

冒頭での福島テレビ報道部長・後藤義典氏の言葉にも現れているように、今の地方紙に期待されることが、「被災者」代表となることであり、地方紙、地元メディアは、まさに被災した「彼ら」の「代弁者」として機能するという役割であるからこそ、ある特定の被災者の姿をその報道の中で不可視化してきたというのは、「地元に近い」ことの裏返しにある現象だろう。コミュニティ内部の亀裂を報道することが難しいというのは、現場の声に近いから抱え込む気まずさであり、地元の代弁者としての役割を担うという地元メディアのあり方から生まれるものである。それは全国メディアとの対比の中で生まれた理念であったという点が重要となるであろう。すなわち、被災地の報道を担うメディアが抱える難しさについては、メディア機関としての理念が影響しているといえるのである。

政治コミュニケーションの文脈においては、ジャーナリストがニュース・ストーリーを生産する際に作用する諸力をニュースバイアスと呼び、分析してきた。そこではジャーナリストをめぐる環境、そして価値観や倫理がニュースの作成過程に影響を与えるとされ、ニュース内容の分析とは、ニュースを作成する際に反映してくる特定のバイアスと、それらのバイアスの底に潜む諸力について明らかにしようという試みであるとされる（Price and Feldman, 2009: 114）。こうした文脈で、本章で行った、軋轢問題をとりまくメディア言説の分析は、個人の価値観や倫理を超えて、全国/地元メディアという違いが、生産物であるニュースに影響を与えていることを示している。「地元に寄りそう」という地元メディアの理念は、ある特定の当事者像について報道することを地元ジャーナリストに躊躇させた。これは、地元ジャーナリストが吐露するものであり、個人に起因するものと呼ぶにはあまりにも広範に共有された困難であったことが明らかとなった。

まとめると、表象を通して避難者を構築・構成するメディア言説は、個人の価値観や倫理を超えて、全国/地元メディアという差異化の構造が生産物であるニュースに影響を与えていることを示していた。(12)この点において、ジャーナリズム論の文脈として、メディア表象の検証が一つの分析的視座となる可能性が考えられるだろう。被災者・避難者をめぐるメディア表象から、地方メディアがどのようなマス・メディアであろうとしているのかという、その「理念」が確認できるというのが、本研究がメディア表象研究に貢献しうる点である。

注

(1) 補償金がパチンコなど遊興費に使われ、補償金を受け取る人びとと受け取っていない人びとの間で軋轢が広がっているという。

(2) A・メルッチは、メディアが持つ象徴的影響力について以下のように記している。「メディアは、私たちの行為を代弁し反射する。個々人は自己作動し続ける螺旋のようなもののなかで、メディアが発するそうしたメッセージを取り込み、再生産するのだ。私たちがこの社会的な世界から受け取り、またそれに対して生み出してもいる文化的表象とイメージ以外のどこに、「自然」や「現実」があるというのか。(メルッチ、一九九六＝二〇〇八：一九八)」。

(3) 岩手日報社による連載「忘れない」は三月一一日時点で二六回を迎える。東日本大震災の死者、行方不明者を追悼する内容で、二〇一二年三月一一日の連載開始以来、計三四五二名について紹介を行ってきた。震災による岩手県の死者は二月二九日時点で、五一三二人、行方不明者は一一二四人であり、そのうちの約半数に上る人々について取材し伝えてきた。

(4) 毎週木曜昼〇：二〇～〇：四三、東北六県に向けて放送される番組。

(5) 深沢は、「地域住民に徹底的に寄り添う姿勢とは、言い換えれば、弱者の側に一方的に肩入れした報道姿勢である」としている。深沢は「地域に寄り添う」ジャーナリズムの形として、林（二〇一一）の「ケアのジャーナリズム」や藤田（二〇一二）の「地域に根差したメディア」をあげているが、両者の議論はあくまでも社会関係資本の文脈で地域ジャーナリストがもたらす人間関係のネットワーク構築を目指すものであり、「弱者に一方的肩入れした報道姿勢」について評価するものではない。

（6）第一回、被災地メディアの闘い。「東京、そして世界に伝えたいこと」Part1 福島県内メディア座談会二〇一二年三月二二日。被災地域の地元ジャーナリスト六人による座談会が開かれ、特集として nippon.com に掲載されたもの（http://www.nippon.com/ja/views/b00701/）、（http://www.nippon.com/ja/views/b00702/）、【アクセス日二〇一六年三月一〇日】。

（7）福島民友二〇一二年一二月二六日、福島民報二〇一三年一月一三日など。

（8）いわき市は、原子力発電所が所在する双葉郡の隣接市であり、現在二三九四八人の原発事故避難者が暮らしている。避難民は、第一原発種変の安全を確保するために半径三〇キロメートル圏内に出された避難指示によって、いわき市から北に位置する、大久・久ノ浜地区、川前地区、小川地区にいた人々が、半径四〇キロメートル県外であいわき市内郷地区や常磐地区へと身を寄せた。いわき市を含む強制避難区域に指定された二三の市町村住民が、実際の避難行動の有無にかかわらず賠償の対象となった（川副、二〇一四：二六）。

原発事故の被害補償については、「原子力損害賠償に関する法律」に基づいて決められている。東電はこれにしたがって、今回の事故の損害賠償責任を負い被害者に補償を支払ってきた。二〇一一年八月五日にて原子力損害賠償紛争審議会がまとめた「中間指針」によって、どこまでが補償対象となるのかの線引きがなされたという（同）。

ところが、地震や津波などの自然災害によってこうむった被害に対しては、精神的な賠償は支払われない。

住宅再建に関する保証はあるが、受託再建にかかる費用としては十分な金額ではなく、自立再建が求められている。

(9) 高級車ばかり七台のフロントガラスが割られ、ペンキをかけられる事件が起きたという(二〇一四年三月二日付、朝日新聞　東京朝刊　1総合)。

(10) 報道は「中立」「公正」に「事実」を伝えているかもしれないが、「事実」は他方で意図せずとも「暴力」的になることもある(小林、二〇〇七:一八七)。

(11) 福島民友新聞社は、二〇一三年九月から二〇一四年七月九日まで、原発事故三年をまたいで「原発災害『復興』の影」という連載を行った。これまでに帰還、廃炉、中間貯蔵、自主避難、除染、健康問題、風評、賠償と八シリーズ、計八〇本を掲載している〈http://www.minyu-net.com/news/sinsai/fukkou-kage.php〉。

(12) マス・メディア機関はその内部における様々な制約のもと現実を構成する作業(=編集作業)を行い、そうした作業の産物である「ニュース」を人々に伝達する。いわば「象徴的現実」を作り出す機関としての機能をも持ち、事象を伝達する。その過程において、潜在的にはニュースとして取り上げることのできる出来事と活動の中から、ほんの一握りのみが取り上げる対象となり、その一握りも特色ある方法で切り取られ報じられるということは避けられない(Price and Feldman, 2009: 114)。争い、ドラマ、個人的な事柄、地元の利益、適時性、そして目新しさ—これらの特徴は、オーディエンスをとりわけひきつけるニュース・バリューとして、ニュースが作られる過程に影響することは多くの研究者たちが合意するところである(Bennett, 2005/Patterson, 1993)。加えて、広範な社会の権力関係の中にジャーナリズム組織を位置づける近年の研究においては、ニュース・バリューの形成要因として、組織、地域社会、歴史性、などについても注目されてきた(大石・岩田・藤田、二〇〇〇/大石、二〇〇五/山腰、二〇〇六)。ニュース作成過程に影響を与えるとされる制約はさまざま存在するが、本章における分析では、マス・メディアが掲げる理念がその報道を制約するという逆説的な現象について明らかとなった。

参考文献

伊藤守（二〇一二）『テレビは原発事故をどう伝えたのか』平凡社。

大井眞二（二〇一三）「グローバルな危機とジャーナリズム・スタディーズ」『2011年度公募委託調査研究報告書大震災・原発とメディアの役割――報道・論調の検証と展望』新聞通信調査会。

大石裕（一九九八）『政治コミュニケーション――理論と分析』勁草書房。

――（二〇〇五）『ジャーナリズムとメディア言説』勁草書房。

――（二〇一二）『戦後日本のメディアと市民意識――「大きな物語」の変容』ミネルヴァ書房。

――・岩田温・藤田真文（二〇〇〇）「地方紙のニュース制作過程――茨城新聞を事例として」メディア・コミュニケーション研究所『メディア・コミュニケーション』No. 50、慶應義塾大学。

桶田敦（二〇一五）「福島第一原発事故　原子力災害報道の諸問題――被災県の放送局におけるニュース生産過程のエスノグラフィーとアンケート調査より」『社会情報学』三(三)。

小野広司（二〇一五）「東日本大震災から三年――福島の現状とメディアの役割」二〇一四年五月二二日『メディアと法研究会第一二期合本』マスコミ倫理懇談会。

開沼博（二〇一一）『〈フクシマ〉論　原子力ムラはなぜ生まれたのか』青土社。

――・山下祐介編（二〇一二）『原発避難論』明石書店。

桂敬一（一九九〇）『現代の新聞』岩波新書。

鎌田慧（二〇一二）『地方紙の研究』潮出版社。

烏谷昌幸（二〇一三）「ジャーナリスト・インタビュー調査　難しい原発報道の立ち位置、幕引きを急ぐ政府」『二〇一一年度公募委託調査研究報告書大震災・原発とメディアの役割――報道・論調の検証と展望』新聞通信調査会。

川副早央里（二〇一四）「原子力災害後の政策的線引きによる軋轢の生成――原発避難者を受け入れる福島県いわき市の事例から」早稲田大学 *Ritas Journal* No. 2。

小林義寛（二〇〇七）「『水俣漁民』をめぐるメディア表象」小林直毅編『水俣の表象と言説』藤原書店。

後藤義典（二〇一三）「震災・原発報道を振り返る」二〇一二年五月一七日研究会『メディアと法研究会第10期合本』マスコミ倫理懇談会。

佐々木俊尚（二〇一二）『「当事者」の時代』光文社新書。

佐藤崇（二〇一三a）「原発事故を私たちはどう伝えたか――家族が地域が引き裂かれていく中でメディアはその役割を果たせたか」丹羽美之・藤田真文編『メディアが震えた』東京大学出版会。

――（二〇一三b）「福島の核心に応えるために――三年目の東日本大震災・福島原発事故」『原発災害、その時テレビは…――終わりの見えない取材の中で』福島中央テレビ。

花田達郎・高田昌幸・清水真編（二〇一二）『日本の現場　地方紙で読む２０１２』旬報社。

早川正也２０１３年５月25日研究会（二〇一三）『マスコミ倫理』No. 643、マスコミ倫理懇談会。

林香里（二〇一一）『〈オンナ・コドモ〉のジャーナリズム――ケアの倫理とともに』岩波書店。

深沢弘樹（二〇一三）「地域メディアの意義と役割――〈つながり〉と〈当事者性〉の観点から」『駒澤社会学研究』No. 45、駒澤大学。

藤田真文（二〇一二）「ローカル局による地域創りに向けて」『GALAC』通巻五一四号、放送批評懇談会。

藤森研（二〇一二）「新聞が報じた大震災と原発事故記事・社説の分析から提言する」『特集　大震災報道の六カ月』『ジャーナリズム』NO. 257、朝日新聞出版。

松川修三（二〇一四）「福島で報道する難しさ――福島の現状を踏まえて」二〇一三年六月六日『メディアと法研究会第11期合本』マスコミ倫理懇談会。

村川亘（一九九六）「地方政治と地方紙の役割」『マス・コミュニケーション研究』No. 49、マス・コミュニケーション学会。

山腰修三（二〇〇六）「地方紙と地域問題――熊本日日新聞社のヒアリング調査を事例として」メディア・コミュニケーション研究所『メディア・コミュニケーション研究所紀要』No. 56、慶應義塾大学。

――「経済政策のイデオロギーと『水俣』の言説」小林直毅編（二〇〇七）『「水俣」の言説と表象』藤原書店。

米倉律（二〇一〇）「社会関係資本と放送メディア――変貌する地域・コミュニティと『孤独なテレビ視聴』」NHK放送文化研究所編『放送メディア研究』第七号、NHK出版。

NHK仙台ホームページ「被災地からの声」番組紹介〈http://www.nhk.or.jp/sendai/hisaichikara/about/index.html〉[最終アクセス日：二〇一六年四月二六日]。

福島民友　特集「原発災害『復興』の影」。

Bennett, W. L.（2005）*News: The Politics of illusion*（6th ed.）. Longman.

Melucci, Alberto（1996a）*The Playing Self: Person and Meaning in the Planetary Society, Cambridge University Press*（新原道信ほか訳（二〇〇八）『プレイング・セルフ――惑星社会における人間と意味』ハーベスト社）。

Patterson, T. E. (1993) *Out of order*. Knopf.

Price, V. & L. Feldman (2009) "News and Politics" in R. Nabi and M. B. Oliver (Eds.) *The Sage hand book of media processes and effects*, Sage.

第6章　三・一一後の原子力政策に関する世論調査・世論調査報道

――形成され構築される「現実」としての世論

山口　仁

1　世論調査と世論調査報道が持つ「力」

現代の民主主義体制の社会では、人々の意見、すなわち「民意」や「世論」を政治に反映していくことが求められる。こうした社会では、政治に人々の意見を取り込んでいく方法として、選挙、利益団体や圧力団体を通じた行動、社会運動などがある。これらのどの方法でもその当事者は「世論」の推移を意識しながら活動することが求められる。

ただ一概に「世論」といっても、なにが「人々（みんな）の意見」であるのかを明確に決めることは難しい。他者の意見を勝手に推測したとしても、それは個人の思い込みかもしれない。そうした中で、新聞やテレビなどのマス・メディアは世論調査を実施して「人々の意見」を集計し、さらにその結果を社会全体に向けて報道している。マス・メディアは世論調査とその報道を通じて、人々のあいだに「何が世論なのか」という共通認識が生まれることを促している。それは世論を反映することが求められている現代の政治過程において、マス・メディアが一定程度の影響力を持っているひとつの要因といえる。マス・メディアの世論調査、ならびにその報道は、現代社会においてマス・メディアが政治的な影響力を示す一側面なのである。

このような世論調査・世論調査報道の持つ力についてはすでにいくつかの研究があるが[1]、本章では理論的な観点から世論を捉え直してみたい。具体的には社会構築主義（現実の社会的構築）の発想を手掛かりに、世論とは構築される現実の一種であることを示していく。そしてその構築過程においてマス・メディアがどのような影響力を持っているか、さらに現代のメディア環境において、マス・メディアの世論調査とその報道は力を持ちつづけうるのかどうかを検討したい。

本章の後半部ではこうした問題関心にもとづき、東日本大震災以降の原子力政策をめぐるマス・メディアの世論調査、世論調査報道を考察していく。戦後日本社会の転換点となった災害、そしてその災害の中で国民的な論点となった原子力政策（およびエネルギー政策）について、マス・メディアは「何が世論なのか」「これこそ人びとの意見である」という共通認識を人びとの間にもたらすことができたのだろうか。

2　世論の形成と世論の構築・構成

(1)　マス・メディアの報道と集合的意見としての世論の形成

世論とは一般的には「社会的争点に関する人々の集合的な意見」と定義される。では、人々は社会的

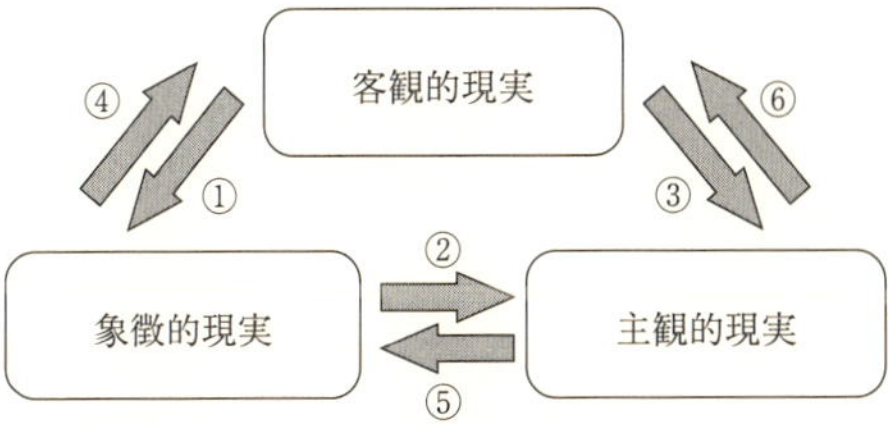

図 6-1　現実の社会的構築・構成モデル

（注）　矢印の番号は引用者が追加。原典にある「近接—遠隔」は省略。

（出典）　アドーニ＝メイン（1984＝2002：146）をもとに筆者作成。

な事件・出来事に関して、そこにどのような論点を見出し、それに関してどう意見を形成していくのだろうか。[2] この問題については疑似環境論の観点から論じるリップマンらの議論が有名だが（リップマン、一九二二＝一九八七／藤竹、一九六八参照）、ここではアドーニとメインの「現実の社会的構築・構成」モデルをもとに説明する（アドーニとメイン、一九八四＝二〇〇二：一四六参照）。アドーニとメインとは社会的に構築される「現実」を以下の三つに分類する（図6-1参照）。

客観的現実：実際に生じた事件・出来事それ自体。
象徴的現実：（メディアによって）描かれた現実。
主観的現実：個人の頭の中に描かれる現実。

これらの三つの「現実」は相互に影響を及ぼしあっている。その様子を図式化したのが**図6-1**である。図6-1ではそれぞれの「現実」の相互作用は①から⑥の矢印で表される。この一連の過程を、ある社会的事件・出来事（＝客観的現実）、それを描くマス・メディアのニュース（象徴的現実）、その事件・出来事に関する人びととの認識・意見（＝主観的現実）を例に説明すると以下のようになる。

①事件・出来事をマス・メディアが取材してそれをニュースにしていく過程。
②ニュースを受容した人びとが、社会的な事件・出来事に関して認識・意見を形成する過程
③社会的出来事・事件に関する情報を（メディアに依存せず）直接受容した人々が認識・意見を形成する過程。

現代社会では、人びとは（マス・）メディアのニュースを通じて社会的出来事・事件について認識を形成する割合が高くなる。すなわち③の過程よりも②の方が大きな影響力をもっており（いわゆる「疑似環境の環境化」）、人びとはメディアからの情報を通じて社会的事件・出来事に関する論点を認識し意見を形成していく。

これとは逆に事件・出来事に関する人々の認識が、社会的事件・出来事やそれに関する報道に影響を及ぼすこともある。それが図6-1の④から⑥であり、具体的には以下のように説明できる。

④マス・メディアのニュース報道が社会的事件・出来事に影響を与える過程。
⑤人々の認識・意見がマス・メディア報道に影響を与える過程。
⑥人々の認識・意見が社会的事件・出来事に影響を与える過程。

これを世論との関係で考えてみると、社会的事件・出来事の現場や当事者がマス・メディアの報道を踏まえて、もしくはマス・メディアで報道されることをあらかじめ予想して問題に対応する過程は④で

示される。すなわち象徴的現実が客観的現実に影響を与える。同様に、問題の現場や当事者が人々の意見を見極めながら活動することで、問題そのものの推移が変わる場合には⑥の過程が活性化している。そして⑤の過程は、マス・メディアが人々（読者・視聴者）の意識を一部踏まえたうえで報道する場合がそれに当たる。こうしてある社会的事件・出来事に関するメディア報道と人びとの集合的意見が形成され、逆に集合的意見が報道や社会的事件・出来事に影響を与えていく。

（2）世論に対する多様な見方

世論の定義は多様に存在している。もちろん「特定の論争的命題について、多くの人が共有する意見、あるいは少数意見の存在を前提とする多数意見（『現代ジャーナリズム事典』）」や「理念的には『主権者人民の意志』、現実的には『政策決定に対する被治者からのインパクト』……社会学ないし社会心理学的には『社会体系内に発生した、解決を必要とする問題（issue）をめぐって、成員が表明する集合的見解』（『社会学小辞典』）」のように世論に関する基本的な定義は存在する。ただ、世論とはなにかを突き詰めて考えていくと、論ずる者の間で見解の対立が生じる。その多様さ（と混乱の様子）は、世論の概念を歴史的・網羅的に考察した岡田直之の議論からも見て取ることができる。岡田は世論概念の主な特徴について以下のようにまとめている（岡田、二〇〇一：七三参照）。

①歴史的に規定された文化的特質に染まっていて、歴史的流動性を有する。
②絶対主義的政治支配へのアンチテーゼとしてのブルジョア的政治支配を正当化し、維持するため

のイデオロギーとしての性格を持つ。

③世論政治の理念像として想定されるのは、教養を有する中産階級・成人男性を主体とする利害調整型の合意モデルである。

④国家の統治過程において一定の批判的言説機能を果たし、政治的革新を触発する政治的な力として定立されたため、世論政治と現実との間に緊張関係や対立をもたらしてきた。

⑤（一方で）各種の世論の観念に矛盾した性質があり、それらの性質は多面体的に、かつモザイク的に構成されている。

ここでも世論概念は多様、かつ対立しうるものであることが分かる。すなわち、「世論」は既存の政治体制（例えばブルジョア体制）の維持のために動員されることもあるが（②や③）、一方で特定の政治体制に対する批判として機能する場合もある（④）。そして世論の性質は時代や社会によって大きく異なるものである（①や⑤）。したがって、世論の研究者は、世論の定義の多様性を認めた上で、自らの問題関心と研究テーマに適合する特定の世論の定義を採用してきた。しかし、世論を総体としてかつ理論的に考えようとした場合には、その研究は混乱することになったのである。

一方、仲秋洋は世論研究に対するいくつかのアプローチを以下のように分類・整理している（仲秋、二〇一一参照）。

①世論の属性・特性を述べる議論（代表的論者：G・タルド、C・H・クーリー、W・リップマン）

②世論の役割・任務を述べる議論（代表的論者：W・リップマン、E・H・カー、C・W・ミルズ）
③世論の構築性を述べる議論（代表的論者：P・ブルデュー、P・シャンパーニュ）
④世論の形成過程を述べる議論（代表的論者：C・H・クーリー、N・ノイマン、M・マコームズ）

①の世論の属性・特性に関する議論とは「世論とは何か」を問うもので、具体的な「世論」を合理性／非合理性の観点から分類したり、その集合性に着目したりしながら、世論の定義を行う。民主主義社会における世論の役割や機能を論じるのが②で、世論とは政治エリートが人びとを操作・統制するためのものなのか、逆に人びとが政治エリートを批判するときに機能するものなのか、という議論がそれにあたる。③は「世論」とされるものが、社会的・文化的に構築・構成されたものであることを批判的に暴露する議論である。このような議論では、世論とは人間の活動から独立して存在するものではなく、人間の活動によって作り出されるものであるとみなされる。④は、集合的意見としての世論が、マス・コミュニケーションをはじめとする各種コミュニケーションによってどのように形成されるのを問うものである。例えば「人びとの意見はマス・コミュニケーションによってどのように影響を受けるのか」という効果研究がその一例であろう。

(3)　集合的〝意見〟に対する意見

このように世論研究のアプローチは多岐に渡るが、①や③のように集合的意見の中身そのものを問うアプローチがあることに注目したい。ひとつは「世論」とされるものの内容を問う議論（①のアプローチ）、もうひとつは「世論」とされるものがどう構築されていくのかという議論（③のアプローチ）である。

「世論」とされるものの合理性・非合理性を問う議論に関しては、近年、佐藤卓己らによる「輿論（よろん）」と「世論（せろん）」の区別を強調する議論が代表的である。佐藤は「輿論は公衆の社会的意識が組織化されたものであり、世論とはまだ認識の対象になっていない心理状態、つまり気分や雰囲気の表出である（佐藤、二〇〇八：三二）」としている。佐藤によれば、戦前の日本社会では「輿論（よろん）」と「世論（せろん）」とは別の言葉として存在していたが、戦後の常用漢字の制度化の中でどちらも「世論」と統一された。そのことが、組織化された意見である「輿論」と、大衆の感情にすぎない「世論」の区別を曖昧なものにしてきた。そして「輿論」ではなく「世論」が政治に反映されていく問題が生じてきたという。

佐藤の議論は、「〝民意〟を反映することが民主政治である」という見解に対して一定の批判を唱えるものである。佐藤の分類を踏まえれば、民意には反映されるべき「輿論」と反映されるべきではない「世論」とに分けられるからである。つまり集合的意見としての世論をその特性に応じて分類することとは、世論の「質」や「特性」を問うことなのである。

このような問いは、集合的意見に関するメタレベルの意見であるとみなせる。そもそも集合的意見として世論とは、たとえそれが明確なものであろうとなかろうと、また質の高低の違いはあっても、広義の「意見」である。そして佐藤らの議論はそうした「意見」について論評するものであり、それもまた一種の見解・意見である。つまり「世論」の質や特性について論評することとは、集合的意見に関する意見を表明すること、すなわち「意見についての意見（二重の意見）」を表明するというメタレベルの議論を展開していくということなのである。

(4) 世論に対する社会構築主義的観点

一方で世論の構築性を指摘する議論も、世論に関するメタレベルの議論をしているとみなすことができる。世論の構築性を指摘することとは、すなわち「世論」は本質的に存在するものではなく、人々の社会的行為を通じて作り上げられたものであることを強調することである。例えば、P・ブルデューは、世論の構築性を以下のように指摘する（ブルデュー、一九八〇＝一九九一：二八七〜二八八参照）。

第一の公準：どのような世論調査でも、誰でも何らかの意見を持ちうるということを前提としている。つまり誰でもそうしようと思えば、簡単に意見をつくることができるということを世論調査は前提にしている。

第二の公準：すべての意見はどれも優劣のない等価なものとして考えられている。

第三の公準：誰に対しても同じ質問がなされる背景にはそれらの問題に関しては、質問がなされて当然とする合意が存在する。

社会科学的には中立的であるとみなされる世論調査であっても、それは「調査をする」という人間の社会的行為である以上、様々な社会的要請や拘束を受けながら行われている。特定の質問や選択肢は人の手によって作成されたものであるし、調査結果を処理する際にも人間の判断は存在する。さらにそうした調査結果をどう公表するのかも人間の手にゆだねられている。特定の問題について調査を行い、その結果を世論として公表するということは、社会的行為の一種なのである。こうした意味で世論は人の手によって作られるのであり、人間の活動とは別個に存在する世論は存在しないのである。

さらに、そのような「世論」を構築する世論調査が繰り返しなされるようになってきた社会的要因について、シャンパーニュは以下のように推測している。

(世論とは)「民衆」が権力の正統性の源泉であるとみなされる体制における、「民衆」をして語らしめよとする伝統的政治幻想と、サンプリング、選択肢付き調査票、コンピュータによる瞬時の集計など現代的な社会的テクノロジーとの出会いの産物に他ならない(シャンパーニュ、一九九〇=二〇〇一：五五、カッコ内引用者)。

ここでいう「民衆が権力の正統性の源泉である」すなわち民主主義社会では、世論は政治家が自らの職務を遂行するために必要な権力の源泉の一つとなる。そしてマス・メディアが「ジャーナリズム」として政治家の権力に対抗する報道を行うときにも、世論に対して働きかけられるのである。このように、民主主義社会では、政治過程において影響力を持とうとする多くの主体は、「世論」を何らかの形で体現している体裁をとることが必要になってくる。政治過程において、世論が有力な政治アクターとみなされるのは、このような理由からである。

このように「世論」とされるものが構築されていく過程を強調して語ることは、言い換えれば世論をメタレベルから捉えていることでもある。本節の（1）で議論してきたような意見が形成される過程とは別に、「（曖昧な）意見が（政治に反映させていくべき）意見として構築されていく」過程が存在するということができる。

（5）二重に構築された現実としての世論

では、本節の（3）と（4）で検討した意見に関するメタレベルの議論を、（1）での意見の形成に関する議論と組み合わせるとどうなるだろうか。ここで参考にしたいのが、世論に関する一般的定義の中でも「ある社会内で、ある争点に関して有力なものと認知されている意見（竹下、二〇〇七：一一六、傍点は引用者）」というものである。この定義も表層的なものではあるが、世論を単に「意見」とせずに、「有力なものと認知されている（意見）」としている点に注目したい。なぜなら、ある争点に関して曖昧な意見が形成され存在していることと、そのような意見が有力なものと認知されていくことを分けて考えるきっかけになりうる定義だからである。もちろん、何が「有力なもの」であるかは、議論する者によって異なる。例えば、世論調査は人びとの間で曖昧に共有されている意識を社会科学的な手法によって調査してまとめ上げているが、そうした調査によって示されるものを「有力なものとして認知される意見」とみなす者がいる。一方、佐藤のように「輿論」と「世論」の区別を用いながら「集合的意見」を分類し、世論調査とは異なった観点からやはり「有力なもの（意見）」とみなそうとする議論もある。現代社会では、集合的意見とはただ形成されて存在しているのではなく、それが「有力なもの」とみな

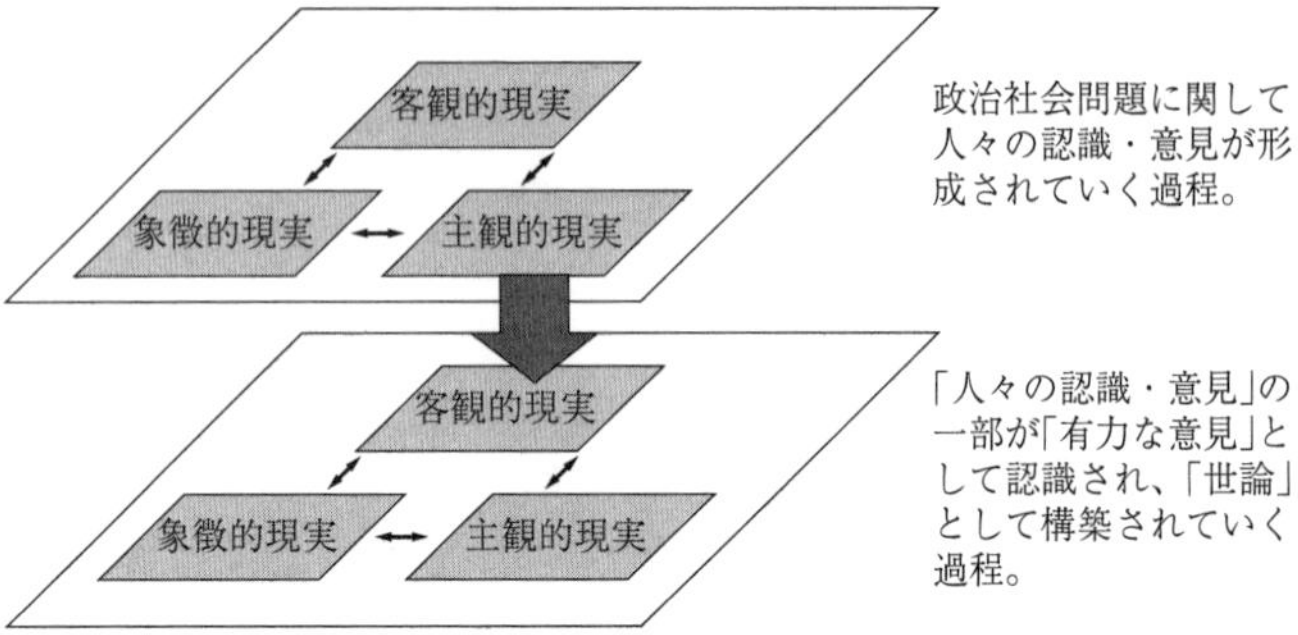

図6-2 「客観的現実」としての「主観的現実」
（注） 上部では「主観的現実」の世論だが、下部では「客観的現実」となる。
（出典） アドーニとメインのモデルをもとに筆者作成。

されていくことによって「（政治に反映されるべき）世論」として構築されていくのである。その点では、①世論の特性・属性を語るアプローチとは、研究者自らがその構築に携わろうと試みることである。一方で、③世論の構築主義的なアプローチとは、そのような世論が構築されていく過程を、相対化し批判的に語ろうとするアプローチである。ただいずれのアプローチでも、意見が形成される過程とその意見が世論として構築されていく二つの過程の存在を前提としていることには変わりない。

さて、世論に関するこれらの複数の過程を現実の社会的構築・構成モデルを使ってどのように説明できるだろうか。前述したように「集合的意見」とは、アドーニとメインのモデルの「主観的現実」にあたる。そうした主観的現実が諸個人の間で共有されることで「集合的意見」が形成されている。ただし、他者がどのような主観的現実を構築しているのかは、個人には容易に認識することができない。主観的現実が構築されて間主観的に共有されていることそれ自体はともかく、具体的にどんな認識が共有されているかは分からないのである。**図6-2**でいえば、上の層の「主観的現実」がいま述べてきた「形成されてはいるが認識されていない集合的意見」にあたる。

下の層はそうした集合的意見に対して、ふたたび社会的な認識が形成されていく過程を示している。つまり「集合的意見」という「客観的現実」をめぐり、「象徴的現実」と「主観的現実」が構築されていく。それぞれ以下のように説明できるだろう。

「（集合的意見に関する）客観的現実」：ある問題に関する人びとの集合的意見そのもの。しかし人びとがそれをありのままに認識することは出来ない。

「（集合的意見に関する）象徴的現実」：マス・メディアで描かれる集合的意見のこと。世論調査やその報道で示す「世論」がこれにあたる。

「（集合的意見に関する）主観的現実」：人びとが頭の中で形成する集合的意見についてのイメージのこと。例えば「みんなの意見はこうなっている。自分の意見は社会の中では多数派である（少数派である）」といったイメージは、集合的意見に関する人びとの認識である。

現代社会においては、人びとは集合的意見についてはマス・メディアの報道を通じて認識することの方が多いので、「集合的意見（客観的現実）→メディアが描く集合的意見（象徴的現実）→集合的意見に関する人々のイメージ（主観的現実）」という過程の方が有力となる。なお、世論調査とは違うかたちで「有力な意見」を提示しようとする試みは、それがメディア上でなされる場合、「（対抗的な）象徴的現実」を構築する行為となる。

(6) 世論の形成・構築過程を分析する意義

構築主義的観点から世論を分析する際には、集合的意見としての世論が形成されていく過程と、そうした集合的意見が有力な意見、すなわち「世論」として構築されていく過程の二重の過程があることが分かったが、それらの過程を分析する意義と意味とは何か。

ある事物を構築されたものとみなし、その構築過程を分析する意義は大きく分けて、①構築物に対する批判的な指摘をするため、②構築過程のメカニズムの分析するため、③構築過程そのものに重要な意味があるため、に分けることができる。

①は構築物の「虚構性」を批判し、代替的な構築を試みるための発想である。世論の構築過程に関していえば、佐藤らの「輿論」と「世論」の議論がそれにあたるだろう。すなわち、マス・メディアの情動的な報道によって構築された虚構の「世論」とは異なる本当の世論として「輿論」を構築し、それを政治に反映させていくべきだとする発想である。この発想は非常に分かりやすい。批判の対象が明確に設定され、それに対する回答(より正当な代替的構築を行う)も示されているからである。

これに対して②や③のように世論の構築過程そのものを分析することの意義・意味は分かりづらい。その過程を把握し、分析することで何が明らかになるだろうか。これはコミュニケーションの過程を分析する理由とは何かという議論とも並行する問題である。コミュニケーションの過程では、情報の伝達・受容・共有だけではなく、情報の意味の伝達・受容・共有も行われている。そうした意味の次元における共有が可能なのは、コミュニケーションの当事者間で意味を共有するために必要な知識や経験、イメージといった解釈の枠組み、ならびにそうした枠組みを正当なものとみなす価値観が共有されているからである。つまり、コミュニケーション過程を分析することで、それを可能にしている当事者間で共有されている価値観の分析を行うことができるのである。世論が構築されていく過程についても、世論としての構築物が当事者間で共有されるということは、それを正当化する価値観もまた当事者間で共有されているとみなせる。特定の意見が社会の中で「世論」とみなされ構築されていく過程の分析を通じて、その社会で共有されている価値観の分析につなげることができるのである。

では、③のように世論が構築される過程にはどのような意味があるのだろうか。世論を構築するとは、言い換えれば「この意見は、現代の民主主義政治において反映させるべき集合的意見である」といったようにある意見に対して正当性を付与し、それについての合意を形成していくことである。そこではなにが集合的な意見なのかという意見の画定が行われ、そこではさらにそうした意見が反映させるべき現代社会、特に民主政治とはどうあるべきかについての規範的な想定がなされている。仮にある時代や社会において、世論が円滑に構築されているのであれば、前述のような想定（何が集合的意見なのか、民主政治はどうあるべきなのか）が多くの人の間で共有されている。つまり「現代の民主政治のあるべき姿」について社会的な合意が形成されていると考えることができる。逆に、何が集合的意見なのか、民主政治とはどうあるべきなのかについて、人びとの間で合意がなされていない場合、世論を構築することも困難になっていくだろう。すなわち世論が構築される過程とは、現代社会では相当程度正当化された価値観・イデオロギーである「民主主義」「民主的」という概念に基づきながら、特定の集合的意見が「政治に反映されるべき正しい集合的意見（＝世論）」として構築されていく過程なのである。もっとも、これらの過程が理念的に存在していることは指摘できても、それが具体的にどうなっているのかは具体的事例に即した検討が必要になる。

3 世論調査・世論調査報道――三・一一前後の世論調査・報道から見る原発問題

(1) 世論調査報道のカテゴリー

前章での理論的検討に基づき、本章では具体的な新聞報道、特に原子力政策に関する世論調査とその世論報道について考察する。考察にあたり、新聞報道における世論調査・世論調査報道を以下のように分類する(山口、二〇一四参照)(**図6-3**参照)。

● 「速報記事」:世論調査実施直後に朝刊一面の目立つ箇所に掲載される記事である。一面の記事は、ニュース・バリューの高い記事が掲載される。特に記事タイトルで言及される調査結果は、新聞(記者や新聞社)が重要だと認識しているもの、もしくは社会的に重要な論点であると新聞社が認識しているものであると考えられる。

● 「解説記事」:世論調査結果の解説をする記事である。前述の「速報記事」に比べると目立ちにくい頁(二面や四面など)に掲載されている。調査結果を解説するだけの場合もあるが、記者や論説委員の署名付きでより詳細な論評がなされる場合もある。

● 「質問と回答」:実施された世論調査の設問と回答結果が掲載されている。記事というよりもデータ集としての側面が強い。「解説記事」と同じ紙面に掲載されている場合もあるが、関係無い

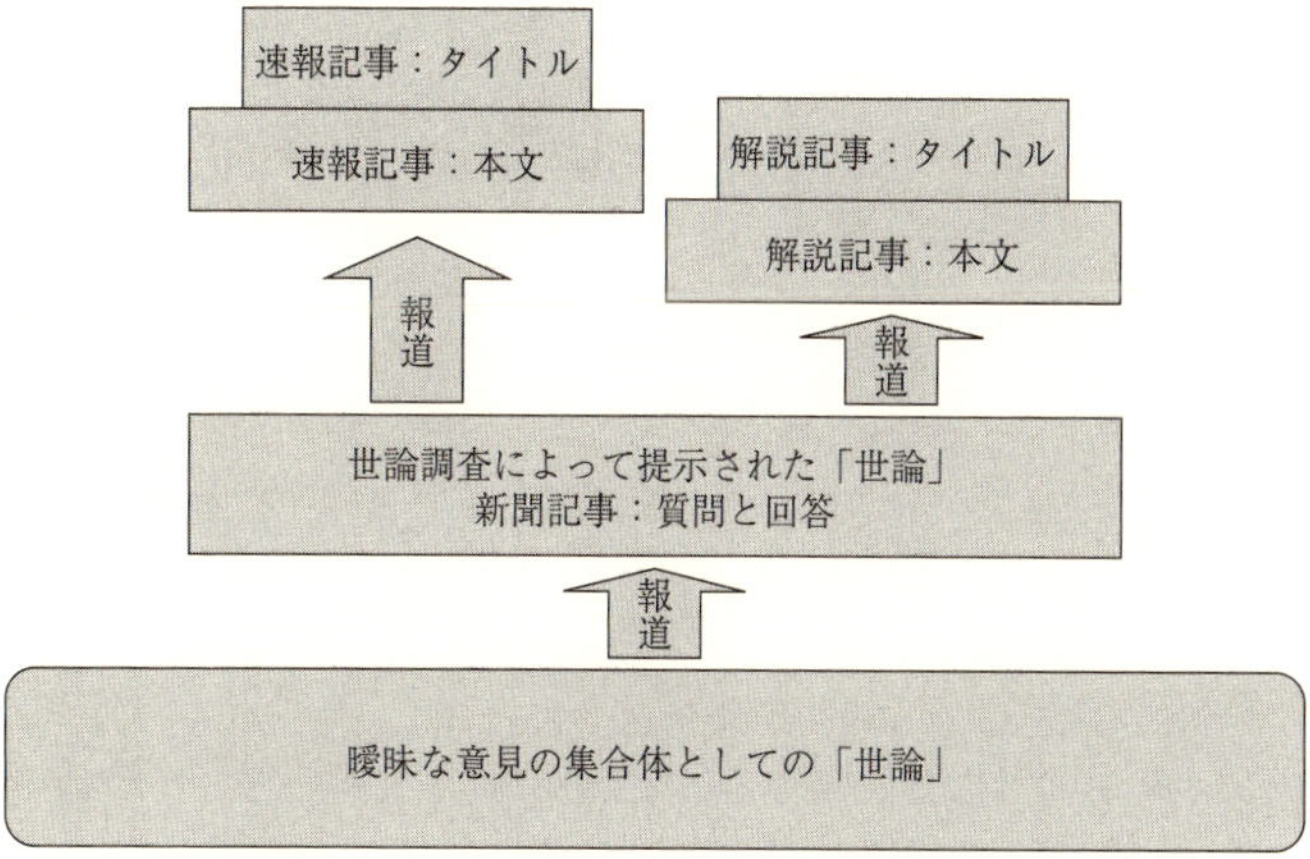

図6-3　集合的意見・世論調査・世論調査報道

（出典）　山口（2014, 78）。

箇所に単独で掲載されている場合もある。

- 「他の論評記事における引用」：世論調査の結果はただ報道されるだけではなく、同じ新聞社の社説やコラムなどでも引用・言及されることがある。
- 「新聞以外のメディアでの引用」：新聞の世論調査・世論調査報道は、他のメディアでも引用されることがある。テレビの情報番組の新聞解説コーナーであったり、インターネットのニュースサイト、SNS、掲示板などでも引用・転載され、さらにそこでも調査結果に言及されたり、それに基づいた議論がなされることもある。

この中でも「速報記事」と「解説記事」については、その見出しやリードが人々に与える影響力は無視できない。特に記事の見出しは、毎回一〇問以上ある設問の中からとくに注目を集めるであろう結果が選ばれている。したがって、数ある質問項目とその結果の中で何が見出しで言及されているのかという視点で報道を分析することには意味があるといえる。

(2) 原子力政策に関する世論調査報道の展開

①社会的出来事に影響を受ける世論調査・世論調査報道の内容

周知のように東日本大震災に端を発する福島第一原子力発電所の事故は、その後の日本社会において原子力政策問題を重要な社会的な争点へと押し上げる出来事になった。それは新聞の世論調査・世論調査報道にも顕著に表れている。

東日本大震災の前後で、新聞の世論調査・世論調査報道には顕著な違いが見られる。三月以前は、速報記事も解説記事も菅直人内閣(当時)の支持率低下を強調する見出し・内容となっている。一方、震災後の四月には『朝日新聞』『読売新聞』の両紙とも速報記事の見出しに「震災」や「原発」などの言葉が使われるようになってきた(表6-1参照)。また記事の内容も震災前後で異なっている。二〇一一年四月一八日『朝日新聞』の一面速報記事は九六行(八段)の分量だが、その全てが震災関連の世論調査に関するもので、原発関連は約七割の分量を占めていた。一方で二月二一日の一面速報記事では菅内閣の支持率の低さや去就、解散・総選挙に言及する部分が記事全体の八割以上を占めていた。ほかの政治社会問題報道と同様、世論調査報道もまた社会的事件・出来事に影響を受けている。

このような傾向は世論調査の質問項目にもみられる。内閣や政党の支持不支持のように継続して聞かれる質問項目がある一方で、震災後には政府の原発事故への対応の評価、今後の原子力政策についての質問がなされている。ブルデューが「その問題は質問されて当然である同意があるということ」という

表6-1　東日本大震災前後で新聞の定例世論調査・報道はどう変化したか（1面速報記事と解説記事のタイトル：2011年1月から6月）

	『朝日新聞』	『読売新聞』
1月	1月17日 （速）内閣支持微増、26%　与謝野氏起用、半数が評価せず （解）政権再始動、晴れぬ視界　国会・統一選へ反転に意欲　首相・閣僚ら勉強会	1月16日 （速）再改造　内閣支持上昇34%「実績期待できず」7割 （解）再改造　効果は限定的　比例投票先　民主21%、自民26%
2月	2月21日 （速）菅内閣、支持率最低20%「早く辞任を」49% （解）菅首相退陣論、続く攻防　支持率最低20%	
3月		3月7日 （速）内閣支持最低24%「早期退陣を」51% （解）民主支持層　進む「菅離れ」無党派層増加52%
4月	4月18日 （速）原発「減らす・廃止」41%　復興増税「賛成」59% （解）震災対応6割評価せず　内閣支持　横這い21%	4月4日 （速）震災対応「大連立を」64%　政府の原発対応「評価せず」61% （解）政府の危機感反映「大連立」模索も
5月	5月16日 （速）浜岡原発停止要請「評価」62%　復興増税賛成減る （解）内閣支持増　でも26%	5月16日 （速）原発賠償「国費負担を」56%　震災対応「評価せず」59% （解）「放射性物質で健康被害心配」39%
6月	6月14日 （速）原発「段階的廃止」74%　利用賛成派の6割も （解）大連立に「賛成」42%　与野党「もっと協力を」84%	6月5日 （速）「退陣は当然」54%　小沢氏の動き「理解できぬ」59% （解）非常時の政局混乱懸念　内閣支持は低迷31%　前原氏首位　首相「退陣は当然」54%

表 6-2　震災前・震災後の世論調査の質問項目の変化（『朝日新聞』）

震災前（2月22日）	震災後（4月18日）
・**菅内閣を支持しますか。**支持しませんか。 ・**それはどうしてですか。** ・**どの政党を支持していますか。** ・できるだけ早く衆議院を解散して総選挙を実施すべきだと思いますか。急ぐ必要はないと思いますか。 ・**仮にいま、衆院選の投票をするとしたら、比例区ではどの政党に投票したいと思いますか。** ・今後も民主党を中心にした政権が続いた方がよいと思いますか。そうは思いませんか。 ・**菅さんに首相を続けてほしいと思いますか。早くやめてほしいと思いますか。** ・民主党のなかの、小沢一郎さんに近い国会議員から、菅首相の退陣を求める動きが出ています。こうした動きを評価しますか。評価しませんか。 ・いまのような政治状況になったのは、菅首相の政治の進め方に問題があるからだと思いますか。野党の姿勢に問題があるからだと思いますか。 ・官僚に頼った政治を改める菅内閣の取り組みを評価しますか。評価しませんか。 ・民主党は、おととしの衆議院選挙で掲げたマニフェストを見直す方針です。このことを評価しますか。評価しませんか。 ・消費税の引き上げに賛成ですか。反対ですか。 ・社会保障の財源を確保するために、消費税を引き上げる必要がある、という意見があります。この意見に賛成ですか。反対ですか。 ・行政のムダを徹底して減らせば、消費税の引き上げを急ぐ必要はない、という意見があります。この意見に賛成ですか。反対ですか。 ・菅内閣の社会保障と税の一体改革への取り組みに期待しますか。期待しませんか。 ・民主党の小沢一郎さんが、政治資金問題で強制起訴されました。民主党は小沢さんに対し、裁判が終わるまで党員の資格を停止する方針です。この処分は適切だと思いますか。重すぎると思いますか。軽すぎると思いますか。 ・小沢さんは、検察審査会が決めた強制起訴と、検察の起訴とではまったく違うので、衆議院議員の辞職や、民主党からの離党は必要ないと言っています。この小沢さんの主張に納得できますか。納得できませんか。	・**菅内閣を支持しますか。支持しませんか。** ・**それはどうしてですか。** ・**どの政党を支持していますか？** ・仮にいま、衆院選の投票をするとしたら、比例区ではどの政党に投票したいと思いますか。 ・**菅さんに首相を続けてほしいと思いますか。早くやめてほしいと思いますか。** ・菅内閣の東日本大震災への対応を評価しますか。評価しませんか。 ・福島第一原子力発電所の事故への対応を評価しますか。評価しませんか。 ・民主党と自民党が大連立政権をつくることに賛成ですか。反対ですか。 ・震災復興の財源にあてるため、増税することに賛成ですか。反対ですか。 ・震災復興の主な財源にするのは増税が良いと思いますか。国の借金である国債がよいと思いますか。 ・福島第一原発の事故についてうかがいます。今回の事故について、どの程度、不安を感じていますか。 ・福島第一原発以外の原子力発電所でも、大きな事故が起きる不安を、どの程度感じますか。 ・福島第一原発の事故について、政府の情報提供は適切だと思いますか。適切ではないと思いますか。 ・原子力発電を利用することに賛成ですか。反対ですか。 ・日本の原子力発電は、今後、どうしたらよいと思いますか。

（注）　ゴシックは震災前・後で変わらない質問

表 6-3　新聞社間での世論調査報道の違い

『朝日新聞』		『読売新聞』	
日時	速報記事	日時	速報記事
2012/1/15	消費増税案、反対が57% 内閣支持29%	2012/1/15	改造内閣　支持下落37% 岡田副総理を評価52%
2012/2/14	原発の運転40年・最長60年「評価しない」52%	2012/2/14	内閣支持率下落30%　民主支持　政権交代後、最低16%
2012/3/6	（東日本大震災１年）復興「道筋ついていない」92%	2012/3/3	復興「進まず」72%　がれき引き受け75%肯定
2012/3/13	原発再開「反対」57%、安全対策「信頼せず」80%	2012/3/19	憲法改正「賛成」54%　二院制見直し７割強
2012/3/21	震災後「絆を実感」86%		
2012/4/16	再稼働判断「反対」55% 原発安全性に不信感	2012/4/10	内閣支持率下落28%「軽減税率導入を」74%
2012/4/24	大飯原発再開反対、福井43%、近畿は52%、共に多数		
2012/5/3	一票の格差が違憲状態のままなら、総選挙「反対」53%		
2012/5/9	「基地減らぬ、本土の差別」沖縄50%、全国29%		
2012/5/21	大飯原発再稼働「反対」54%　安全策「信頼せぬ」78%		
2012/6/6	増税成立「今国会で」17%「こだわらず」72%	2012/6/12	「今国会で修正　成立」64%　軽減税率「導入を」75%
2012/6/28	小沢新党「期待」15%　消費増税法案「反対」52%	2012/6/18	大飯再稼働「賛成」49%「反対」41%
		2012/6/29	小沢新党「期待せず」79%

（注）一面に速報記事が掲載されたもの。

ように、その時代・社会において「当然質問されるべき問題」として認識されているものが、世論調査の設問項目となっているといえる。

②新聞社の論調に影響を受ける世論調査・報道

世論調査・報道は新聞社の論調にも影響を受けている。社説や特集記事から明らかなように『朝日新聞』は、普段から脱原発の社論を展開している。とくに二〇一一年七月三日には『朝日新聞』は朝刊一面で「提言『原発ゼロ社会』　いまこそ、政策の大転換を」と、「原発ゼロ社会」を明確に主張している。そして同日朝刊一四・一五面では以下のような社説特集が組まれている。

脱原発への道筋　高リスク炉から順次、廃炉へ
廃棄物の処理　核燃料サイクルは撤退
新たな電力体制　分散型へ送電網の分離を
自然エネルギー政策　風・光・熱、大きく育てよう
推進から抑制へ　原子力社説の変遷

この提言の中では、「朝日新聞の世論調査では、段階的廃止への賛成が七七%にのぼった」と自社の世論調査が参照されている。『朝日新聞』が社説の中で世論調査の結果に言及するのはこれだけにとどまらない。例えば、大飯原子力発電所や川内原子力発電所の再稼働に反対する社説「大飯原発　再稼働

はあきらめよ（二〇一二年五月一九日）」の「ただ多くの国民は、この夏は節電努力で乗り切りたいと考えている。再稼働に反対する各種の世論調査を見ても、その意志が表れている（傍点は引用者、以下同様）」や「川内の仮処分　専門知に委ねていいか（二〇一五年四月二三日）」の「世論調査では依然として原発再稼働に厳しい視線が注がれている。政府も電力会社も鹿児島地裁の決定を受けて『これでお墨付きを得た』と受けとめるべきではない」といったものがある。このように『朝日新聞』は、原発に批判的な世論調査の結果を引用しながら社論を展開していることが分かる。

一方で『読売新聞』は以下の社説からも明らかなように、原発を前提としたエネルギー政策を主張している。

資源小国の日本が経済力を維持し、復興に確かな道筋をつけるためには、やはり、原発の安全性を高めて活用していくことが現実的な選択である。G8では、フランスが原発推進派で、米国も原子力を含むクリーンエネルギーを重視する。ドイツは「脱原発」に動き出したが、欧州大陸の送電網を利用して、フランスなどからいつでも電力を購入できる。それができない島国の日本とは事情が違う。世界各国は、二酸化炭素の排出量を減らす地球温暖化対策も迫られている。その点で原発はなお、有力なエネルギー源と言える。日本は原発を利用しつつ、石油などの化石燃料や、自然エネルギーも組み合わせる最適なモデルを目指さねばならない（『読売新聞』二〇一一年五月二七日社説「新エネルギー策　安全性高めて原発利用続けよ」）。

『読売新聞』のこの姿勢は大飯原発や川内原発の再稼働時の社説にも明確に表れている（「大飯原発再稼働　計画停電への備えを怠るな（二〇一二年七月三日）」「川内原発再稼働　電力安定供給へ重要な一歩だ（二〇一五年八月一二日）」など）。

原発問題を論じる際にたびたび世論調査のデータに言及していた『朝日新聞』とは異なり、『読売新聞』では原発問題を世論に結び付けないようにしている。例えば、エネルギー政策に関する以下の社説が典型的である。

> 一方、首相はこれまで、中長期的に原子力への依存度を最大限に低減させる「脱原発依存」を目指すとしてきた。具体的な内容は依然としてあいまいだ。政府は今夏にまとめる新しいエネルギー戦略で、将来の望ましい電源構成を示し、達成への道筋を明確にする必要がある。大切なのは、感情的な「反原発ムード」に流されず、安全性と電力の安定供給、経済性にも目配りした、現実的なエネルギー政策を打ち出すことだ（「エネルギー政策　現実的な電源構成を目指せ」二〇一二年三月一三日）。

この社説では原子力発電に批判的な意見は「感情的」「ムード」と表現されている。ほかにも衆議院選挙直前の二〇一二年一一月二五日の社説「エネルギー政策　「脱原発」の大衆迎合を排せ」でも反原発・脱原発の姿勢を示す政党・政治家のことを「大衆迎合」と批判的に言及している。前述の表6-3のように『読売新聞』も世論調査を行っているが、原子力政策に関する質問はそれほどなされておらず、速報記事や解説記事で言及されることも少ない。脱原発に批判的な立場をとる『読売新聞』にとって、世論調査の結果は自社の見解と衝突する。そのため、そのような意見は「感情」「ムード」、すなわち冷静ではないものとして処理され、社説の表現にも表れている[4]。

このように新聞社の報道傾向は世論調査・報道のあり方を規定し、また調査結果は自社の立場を補強するために用いられることが分かる。世論調査もまた報道の過程の中に組み込まれているのである。

(3)（他の）世論調査への言及

世論調査に対する両紙の見解の違いが鮮明になったのが、二〇一二年に行われたエネルギー政策に関する討論型世論調査に対する報道である。この調査は「エネルギー・環境の選択肢に関する討論型世論調査実行委員会」によって実施されたもので、無作為抽出による電話調査と、討論フォーラム参加者による討論前のアンケート調査、討論後のアンケート調査を分析して、参加者の「熟慮」による意見の推移を明らかにするものである（曽根ほか、二〇一三参照）。

この世論調査に対する『朝日新聞』、『読売新聞』の評価は対立的なものであった。

【『朝日新聞』・調査結果公表以前】将来のエネルギー政策を考える「討論型世論調査」が2日間の日程を終えた。この方式での調査は、政府として初の試みだ。政策の決定過程に国民がかかわる新しい場づくりに取り組んだ姿勢は、大いに評価したい。資料を参考にしたり、専門家や、自分と異なる意見の人から情報を得たりしながら、参加者が議論する。質問に1回限りで答える通常の世論調査や、選ばれた人が自分の考えを述べて終わり、という意見聴取会にはない利点もあった。（「新型世論調査　熟議へ改良を重ねよう（朝日新聞二〇一二年八月七日）」）

【『読売新聞』・調査結果公表以前】国の将来を左右する重要なエネルギーの基本政策は、付け焼き刃の「国民的議論」で決めるべきものではない。……8月4～5日に実施する新手法の「討論型世論調査」に関する懸念も拭えない。エネルギー選択に関する世論調査に答えた全国の約3000人から希望者200～300人が参加して2日間の討論会を開き、終了後に再び意見を調べる。討論を通じて理解を深め、意見の変化を見るという趣旨はわかるが、討論の資料や運営によって考えが誘導される恐れはないだろうか。政府は実験的な取り組みにとどめ、結果をストレートに政策判断へ反映させてはならない（「エネルギー選択　付け焼き刃の議論で決めるな」『読売新聞』二〇一二年七月二五日）。

【『朝日新聞』・調査結果公表後】多様な手法による国民的議論は、「少なくとも過半の国民は原発に依存しない社会を望んでいる」と総括された。野田政権はこれを重く受け止め、原発をゼロにすることと、その実現時期の目標を明確に打ち出すべきだ。国民的議論のまとめでは、約8万9千件に達したパブリックコメントをはじめ、意見聴取会や各種団体から寄せられた声を集計し、意見の背景となる理由や問題意識を分類した。討論型世論調査といった新しい手法にも取り組んだ。全体の総括にあたっては、世論調査やコミュニケーションの専門家による第三者評価も受けた。手順には混乱や未熟さも見受けられたが、一つの課題に政治がここまで「民意のありか」を探ることに手間をかけ、「見える化」した例はないだろう。「（社説）エネルギー政策　原発ゼロの時期明示を（朝日新聞二〇一二年八月三一日）」

【『読売新聞』・調査結果公表後】将来の原子力発電比率などに関する国民の意識調査を都合良く分析し、脱原発に政策のカジを切る根拠に使うのは、あまりに乱暴ではないか。討論型世論調査などの結果について政府の有識者会議が、「少なくとも過半の国民は、原発に依存しない社会の実現を望んでいる」とする総括案をまとめた。これを踏まえ、政府はエネルギー政策の基本方針を近く決定する。だが、世論の過半が「脱原発依存」だと結論づけた総括案は説得力に欠ける。政府は意識調査の結果を過大評価せず、一定の原発利用を続けていく現実的なエネルギー政策を推進すべきである。（「意識調査検証「脱原発依存」の根拠にするな」読売新聞二〇一二年八月三〇日）

脱原発を社論として掲げる『朝日新聞』は、脱原発派に優勢な結果が出た討論型世論調査のことを「民意のありか」を「見える化」したと高く評価し、政策にも反映させるべきであると主張している。一方『読売新聞』は、同じ調査を「付け焼き刃」と否定的にとらえ、そのような調査によってエネルギー政策が左右されることがあってはならないと主張する。

前章で触れたように、新聞は世論調査を通じて世論を構築するだけでなく、他の調査主体によってなされた世論調査に言及している。『朝日新聞』は肯定的に、『読売新聞』は否定的にという違いはあるものの、構築された世論に言及している点では同じである。(5) しかも原子力政策に関する世論調査に関しては、新聞社の間でその見解が明確に分かれていた。

(4) 世論調査報道への言及――インターネット

世論調査・報道への言及はマス・メディア報道の中だけでなされるわけではない。現代社会ではインターネット上でもマス・メディアの世論調査報道に対して様々な言及が行われている。新聞をはじめとするマス・メディアのニュースは、掲示板、ブログ、SNSといったインターネット上のあらゆる場所に転載される。世論調査・報道についても同様である。ただし、そのありかたに関しては若干の説明が必要である。

インターネット上で世論調査が問題になるときには、世論調査が扱っているテーマそれ自体だけではなく、その調査を行った主体、報道する主体もまた問題になる。インターネット上で使われるスラングの「マスゴミ」という言葉に代表されるように、従来は論壇や評論の世界でなされていたマス・メディア批判が、近年ではインターネットで簡単に行えるようになっている。インターネット上ではマス・メディアが取り上げる問題に対して批判がなされるだけではなく、そのような問題を取り上げるマス・メディア自体が批判の対象になる。二〇一四年に「吉田証言問題」「吉田調書問題」をめぐって朝日新聞社が謝罪をした際には、ほかのマス・メディアからだけではなく、インターネット上でも数多くの批判が巻き起こったことは記憶に新しい。現代社会はインターネット上でマス・メディア批判を発信し、他者と共有できる時代になったのである。それはかつて一部の世界で行われたマス・メディア批判の一般化・大衆化が進展したといえる。

世論調査・報道についても同様である。すなわち、世論の被構築性について指摘したブルデューやシャンパーニュ、もしくは世論をその「質」に応じて分類しようとする佐藤のような議論を、一部の学者・研究者、マス・メディア組織やジャーナリストに加え、インターネットで情報発信手段を得た人びともできるようになったのである。例えば、前節でとりあげたエネルギー問題に関する討論型世論調査についても、インターネット掲示板「2ちゃんねる」に「【エネルギー政策】原発ゼロ支持が四七％二八五人の参加者による『討論型世論調査』［八／二二］」というスレッドが立てられ、そこでは批判的なコメントも数多く書きこまれていた。

インターネット掲示板の性質上、個人が何度も書き込んだり、多数派を装ったりすることができるので、その書き込みから「世論」を推測するのは困難である。ただ、世論調査に対する批判（時には難癖）の書き込みが散見されるところをみると、少なくとも世論調査・報道に不満を持つ人がいること、そうした批判を他者も受容することができるようになっていることは確かである(6)。

またインターネット上では、様々な世論調査が行われている。例えば、動画サイトの『ニコニコ動画』では二〇一二年七月から八月にかけて「どうする？　原発」というタイトルでアンケート調査が行われた。このアンケート調査の結果をそのまま「世論」とみなすことは困難であるが、少なくとも世論を構築しようとする主体が複数化している表れとみなすことはできるだろう。

4 現代社会における「世論」の構築をどうとらえるか？

本章で概観してきたように、マス・メディアが行う世論調査・世論調査報道は、「世論」を提示して見せることで一種の現実を構築・構成している。その「現実」は数字・データの形をとることで、客観性を帯びた「現実」となる。そしてそのような「現実」は、新聞社が自らの見解を補強する際にしばしば参照・引用される。三・一一以降、日本社会において大きな社会的争点となった原子力問題に関しても同様の傾向はみられた。脱原発を主張する『朝日新聞』にとって、脱原発の「世論」は自らの見解の補強材料として用いられた。一方、脱原発に否定的な『読売新聞』は、世論調査報道でも脱原発の世論はあまり取り上げなかった。社説も同様であった。しかも討論型世論調査で、脱原発の世論が優勢な時にはその世論を「ムード」と評し、参考にすべきではないと主張した(7)。

そしてこのような新聞による論評は、世論研究の中で展開してきた議論をなぞったものといえる。集合的意見を「(冷静な) 輿論」と「(感情的な) 世論」に分ける議論は、学術の領域だけではなく、マス・メディア報道の領域でも行われるようになってきた。例えば、原発政策に関する討論型世論調査は『朝日新聞』にとっては「輿論」、『読売新聞』にとっては「世論」ということになるだろう。人の意見に関する意見、すなわちメタレベルの領域にマス・メディア報道も参入してきたのである。

さらに、このメタレベルの議論はインターネット上でもなされるようになってきている。とくにマス・メディア批判と連動することで、新聞による世論調査は「偏向したもの」「虚構のもの」とされ、その正当性の脱構築が試みられる。新聞の世論調査を批判する者は、自らが正当と考える「世論」を構築しようとはするが、それが他者から「世論」とみなされるとはまったく限らない。

このように「世論」をめぐる構築過程が複雑化してくると、まとまった「世論」を提示し政治過程に影響を与えるマス・メディア報道という仕組みそのものが揺らいでいる可能性をも考慮する必要が出てくるだろう。すなわち、マス・メディアの構築した「世論」が人々に（たとえそれが「虚構」「虚偽」のものであろうとも）合意をもたらすことができなくなっているという可能性である。世論を政治に反映させていくのが民主主義の政治に求められることであるとしても、その世論を構築することができないのだとしたら、そこでなされる政治的決定に対しても常に人びとの不満が溜まっていく。さらにその不満が他者と共有されていくことで、政治の役割である「紛争の解消」も困難になっていくのではないか。原子力政策に関する世論調査・世論調査報道の分析からその一端を垣間見ることができるのではないかと考えられる。

注

（1）マス・メディアの世論調査・世論調査報道がもつ権力性については大石（二〇一四）を参照のこと。また筆者も、この問題についていくつかの考察を行ってきたが（山口、二〇一四／二〇一五a、b／二〇一六参照）、本章の理論的な考察の箇所はそれらに依拠している。

（2）マス・コミュニケーションの効果・影響研究では争点の「認識」とそれに関する「意見」を分離して考え

る立場もあるが、本論では一緒に扱う。

(3) ここでいう「民主主義」とは必ずしも社会科学的に精緻な概念である必要はない。人びとの政治社会問題に関する日常的な相互行為の際にかれらが了解できるものであれば、その場では十分なのである。

(4) 一方、『読売新聞』は大飯原発再稼働に関しては、二〇一二年六月一八日の速報記事で、再稼働に賛成する人が多かった自社の世論調査結果を見出しに採用している。

(5) なお、この「言及」は恣意的に行われている可能性が高い。ムードに流されてはならないとする『読売新聞』であっても、たとえば内閣支持率の低下を示す世論調査の結果を内閣批判のために以下のように引用している。「民主党支持率は、2割台に低迷し、参院比例選の投票先でも、民主党を挙げる人は、減少の一途をたどっている。『信なくば立たず』という。国民の信用をなくしたら、政治は成り立たない。今こそ、その言葉を肝に銘じる時だろう。「内閣支持率下落　首相は逆風に耐えられるか（読売新聞、二〇一〇年五月一〇日）」

(6) 例えば「参加者285人のうち『原発ゼロ』を支持する比率は、電話調査での32・6%から41・1%、46・7%と段階が進むごとに上昇した」というニュースに対して「参加者にバイアスが掛かってる証拠だろ」とコメントしたり、「反対派にも賛成派にも譲らないヤツは一定数いる。浮動票が耳障りの良い意見に流れるのは自明の理。そもそも、政治が方針を決め、賛否を問うべきなのに、いつから、政治家は御用聞きになったんだよ（笑）」と調査手法そのものを批判するコメントを書き込む閲覧者もいた。スレッドは以下のURLを参照のこと。http://www.logsoku.com/r/2ch.net/bizplus/1345634771/（二〇一六年八月閲覧）

なお、マス・メディアの世論調査報道に対してインターネットの掲示板でどのような反応が生じたかについては拙稿（二〇一五b）で若干の考察を行った。

（7）現在でも原子力政策、特に原子力発電所の再稼働については、ほとんどの新聞の世論調査で脱原発寄りの回答が上回っている。ただ他の諸問題と比べた場合、たとえば「(首相に)一番力を入れてほしい政策」とは何かを問う設問では、「原発・エネルギー問題」は「景気・雇用」「社会保障」「教育」「外交・安全保障」「憲法改正」といったほかの政策と比べて重要度が低くなっている(「首相の政策に『期待』三七％『不安のほうが大きい』四八％　朝日新聞社世論調査」『朝日新聞』二〇一六年七月一四日)。また選挙の当選者の主張をみても、少なくとも国政では原発・エネルギー政策は最重要課題にはなっていないようである。意図的なものかどうかはともかく、人々の合意形成が困難な問題が潜在化することによって、社会意識の分断は表向き避けられているのかもしれない。もっとも、本章の議論は原発・エネルギー問題に限ったものではない。「景気・雇用」「社会保障」「外交・安全保障」など合意が形成できなさそうな問題は他にも存在する。したがって、世論を構築することが困難になっている（と思われる）という現象自体は今後も考察の対象としていくだろう。

参考文献

アドーニ、H&S・メイン／大石裕訳（一九八四＝二〇〇二）「メディアと現実の社会的構成」谷藤悦史・大石裕監訳『リーディングス政治コミュニケーション』一藝社、一四三～一六二頁。

大石裕（二〇一二）「メディアと市民意識」大石裕編『戦後日本のメディアと市民意識』ミネルヴァ書房、一～四四頁。

――（二〇一四）『メディアの中の政治』勁草書房。

岡田直之（二〇〇二）『世論の政治社会学』東京大学出版会。

佐藤卓己（二〇〇八）『輿論と世論』新潮選書。

シャンパーニュ、P／宮島喬訳（一九九〇、二〇〇一＝二〇〇四）『世論をつくる』藤原書店。

曽根泰教・柳瀬昇・上木原弘修・島田圭介（二〇一三）『「学ぶ、考える、話しあう」討論型世論調査』ソトコト新書。

竹下俊郎（二〇〇七）「メディアと世論」蒲島郁夫・竹下俊郎・芦川洋一『メディアと政治改訂版』有斐閣アルマ、一一五～一四二頁。

仲秋洋（二〇一一）「世論概念をめぐる新たな視座とその意義」『NHK放送文化研究所年報２０１１』一一九～一五三頁。

藤竹暁（一九六八）『現代マス・コミュニケーションの理論』日本放送協会出版会。

ブルデュー、P／小松田儀貞訳（一九八〇＝一九九一）「世論なんてない」『社会学の社会学』藤原書店、二八七～三〇二頁。

山口仁（二〇一四）「マス・メディアの世論調査と世論調査報道の分析に向けて」『帝京社会学』二七、七一～八八頁。

――（二〇一五ａ）「構築主義的視座から考察する世論とメディア」『帝京社会学』28、八五～九九頁。

――（二〇一五ｂ）「マス・メディアの世論調査・報道の対するネット上の反応」『情報処理センター年報』帝京大学情報処理センター、一七、八三～九六頁。

――（二〇一六）「世論研究の困難性と可能性」『帝京社会学』二九、七三～八九頁。

リップマン、Ｗ／掛川トミ子訳（一九二二＝一九八七）『世論（上）』岩波文庫。

『社会学小辞典』
『現代ジャーナリズム事典』

第7章　インターネットを通じて可視化する原発・放射線被曝問題に対する人びとの意識
――美味しんぼ騒動を事例として

平井智尚

1　美味しんぼ騒動への着目とその狙い

二〇一四年四月二八日に発売された週刊漫画雑誌『ビッグコミックスピリッツ』に掲載された「美味しんぼ」では、福島第一原発を視察した主人公の山岡士郎が鼻血を出すコマが描かれていた。この描写は原発事故に由来する放射性物質の人体への影響を示唆するとして物議をかもし、国務大臣や中央省庁から懸念や反論が示され、福島県ならびに同県の自治体も抗議を表明した。一連の過程はマス・メディアでも報道された。震災・原発事故から一定の時間が経過し、表向きは関心や不安の希薄化が進む中、「漫画の描写」というひとつのきっかけにより原発事故や放射線被曝に関連する議論が活性化した。美味しんぼの描写をめぐる騒動（以下、美味しんぼ騒動）は、原発・放射線被曝問題が依然として日本社会を揺さぶる争点であることを教えてくれた。

こうした示唆をふまえつつ、本論では美味しんぼ騒動とインターネットの関係を主に論じる。そのひとつの目的は、原発事故や放射線被曝の問題の日常化が進む日本社会において、可視化されることの少ない人びとの意識や見解へと接近することにある。以下で示すとおり、美味しんぼ騒動の初期段階では、鼻血の描写を見た一般の人たちがインターネットを通じて様々な発言を行った。それらの中には原発・放射線被曝の問題に関する人びとの意見や見解も含まれていた。加えて、匿名の状況で表明された発言には、マス・メディア報道や世論調査・意識調査では可視化しづらい意見や見解が多分に含まれていた。こうした観点から、本論では、電子掲示板2ちゃんねるの書き込みを編集し、記事として掲載するブログ（以下、まとめサイト）、および、アニメ、ゲーム、漫画の話題を中心に取り上げるブログ形式のニュースサイト（以下、MAGブログ）のコメント欄に匿名で投稿された発言を調査・分析し、原発・放射線被曝問題に対して人びとが抱く意見や見解の一端へと接近していく。

ただし本論の取り組みは、人びとの意見や見解を明らかにすることを唯一の目的としているわけではない。原発・放射線被曝問題と人びとのインターネット利用に関する研究の進展も狙いのひとつに据える。関連する研究は数多く実施されているが、震災・原発事故から一定の時間が経過した現在、その展開は滞っている。こうした状況を打開し、研究の前進を図るという点で、本論の試みはいくばくか寄与できると考える。とりわけ匿名で投稿された発言の調査・分析はさほど行われてはおらず、そうした作業は、インターネット利用に焦点を当てた既存研究や、一種の定番化したメディア研究では捉えきることができない側面を照射できると考える。本論の試みが一定の成果をあげることができたならば、原発・放射線被曝問題と人びとのインターネット利用に関する研究の進展という目的の達成にもおのずと近づくであろう。

2　原発・放射線被曝問題と人びとのインターネット利用

東日本大震災の発災期にはインターネットを通じた情報過程が注目を集めた。東日本大震災では被災地域は広域にわたり、かつ様々な被害が発生した。そのため、新聞やテレビといったマス・メディアが震災関連情報の全てに対応するのは困難であった。そうした中、インターネットはマス・メディアでは対応が難しい個別情報や地域情報を補完する役割を担った。地震や津波の被害状況、安否情報、救援物資や避難所の情報、交通の状況、計画停電の情報、動画配信など、様々な局面でインターネットが活用された（遠藤編、二〇一一／小林、二〇一一／執行、二〇一一／立入、二〇一一／吉次、二〇一一／遠藤、二〇一二他）。こうしたインターネットの活用は、「地震」や「津波」だけでなく、福島原発事故、ならびに、原発事故に伴う放射性物質の拡散に関する情報過程においても見受けられた。

原発事故による放射性物質の拡散に関して、マス・メディア、特にテレビは「直ちに人体や健康に影響を及ぼす数値ではない」という政府見解を踏襲する報道を繰り返した。このような報道は人びとに不信感やいら立ちをもたらした（遠藤編、前掲／福長、二〇一一／伊藤、二〇一二他）。こうした状況も相まって、原発事故や放射性物質の拡散に関する情報のやりとりがインターネットを通じて活発に展開された。例えば、外国の気象機関がホームページで公開していた放射性物質の拡散予測が電子掲示板やツイッターを通じて紹介され、数多くの人たちに参照された（遠藤、前掲／平井、二〇一二他）。また、原子物理学や放射線治療の専門家らによるツイッター等を通じた情報発信も関心を集めた(1)。人びとはツイッターのアカウントのフォローや転載情報を通じて、専門家が提供する放射性物質の拡散予測に関する情報や、放射線被曝による人体への影響に関する情報などを入手していた（遠藤編、前掲／平井、前掲他）。

原発事故や放射性物質の拡散に関するインターネットを通じた情報のやりとりについては「うわさ」、ないし「誤情報」の流通も指摘された（荻上、二〇一一他）。例えば、震災・原発事故発生直後、放射性物質のひとつ「放射性ヨウ素」の被曝による健康被害の予防対策として「うがい薬を飲むとよい」という情報がインターネット上で流通した(2)。その内容は、甲状腺がんの発症など大量の放射性ヨウ素の吸入による障害を予防するために「安定ヨウ素剤」が医師により処方されることがあるが、その代替としてヨウ素が含有されている「うがい薬」の飲用を推奨する、というものであった。ただし、うがい薬はヨウ素の含有量が少ないため健康被害を防止する効果はなく、ヨウ素以外の成分により健康を害する可能性もある(3)。すなわち、「うがい薬を飲むとよい」という情報は誤りであった。この他にも、放射線被曝の予防として昆布やワカメといった海藻類を食べるとよいといった情報など、様々なうわさや誤情報がインターネット上で流通した（同）。

原発・放射線被曝問題に関連する人びとのインターネット利用については、他にも非公式の節電運動や物資の買い占め防止運動などの事例も挙げられる(4)。また、事故直後の情報過程以外でもインターネットを介した人びとの活動は展開された。その中でもっとも注目を集めたのは、原子力発電所の廃止を訴えるデモ活動、いわゆる「脱原発・反原発デモ」におけるインターネット利用である。

反原発・脱原発デモは、福島原発事故発生の数週間後から全国各地で展開され、二〇一一年六月に東京・新宿で開催された「原発やめろデモ」には二〜三万人が参加、そして、二〇一二年七月に東京・

代々木公園で開催された「さようなら原発集会」には主催者発表で一七万人が参加したとされる（小熊編＝木下、二〇一三他）。また、二〇一二年の春からおよそ一年の間、毎週金曜日の夕方に首相官邸前で実施されたデモ活動も多くの人数を集めた（野間、二〇一二）。こうした一連のデモ活動では、ツイッター、フェイスブック、ユーチューブといったソーシャルメディアがデモの開催告知や情報拡散の過程で活用された（野間、同／小熊編、二〇一三他）。脱原発・反原発デモにおけるソーシャルメディア利用に関して、その効果は限定的であったと指摘されてはいるが（野間、同／小熊編、同）、原発事故や放射線被曝の問題と人びとのインターネット利用という観点で注視すべき現象であることは確かである。

3　原発・放射線被曝問題に対する関心の低下
――人びとのインターネット利用を対象とする研究の困難さ

原発・放射線被曝問題に関連する人びとのインターネット利用を受けて、数多くの調査・研究が実施された。それらは、原発・放射線被曝問題におけるインターネットの役割や効果、そして限界の理解に寄与した。しかし、同様の問題意識や関心に基づいた調査・研究を発展させたり、新たに実施したりすることは難しい。それはなぜか。その理由は、端的に言えば、日本社会で原発・放射線被曝問題への関心が低下しているためである。

朝日新聞の世論調査結果をみると、福島原発事故の被災者への関心は、年を追うごとに希薄化・風化が進んでいることがうかがえる(5)（**図7-1**）。こうした傾向はインターネットの情報検索動向にも見受け

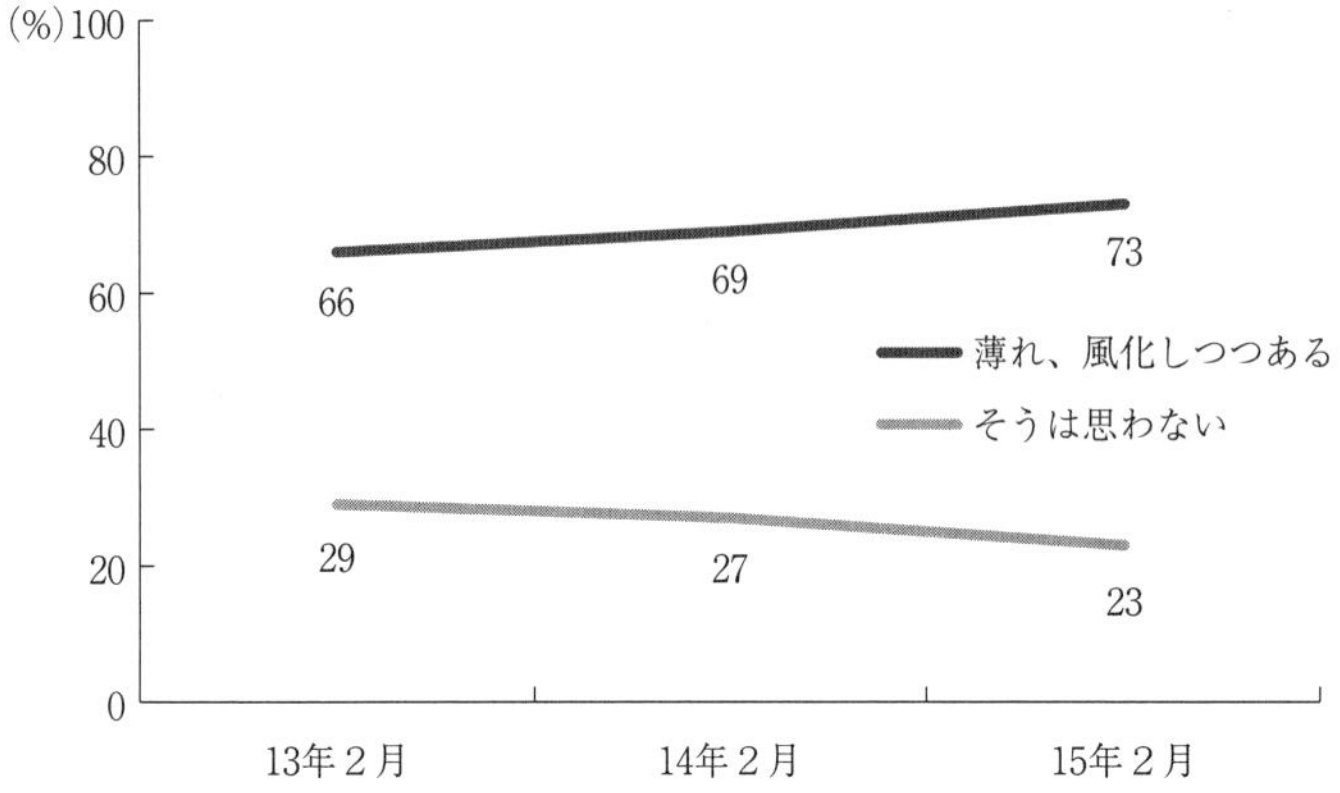

図 7-1　原発事故の被災者への関心の推移

（出典）　朝日新聞デジタル（2015年２月17日）をもとに筆者作成。

られる。

インターネットの検索サービス「Google（グーグル）」が提供している「Googleトレンド」で「原発」というキーワードの「人気度の動向」を見ると、二〇一一年三月以降、時間の経過とともに数値は下落し、二〇一二年以降はほぼ横ばいとなっている（**図 7-2**）。「放射能」というキーワードについても同様の傾向が認められる（**図 7-3**）。Googleトレンドの指数は、ユーザーの検索数に対応しており、数値の低下は検索数の減少をおおむね意味している。もちろんひとつの検索サービスの指標をもって、全容を把握することはできない。だが、検索数の減少からは、インターネット空間における原発・放射線被曝問題への関心の低下や、関連する情報行動が縮小している様子をうかがい知ることができる。

このような変化は調査・研究にも影響を与える。原発・放射線被曝問題と人びとのインターネット利用に関する調査・研究は、人びとがインターネットを通じて関連情報の検索、収集、発信、転載などを行っていたから成立した。

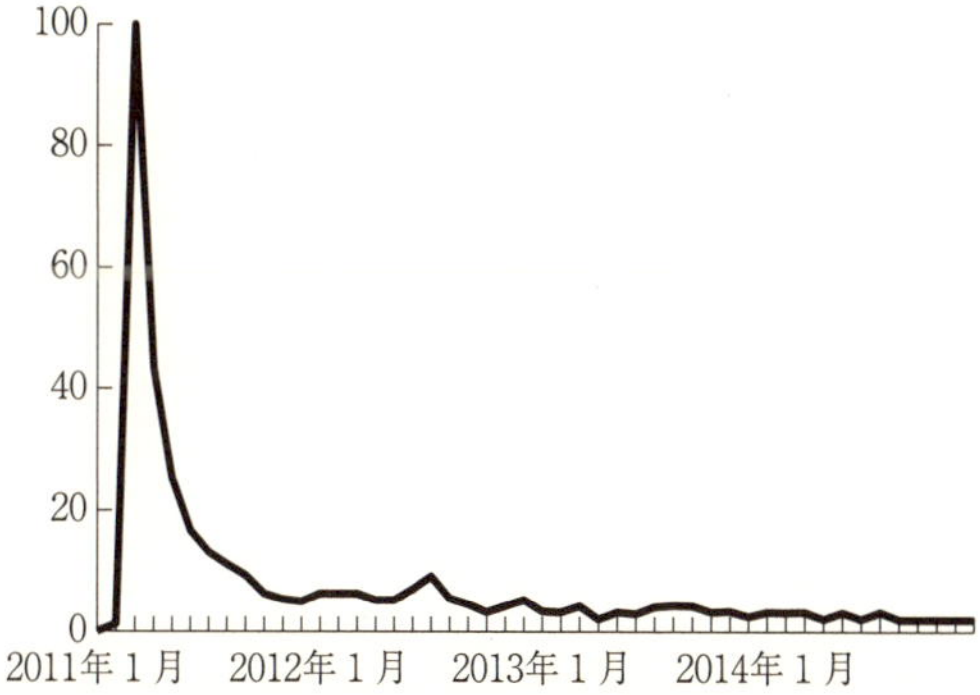

図 7-2　Googleトレンド　人気度の動向（2011〜2014年）：キーワード「原発」

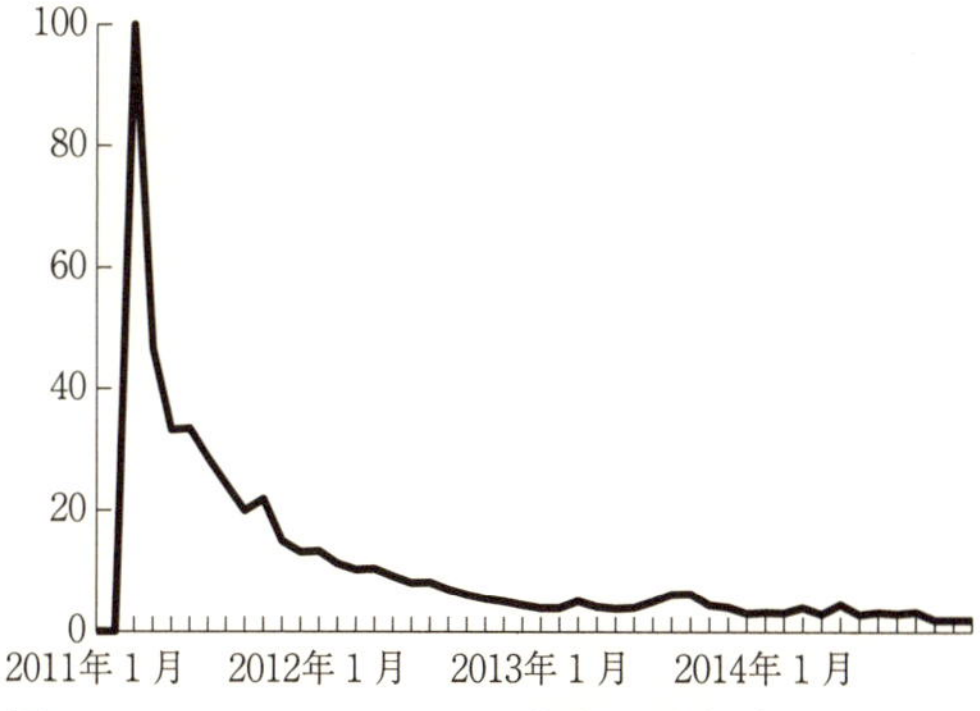

図 7-3　Googleトレンド　人気度の動向（2011〜2014年）：キーワード「放射能」

だが、人びとの諸活動が下火となれば、調査・研究の実施も困難となる。

震災・原発事故の発生当初、人びとはインターネットを通じて原発事故や放射性物質の拡散に関連する情報の検索、収集、発信、転載などに携わった。そうした人びとの活動にジャーナリスト、評論家、研究者らが関心を示し、多くの議論が行われた。その成果は、原発事故や放射線被曝問題とインターネット利用に関する多くの知見をもたらしてくれた。ただし、原発事故や放射線被曝の問題に対する人びとの関心が低下している現在、関連する調査・研究の発展を望むことはできない。極めて皮肉ではあるが、今後、同分野の調査・研究が活性化するのは、重大な原発事故や放射能汚染が発生した時なのかもしれない。しかし本当にそのような悲観的な展望しか描けないのであろうか。

原発・放射線被曝問題に対する人びとの関心が年月を経るごとに低下しているのは確かであろう。しかし、福島原発事故に起因する諸問題は解決していない。放射性物質の拡散による環境・人体への影響、放射性物質に汚染された廃棄物や汚染水の処理、廃炉作業、原発事故により避難した住民の生活、風評被害など問題は山積している。また、原発や放射線被曝に対する人びとの不安も解消されたわけではない。NHK放送文化研究所が二〇一五年に実施した調査結果によると、震災後に「放射線への不安」が「増した」という回答は、全国平均で約六割に達している。また、原発事故についても、周辺住民に影響を及ぼす事故が起きるかもしれないという不安を感じている人が全国平均で八五％に達している（河野・仲秋・原、二〇一五）。すなわち、人びとは原発や放射線被曝の問題を常時意識してはいなくとも、不安を抱き続けているのである。このような状況下では、原発・放射線被曝問題はきっかけひとつで争点として顕在化し、人びとの議論や活動もまた活性化する可能性がある。その際には、震災・原発事故の発生から間もない時期と同じく、人びとの積極的な活動がインターネット空間で展開されるかもしれない。

以上のように考えてみると、原発・放射線被曝問題と人びとのインターネット利用の関係を対象とする議論は、確かに困難ではあるものの、調査・研究の発展が一切望めないとまで言い切ることはできない。こうした論点整理をふまえた上で、以下では、漫画「美味しんぼ」の描写をめぐって発生した騒動とインターネットの関係について考察を展開していく。

4　美味しんぼ騒動とインターネットの関係に着目する意義

(1)　美味しんぼ騒動とインターネットの関係性

二〇一四年四月二八日に発売された週刊漫画雑誌『ビッグコミックスピリッツ』の連載作品である「美味しんぼ」の「第六〇四話　福島の真実その二二」において、作中の登場人物が福島第一原発の敷地内を見学した後、疲労感をおぼえたり、原因不明の鼻血を出したりする描写が掲載された。そのような描写は放射線被曝による健康被害を示唆するものであり、人びとの不安や福島県への風評被害をあおる恐れがあるとして方々から批判が巻き起こった。五月には福島県、同県双葉町、川内村などが抗議し、中央省庁、官僚、閣僚からも反論や遺憾の意が示された。新聞各社も関連記事を掲載するなど、美味しんぼの描写をめぐる問題は物議を醸した（表7-1）。

漫画の描写へ言及は、行政やマス・メディアだけでなく、インターネット上でも見受けられた。むし

表 7-1 「美味しんぼ」騒動の経緯

4月28日	鼻血を出すシーンなどを描写した美味しんぼを掲載したビッグコミックスピリッツが発売される
5月4日	原作者雁屋哲がブログを更新、「私は鼻血について書く時に、当然ある程度の反発は折り込み済みだったが、ここまで騒ぎになるとは思わなかった」
7日	福島県双葉町が小学館に抗議文送付
9日	石原伸晃環境相が不快感を示す、「その描写が何を意図して、何を訴えようとしているのか全く理解できない」
	作品に実名で登場した井戸川克隆・前福島県双葉町長が都内で記者会見、「私が知るだけでも同じ症状の人が大勢いますよ。言わないだけです」という作中の発言は撤回しないと主張
12日	ビッグコミックスピリッツ5月26日号発売。掲載された美味しんぼに登場した井戸川前町長が鼻血や疲労感を「私が思うに、福島に鼻血が出たり、ひどい疲労感で苦しむ人が大勢いるのは、被ばくしたからですよ」と説明する場面を掲載。同じく、福島大学の荒木田岳准教授が「福島を広域に除染して人が住めるようにするなんて、できないと私は思います」（＊単行本一一一巻では発言を差し替え）などと発言
	福島県は「国民及び世界に対しても本県への不安感を増長させるものであり、総じて本県への風評被害を助長するものとして断固容認できず、極めて遺憾であります」との反論をホームページに掲載
	東日本大震災のがれきを受け入れた大阪市の住民が健康被害を訴えたとする調査内容が作品内に掲載される。大阪府と大阪市は「事実と異なる」とする抗議文を小学館に送付
13日	環境省はホームページに見解を発表、除染の効果は確認しており、震災がれきの広域処理も安全に実施されていると反論
	福島大学は学長名で、漫画に載った准教授の発言内容について「大学としての見解ではない。（准教授の）個人の見解。大学人としての立場を理解したうえで発言するよう注意喚起する」との見解を発表
	自民党福島県連と県議会の民主党系会派はそれぞれ抗議文を小学館に送付
	消費者担当相が閣議後の記者会見で言及。「放射能と鼻血との因果関係は科学的に証明されていない。影響力の大きさを考えると大変残念だ」と批判
14日	福島県川内村、小学館に抗議文を送付
15日	市民団体が「表現の自由や知る権利を侵害し、看過できない」と撤回を求める抗議文を福島県に送付
17日	双葉町の伊沢史朗町長は「医学的に証明されていない」と批判
19日	ビッグコミックスピリッツ6月2日号発売。「編集部の見解」を表明し、残留放射性物質や低線量被曝の影響についてあらためて問題提起するために作品を掲載したと説明
30日	福島県相馬郡医師会は、美味しんぼ騒動を受けて実施した、鼻血の症状を訴える患者が増えたかを管内の医療機関に尋ねたアンケート結果を報告
6月23日	復興庁、美味しんぼ騒動を受けてまとめた東京電力福島第一原発事故に関する「風評対策強化指針」を公表

（出典） 美味しんぼ騒動を取り上げた新聞記事などを参考に筆者作成。

ろ、インターネットにおける人びとの言及によって美味しんぼの描写をめぐる問題が騒動へと発展したといっても過言ではない。関連する新聞記事でも次のように説明されている。

災害時の情報伝達と社会心理を研究し、福島県でも現地調査をしている関谷直也・東京大大学院情報学環総合防災情報研究センター特任准教授（社会心理学）は「話題性の高い内容で実在の人たちが登場していることもあり、物議を醸したのだろう」と指摘。「漫画はインターネットと相性が良く内容が広く伝わりやすい」と問題の起点がネットだった点にも注目する。(6)

ここで言う「インターネット」は、Yahoo! JAPAN のような大手のポータルサイトや、ミドルメディアとも呼ばれる情報サイトではなく、主に一般の人たちのインターネット利用を指している。(7)例えば、福島県郡山市に在住する塾講師とされる男性が四月二七日にツイッターに投稿した美味しんぼの描写に対する批判は、一万以上のリツイート（転載・引用）が行われている。(8)この事例が示唆するように、美味しんぼ騒動は、不特定多数のネットユーザーが漫画の描写に関心を示し、原発事故や放射線被曝に関連する諸問題について様々な発言を行ったことが一つの起因となっている。そこで本論では、美味しんぼの描写に関するまとめサイトやMAGブログの記事に対するネットユーザーの投稿コメントを調査・分析し、原発・放射線被曝問題に関する人びとの意識や見解の一端を明らかにしていく。

震災・原発事故から約三年が経過し、原発事故や放射線被曝の話題への関心が低下している中で勃発した問題という点で、美味しんぼ騒動は注目に値する。加えて、インターネット上での人びとの言及が騒動の拡大に大きな役割を果たしたという点も本論の問題関心と合致する。前述のとおり、原発・放射線被曝問題とインターネットに関連する議論は、時間の経過とともに困難になっている。そうした中、インターネットを通じた人びとの関与が認められた美味しんぼ騒動は、いかなる成果を得られるかは別としても、取り上げる意味はあると考える。ただし、注目に値するから、ないしは、考察を展開できそうだからという理由だけでは社会科学に即した研究としての意義がみいだせない。そこで調査・分析へと移る前に、美味しんぼ騒動を事例として選択する意義を示しておく。

(2) 原発・放射線被曝問題における「漫画」と「インターネット」というメディア

美味しんぼ騒動とインターネット上にみられた人びとの活動をメディア研究の一環として扱う意義を端的に述べるならば、一種の「定番」ともいえるような研究アプローチでは、捉えられない部分へと接近するためである。

原発事故や放射線被曝問題に関するメディア研究を実施する場合、マス・メディア報道への着目がひとつの選択肢として挙げられる。実際に、震災・原発事故後に着手された研究に目を向けると、新聞やテレビの報道を調査・分析対象とした研究が数多く実施されている（新聞通信調査会編、二〇一三／池田編、二〇一五／名嶋・神田編、二〇一五他）。マス・メディア報道を対象とする研究の重要性については論をまたない。利用、機能、内容、問題点、ないしは意味付けや表象など、原発・放射線被曝問題とメディアの関係について非常に多くの示唆をその研究から得ることができる。ただし、震災・原発事故直後、人びとがインターネットを通じた情報行動に活発に携わった背景にはマス・メディアに対する不信感があったことを忘れてはならない。また、一般的な動向として、特に青年世代では、利用時間や効用の面でインターネットが新聞やテレビに比肩、ないしは上回っている傾向にある。つまり、利用割合や評価の低いメディアに目を向けるよりも、人びとにとって身近なメディアを研究対象とした方が有意義な成果が得られるかもしれない。こうした問題意識に立脚した際、美味しんぼ騒動という事例は一定の意義を獲得する。

まず、美味しんぼ騒動が「漫画」というメディアの描写をきっかけに発生した問題であることが注目に値する。戦後日本における核に関するイメージの変容をマス・メディア報道、知識人の言説、世論調査、ポピュラー文化の分析を通じて明らかにした山本は次のように述べる。

> ポピュラー文化（漫画、映画、特撮テレビ番組など）を通した社会問題との接触は、たとえば新聞報道や社会評論などを通した接触とはやや異なり、受動的とまでは言えないが主体的関与の度合いは少し低く、その分だけ楽しむという要素が強くなる。その意味では、ポピュラー文化にも注目することで、新聞報道や社会評論の分析だけでは捉えきれない部分に迫ることができるのではないだろうか（山本、二〇一五：v　かっこ内は引用者補足）。

美味しんぼの描写をめぐって原発・放射線被曝問題に関する議論が活性化したのは、「美味しんぼ」という作品が「漫画」であったからに他ならない。一九八三年に連載が開始され、アニメ、ゲーム、テレビドラマ、映画でも作品が展開された美味しんぼは、日本社会の多くの人が認知している作品である。

インターネット上においても、作中の名台詞が転載されたり、描写をコラージュした画像が制作されたりするなど話の種として扱われている。そうした人気作品において、顔なじみの主人公が鼻血を出す描写が人びとの関心を引いたのは不思議なことではない。また、美味しんぼの描写に触発されて原発・放射線被曝問題に（改めて）関心を示した人の中には、関連する諸問題について強い問題意識を持っていない人や、新聞やテレビの関連報道には関心を示していない人が多分に含まれていたと想定される。すなわち、美味しんぼ騒動に着目した研究は、定番ともいえるようなメディア研究では「捉えきれない部分に迫る」上で有効であると考える。

このことはまとめサイトやMAGブログに投稿されたコメントを調査・分析する意義にも当てはまる。それぞれのウェブサイトは原発・放射線被曝問題に日頃から関心を払っているわけではない。例えば、まとめサイトを含むニュースサイトのニュース生産過程を論じた平井の議論によると、アマチュアの個人が運営・管理するニュースサイトでは、娯楽的・ネタ的な要素を備えた話題や出来事を記事として掲載する傾向にあるという（平井、二〇一〇／二〇一五）。他方で、政治、経済、外交、科学技術のようなハードな話題・出来事は好まれない(9)。こうした傾向を示すわけはいくつか考えられるが最大の理由は閲覧者の関心に求められる。要するに、まとめサイトやMAGブログの閲覧者はハードな話題・出来事に関心を示さないため、記事も掲載されない、というわけである。

さて、本論で考察の対象とする原発・放射線被曝問題も、基本的にはハードな話題・出来事に属しており、まとめサイトやMAGブログで関連する話題・出来事が扱われることは少ない。美味しんぼの一件も、「漫画」という娯楽的な話題・出来事であったがゆえに、記事が掲載され、閲覧者も関心を示したに過ぎない。このように原発・放射線被曝問題と関わりの薄い領域でみられた現象を事例として選択するのは、調査・分析の試みとして適切ではないようにみえる。だが見方を変えると、一般の人たちにとっての原発・放射線被曝問題への関心と近似しているようにも映る。すなわち、まとめサイトやMAGブログの記事に投稿された発言は、震災・原発事故から約三年が経過し、原発・放射線被曝問題への関心が低下している状況における一般の人たち意識や見解を知る上で、部分的にではあるが、示唆を与えてくれるものと考える。

(3)　匿名で投稿されるコメントを通じた「不可視」な意見・見解への接近

まとめサイトやMAGブログに着目して研究を実施する意義についてはもうひとつ示すことができる。それは、それぞれのウェブサイトにみられるコメントが原則として匿名で投稿されているからである。

原発事故後の福島の現況や復興の取り組みへの言及に関して、国会議員による発言が「不適切」であるとしてたびたび問題視されてきた。二〇一一年九月、福島第一原発を視察に訪れた鉢呂吉雄経済産業大臣が周辺の市町村の状況について、「残念ながら、周辺の町村の市街地は、人っ子一人いない、まさに死のまちという形でした」という印象を述べた。この発言が不適切であるとの批判が提起され、鉢呂議員は大臣を辞職することとなった。また、石原伸晃議員は、自民党幹事長時代の二〇一二年九月、放射性物質に汚染された土壌の保管先について、「運ぶところは、福島原発の第一サティアンのところしかない」と報道番組で発言したり、環境相時代の二〇一四年六月には、汚染土などを保管する中間貯蔵施設の建設に関して「最後は金目でしょ」と発言したりして批判を浴びた。これらの発言は確かに「不適切」であろう。ただし、それは復興に向けた取り組みを主導する立場にある者が公に発言すべきではないというだけで、同様の意見や見解を持つ人は日本社会に少なからず存在している。原発事故や放射線被曝の問題については、道義的な観点から言明されず、可視化しない意見や見解が多分に存在する。美味しんぼ騒動でも争点となった放射性物質の人体や食品への影響に関する意見や見解はその最たる例といえる。

福島県産の食品の安全性については検査体制が確立され、国や県が安全性をアピールしてきた。また、福島県内の放射線量についても原子力規制員会や福島県、そして報道機関が測定値を公表している。しかし、福島産の農産品や福島県への訪問・滞在を敬遠する風潮がなくなったわけではない[10]。消費者庁が二〇一六年三月に公表した調査によると、食品の購入の際に放射性物質の有無を気にかける消費者のうち一五・七％は福島県産の食品購入をためらうと回答している[11]。こうした態度は調査によって公表されるものに限られない。口外されない、場合によっては、偏見すら入り交じった意識もあると推察される。そのような可視化されづらい意見や見解へと接近する際に、インターネットを通じて匿名で投稿されるコメントに着目することは、選択肢のひとつとなる。

コンピュータ通信を介した対人間の相互行為と匿名性の問題は、学問、批評・評論、ジャーナリズムなど様々な言論領域で言及されてきた[12]。特に批評・評論やジャーナリズムの分野では、規範的な観点から、匿名性の否定的な側面が強調されることも多い。それゆえ「匿名のコメント」は考察対象として不適切のようにも映るが、社会調査の文脈では、「インターネットというフィールドに集まる人びとの、諸個人の名前、性別、身体的特徴、社会階層などが明らかにされない発言」という「データ」に過ぎないともいえる。

インターネット上の匿名コメントには、冗談、真意と異なる発言、あるいは「煽り」や「釣り」とも呼ばれる意図的な暴言なども数多く含まれるため、データとして極めて扱いづらい部分もある。だが、本論のテーマと関連する既存研究、ないしは定番化したメディア研究では「捉えきれない部分」に接近する上で、匿名のコメントに着目した研究は有効であると考える。

5　美味しんぼ騒動に関するインターネット上の発言
――まとめサイトとMAGブログを対象とした調査と分析

(1) 調査対象の設定と分析の方法

本節では、まとめサイトとMAGブログの掲載記事に関して投稿されたコメントの調査・分析の結果を示す。調査に際しては、まず、アンテナサイトの並びやウェブ解析サービスの数値等を参考に、「アルファルファモザイク」(まとめサイト。以下、適宜「A」と略す)、「オレ的ゲーム速報@刃」(MAGブログ・ゲーム系。以下「O」)、「やらおん」(MAGブログ・アニメ系。以下「Y」)の三つのサイトを調査対象として選定した。[12] そして、騒動の発端となった作品(美味しんぼ第六〇四話「福島の真実その二二」)に関連する初出の記事を取り上げ、記事に設置されたコメント欄の投稿内容を分析した(**表7-2**)。

分析に際しては、最初に、各サイトに投稿されたコメントに対するオープンコーディングを行った後、「原発・放射線」、「福島」、「漫画」という三つのカテゴリーに分類した。[15] 次いで、三つのカテゴリーに

と分析範囲

記事名	コメント総数	コメント投稿期間[13]
「美味しんぼ」に「風評被害を招く」と批判　福島原発見学後に鼻血出る描写　スピリッツ編集部がコメント[14]	93	2014年4月29日12時58分～5月2日11時42分
『美味しんぼ』の風評被害が酷いと話題に！「福島行ったら原因不明の鼻血、同じ症状の人がたくさんいる」	280	2014年4月28日14時29分～12月25日23時59分
今週の『美味しんぼ』の内容「福島帰りの山岡と雄山が原因不明の鼻血出た、福島でも同じ症状の人がたくさんいる」→福島県民が激怒「抗議の意を示したい」	412	2014年4月28日13時47分～5月1日14時45分

分類したコメントの焦点的コーディングを行い、それぞれにサブカテゴリーを設けた。第一に「原発・放射線」のカテゴリーについては、原発問題と関連するコメントを「原発」、鼻血や健康被害など放射性物質の人体への影響に言及するコメント「放射線」と分類した。第二に、「福島」のカテゴリーでは、風評被害に言及するコメントを「風評被害」、福島に関連するもの（人、土地、食品など）への敬遠や差別を含むコメントを「敬遠・差別」、福島県の在住者や福島県を訪れた経験がある（と語る）者のコメントを「体験談」とした。第三に「漫画」のカテゴリーについては、漫画の登場人物や物語、表現方法の是非、表現の自由などに言及するコメントを「内容」、原作者や漫画家に言及するコメントを「作者」、出版社の対応に言及するコメントを「出版社」と分類した（**表7-3**）。

（2）コメント内容の分析

①原発・放射線被曝に関する見解

最初に着目するのは原発や放射線被曝に関する見解である。騒動を招いた作品は震災・原発事故から約三年が経過した時期

表7-2　調査対

サイト名	分類	記事掲載日時
アルファルファモザイク（A）	2ちゃんねるまとめサイト	2014年4月29日
オレ的ゲーム速報@刃（O）	MAGブログ：ゲーム系	2014年4月28日14時25分
やらおん（Y）	MAGブログ：アニメ系	2014年4月28日

に公刊されたものであり、コメントの分析を通じて、関心が低下している原発や放射線被曝の問題に対する人びとの見解の一端を明らかにしていく。

「原発・放射線」のカテゴリーについて全体を俯瞰してみると、漫画における鼻血の描写を受けて「放射線」のカテゴリーに属するコメントが数多く投稿されている[16]。その全体的な傾向は、端的にいうと「一様ではない」。例えば、美味しんぼ騒動の発端となった「放射線被曝と鼻血」の関係については、福島原発の事故に関していえば高線量被曝は生じておらず、放射性物質の影響による鼻血は考えられないと主張し、漫画の内容や作者を批判するコメントが数多く見受けられる。その一方、鼻腔被曝や疲労・ストレスなどによる鼻血の可能性を指摘するコメントも見受けられる。また、「放射性物質の拡散と健康被害」の関係についても、放射能汚染や被曝による健康被害の可能性を強調する者を「放射脳」とラベリングし、批判するコメントが見られる一方で、健康被害の可能性を「どちらとも言い難い」とするコメントや、鼻腔被曝や中長期的な放射線障害の可能性を指摘するコメントも投稿されている（**表7-4**）。

表 7-3　コメントの分類と主なキーワード

カテゴリー	サブカテゴリー	主なキーワード
原発・放射線	原発	原発事故、廃炉作業、東京電力、反原発、公害
	放射線	鼻血、健康被害、ガン、被曝、放射脳
福島	風評被害	風評被害、抗議、訴え
	敬遠・差別	住めない、隔離、危険、事実、被害者ヅラ
	体験談	福島在住、福島県民、実家、東北在住、旅行
漫画	内容	山岡、雄山、料理漫画、表現の自由、規制
	作者	雁屋、原作者、左翼、政治的主張、思想
	出版社	小学館、編集、回収、スピリッツ

表 7-4　放射性物質と人体への影響に言及する主なコメント[17]

鼻血	批判	鼻血出るほどって相当やばい場所まで行かないとダメなんじゃないの（A5）
		原発のせいで体に異常が出て鼻血でまくってるってそれだと普通に生活出来ないくらいヤバイ状態になってないといけないんじゃあ（Y187）
	可能性	ストレスのせいじゃね？（O260）
		鼻はフィルターの役割があって空気中の汚れを濃縮してしまうので、空間線量が基準値以内でも鼻腔内部では基準値以上まで空気中の放射性物質を集めてしまうという説もあるね。人間を解剖しないとこれも分からないから科学的に証明するのは難しいけど（Y178）
人体への影響	批判	出たよ、放射脳（Y143）
	可能性	過剰に危険を煽るのもやりすぎだけど根拠もないのに安全だって言い張る人もおかしいよね。原発に関しての発表は嘘ばかりだったのに何故本当のことい ってると思うのか（O41）
		現実逃避している連中は５年後どんな景色をみることやら（A82）
		お前ら放射線の影響出るのはもう少し先だからな、アホかよ（Y332）

表7-5　放射性物質と人体への影響をめぐる論争

Y152	2014年4月28日15：16	数年ではね。影響は長期調査しないと分からない
166	15：28	>>152　イヤイヤ、放射線の影響で鼻血出てるなら検査すりゃ結果がハッキリ数値で出てないとおかしいから
170	15：32	>>166　検査したところで放射線と鼻血を関連付けるのはほぼ不可能でしょ。鼻血なんて誰でも出るんだから
175	15：35	>>170　頭が悪いな。放射線の影響ダー、原発の影響ダーっていってる奴の主張が正しいなら関連付けられるだけの証拠になる異常値がもう出てることになるぞ
181	15：39	>>175　残念ながらどんな異常な数値が出ようと放射線との関連付けは出来ない。体に異常が出ない人間はいないから

放射性物質と人体への影響をめぐる見解の不一致は、投稿者間で展開されるコメントの応酬にも現れている。まとめサイトやMAGブログのコメント欄では投稿者の間で会話、ないし論争が展開されることがある。それは調査・分析対象としたサイトのコメント欄でも見受けられた。例えば「やらおん」のコメント欄では、放射線物質と人体への影響をめぐってコメントの応酬が行われている（**表7-5**）。インターネット上で展開される匿名のやりとりの多くは相互理解や説得を目的としてはおらず、論点をずらしたり、他者を煽ったりすることで意図的な論争が展開される場合がある。表7-5に示したやりとりにもそうした特徴がみられるが、そもそも議論がかみ合わないのは、放射性物質と人体への影響について確固たる見解がなく、将来的な見通しが不透明であることも無関係ではないと考える。

以上のように放射性物質と人体への影響については、様々な見解とともに、多くのコメントが投稿されたが、一方で、「原発」[18]のサブカテゴリーに属する投稿はそれほど多くなかった。数が少ないからといって、その見解が無意

表 7-6　福島を敬遠・差別するようなコメント

A31	×食べて応援　○捨てて応援
O71	福島県は被曝地区 wwwwwwwwwwwwww ざまぁ wwww さっさと土地捨てて逃げろよバカなのかw
O108	放射能気にする人を放射脳とかいってるけど俺はやっぱ福島や福島産にはなるべく近寄らないぜ
Y276	真偽の程はともかく、原発事故の後で福島行く気にはならんわ～
Y280	福島県産を贈り物としてもらったら嫌がらせなんだろうかと思う。実際は問題ないんだろうがイメージは最悪だな。自分でも買って食べない
Y310	今でも放射能漏れ続けてるのに好きでそこに住んでるんだから差別されたくらいで騒ぐな

味だというわけではない。例えば、原発事故を「水俣病」のような公害と結び付けるコメントや[19]、東京電力、官僚、政治家の責任に言及するコメントなど[20]、興味深い指摘も見受けられた。ただし、原発問題は、美味しんぼ騒動の文脈では派生的な位置づけにとどまり、活発な投稿や議論は展開されなかった。

②「福島」に対する意識や見解の可視化

インターネットに投稿された匿名の発言に着目する意義として、匿名の状況以外では可視化しづらい人びとの意識や見解に接近できることが挙げられる。こうした特徴を本論の試みに敷衍した場合、とりわけ「福島」に関連する物事に関して、可視化することの少ない意識や見解に接近する上で有効と考える。

この論点については、コーディングを通じて設定した「敬遠・差別」というサブカテゴリーを通じてある程度の様相は推察できる。調査対象としたウェブサイトのコメント欄には、福島県、および福島県産の食品を敬遠するようなコメントや、より過激な表現で福島を差別するようなコメントが投稿されていた（**表 7-6**）。

福島に対する敬遠・差別を表明するコメントの全てが本心で

表 7-7　風評被害を懸念するコメント

A52	真面目に放射能を検査して出荷している地元はたまったもんじゃないよな。己の思想だけでつぶすなよ。やるならもっと突っ込んで裏をとり、間違いなくやばいと確証を得てそれを作品でさらせ。栃木だけど風評被害はいまだにあるぞ。ふざけるな。
O131	これって完全な風評被害だわな。現実にないことを漫画でいかにもって
Y267	もう完全に悪質な風説の流布なんだけど。風評被害、風評被害っていうんなら意図的に風評被害を拡大させてるこういうのを、真っ先になんとかすべきだろ。訴えろよ

あるとは限らない。前述のとおり、匿名によるインターネットのやりとりでは、他者の反応を喚起するためにあえて過激な発言が投稿されることもある。そうした慣習を顧慮しても、そもそも言説が成立し得ること自体、福島を敬遠・差別する意識が存在することを物語っている。

「福島」のカテゴリーに関しては、「敬遠・差別」に属するコメントに目が行くが、そのようなコメントだけで占められているわけではない。漫画の描写をきっかけとする「風評被害」の発生を懸念するコメントも見受けられた（**表 7-7**）。

風評被害の発生への懸念は、政治家、中央省庁、地元自治体、マス・メディア報道などでも指摘されていた。それゆえ、匿名性により可視化された見解というわけではなく、ここであえて言及する必要もない。ただ見方を変えれば、匿名による投稿が可能な状況においても風評被害の発生を危惧するコメントが投稿されたことは、原発事故と放射性物質の放出により経済的・社会的損失を被っている福島の現状を憂慮する意識が存在していることがうかがえる。

匿名のインターネット空間におけるやりとりでは、善し悪しは抜きにして、制約にとらわれない発言が容易となる。その典型的な例が福島に対する敬遠や差別を表明するコメントであるが、「制約」は必ずしも道

表7-8　福島の体験談を語るコメント

A93	1日2日福島に行って「鼻血が出た」だの「疲労感がハンパない」だの言ってんなら、福島に住んでる俺なんか出血多量でしんでまうわ！
O75	福島在住だけど確かに鼻血がよく出るようになったな。出るっていうか鼻の中で血が固まるって感じだけど
O226	まぁ福島のイメージは住んでる俺からみても最悪だけど放射線量は場所によっては普通に他県より低いんだよなぁ。土壌はまだ怖いけど。今のままでもイメージ最悪なんだしこれ以上死体蹴りしなくてもいいんじゃないかい？作者さんや
Y319	福島へ一泊旅行してきたけど、いいとこだったよ当然、鼻血なんか出ねーよ作者が病気
Y383	福島在住だけど鼻血云々とか甲状腺がんとか放射能が関係してるかどうかがはっきりしないのが一番の害悪だろうな。政府は専門機関がしっかり調査して明確に結果を出すべきもう3年も経ってるんだぞ…！

徳や規範のような社会的制約に限られない。物理的・地理的な制約にとらわれない発言もインターネットによって可能となる。調査対象としたコメント欄を見ると、福島県や周辺地域に在住・滞在している、あるいは、したことがある人たちによる投稿も見受けられた（**表7-8**）。

コメントの内容は表7-8のとおり、鼻血の否定、鼻血の可能性、作者批判、政府や専門機関への要望など一様ではない。そもそもコメントの投稿者が本当に福島に在住している、あるいは、福島を滞在・訪問したことがあるとは限らない。鼻血についても、本当に出血しているか否かも定かではない。このように真偽の不確かさはあるにせよ、福島と接点を持つ人たちが社会制度を経由せずに語る体験談はとても興味深いものである。

③作品や作者への批判とネット右翼の用語

ここまで「原発・放射線」と「福島」のカテゴリーに属する投稿に着目し、分析を行ってきた。残りのカテゴリーである「漫画」については、「料理の話しろよ、料理漫画なんだからさ（A27）」、「どこへ行こうとしているんだこ

表 7-9　ネット右翼の用語が含まれるコメント

A60	なんだ左翼野郎か。
O114	初期はともかく、途中から完全な反日（親韓・在日）漫画になってるんだから確信的左翼でしょ
O174	偏った思想って、右も左も頭おかしい
O187	思考停止してる安全厨のバカウヨさん
Y94	これが左翼特有の放射脳か…
Y171	この原作者、日本嫌いだからな韓国人だし
Y345	ネトウヨが必死にたたいてるけど原発のせいで国が滅びるとかは考えないんやな。もしかして２回目はないとでも思ってる？　地震大国の日本で原発なんか土台無理なんだよ

の漫画（O246）」といった形で漫画の内容に言及するコメント、また「あーあ、こりゃスピリッツもただじゃ済まないかもね。まぁ、自業自得ですな（A20）」、「編集が原作読んだ段階でちょっとこれは不味いと気づくと思うんだけど。もう編集が雁屋先生に意見出来ないレベルなんだろうか（O135）」といったように編集や出版社の対応に言及するコメントなどが投稿されている。

漫画の内容や編集・出版社の対応は、表現の自由とも関連する争点として考察の余地がある。ただし本論の目的は、原発事故や放射性物質の拡散といった問題に関する人びとの意識や見解に接近することであり、ここであえて論じる必要はない。ただひとつ注目しておきたいのは、漫画の内容、原作者、出版社を批判する投稿の一部に、「左翼（極左、ブサヨ、サヨ）」、「ネット右翼（ネトウヨ、バカウヨ）」、「反日」、「売国奴」、「在日」、「韓国」といったインターネットに特有の右翼的・保守的な言説、いわゆる「ネット右翼」の言説に含まれる用語が見受けられる点である（**表7-9**）。

こうしたネット右翼の用語は、「漫画」のカテゴリーに属するコメントだけでなく、「原発・放射線」や「福島」のカテゴリーに属するコメントの中にも見受けられた。コメントを俯瞰して目につくのは「反日」「左翼」への批判である。これは原作者が太平洋戦争中の日本の行為について韓国や中国に謝罪し、友好的な関係を築いていくべきとする立場を示していることに起因している。[21] そうした政治的な思想に立脚する者は、「反日」「左翼」なのであり、放射能汚染を過度に強調する（＝「放射脳」）ことで、福島、ひいては日本を貶めていると批判する。また、そのような作品を掲載する出版社や、放射線の人体・環境への影響に警鐘を鳴らす人たちも「反日」「左翼」と認定され、批判されている。さらに「反日」「左翼」には、時に「在日」や「韓国人」も結びつく。「反日」「左翼」「在日」「韓国人」はそれぞれ異なるラベリングであるが、放射能汚染を強調し、日本を貶める存在として一括りにされる。[22] 他方で、それほど目立たないもののの、表7-8のO187やY345のように、放射性物質の影響を軽視したり、「反日」「左翼」批判を行ったりする者を「ネット右翼」とみなし、そうした者たちの発言に釘を刺すコメントも投稿されている。

匿名のインターネット空間の一部に見られる「反日」「左翼」批判や「在日」「韓国人」認定は、「気に入らない人物」や「おかしな発言をする人物」を非難したり嘲笑したりする際の儀礼という側面がある。これはネット右翼が起源の市民団体が発する「在日」という文言が「無機質な記号のようにも感じられた」（安田、二〇一五：九五）という見解とも通じる。それゆえ、いずれも中身のない発言として一蹴することもできる。だが、「日本の危機をあらわす、すべての矛盾と問題をひもとくブラックボックスのような存在として、（在日という文言が）都合よく使われているような気がした」（同：九五　カッコ内は筆者補足）という指摘とも通じているように映る。すなわち、漫画の内容、原作者、出版社、そして、放射性物質の人体・環境への影響を強調する者を批判する際に用いられる「反日」「左翼」「在日」

「韓国人」などの用語は、原発事故や放射性物質の拡散という日本の危機への反応であり、矛盾や問題を解消するマジックワードとして使われているのではないだろうか。この論点については最後に改めて考察する。

6　原発・放射線被曝問題をめぐる不確実性と脅威

前節では、福島原発の事故と放射性物質の影響を題材とした漫画「美味しんぼ」の描写をめぐる騒動について、まとめサイトとMAGブログの関連記事に投稿されたコメントの調査・分析を行った。その目的は、震災・原発事故から一定の年月が経過し、原発や放射性物質の影響に関連する話題や出来事にさほど関心を払っていないと想定される人たちの意識や見解に接近することであった。

ひとつの事例、そして、「偏った」サンプルの調査・分析を通じて得られた知見が、原発・放射線被曝問題に関する人びとの意識や見解の一般を示すわけではない。ただ、まとめサイトとMAGブログに匿名で投稿されたコメントからは、放射性物質の影響に関する見解や福島に対する意識など多くの知見を得ることができた。またそのような知見が、年月を経て実施が困難となった、人びとのインターネット利用に着目した研究から得られたことも成果のひとつにあげられる。さらには、漫画、まとめサイト、MAGブログといったポピュラーな、あるいは、時に低俗とみなされるメディアに着目した研究の成果という点にも本論の意味を見出すことができる。

だが、調査・分析を経て明らかにされた知見には既視感を覚える部分も少なくない。放射能汚染や人体への影響の危険性を強調する人たちを「放射脳」とラベリングし、揶揄するのは、原発事故直後から認められた（平井、二〇一三他）。五節で取り上げた放射性物質と人体への影響をめぐる論争も、原発事故直後、インターネット上でみられた「安全厨」（＝放射性物質の人体への影響を軽視する者）と「危険厨」（＝「放射脳」と同義）の争いの再現をみているようである。福島県および福島県産の食品などを敬遠・差別する「率直な」意見は目新しくも映るが、それらは表立って口外されることが少ないだけである。『「フクシマ」論』などを著した開沼博が、美味しんぼ騒動をめぐる新聞記事の取材に対して「この三年間、放射能や被災地をめぐる乱暴な議論は繰り返されてきたが、漫画とはいえ、またかという感じがする」とコメントしているが、原発事故や放射線被曝に関する人びとの見解や議論も同様に「またか」という感じは否めない[23]。

震災・原発事故から約三年が経過した時期に発生した騒動に着目し、原発や放射性物質の各種影響に関する話題や出来事に恒常的な関心を払っていないと想定される人たちのコメントを調査・分析した。その作業を通じて、震災・原発事故から間もない時期にみられたような議論が繰り返されていることが確認された。この結果は「新たな発見がない」ことを物語っているように映る。だが、原発事故や放射線被曝の問題をめぐって同じような議論が繰り返されていること自体が「発見」なのであり、そこから論点も導き出される。

原発・放射線被曝問題について、震災・原発事故の直後から人びとの見解や議論に変化がないというのは、結局のところ、人びとの間で原発や放射性物質の各種影響について見解が定まっていないことを意味する。なぜ人びとの見解が定まらないのか。それは、原発事故に由来する放射性物質の拡散と人体への影響が不確実であるため、と考える。

福島原発の事故直後、放射性物質の拡散に伴う人体への影響について、「直ちに人体、健康に影響を及ぼすものではない」という閣僚の発言が関心を集めた。これは急性障害の発症を招くような事態ではないことを意味する発言であり、実際に放射線被曝による急性障害の発症は報告されていない。だが、将来的な人体への影響が否定されているわけではない。低線量被曝による健康リスクについては閾値がなく、中長期的な観点で健康被害が発生するか否かは明確ではないとされる。美味しんぼ騒動の引き金となった「鼻血」についても、高線量の外部被曝による急性障害の症状ではないとしても、鼻腔の被曝による出血を否定はできないという指摘もある（牧野、二〇一五）。すなわち、放射性物質の拡散による人体への影響は、生じる（生じている）可能性も、生じない（生じていない）可能性も否定できないのである。調査・分析の対象としたウェブサイトのコメント欄には放射線物質の人体への影響に関して様々な見解が投稿され、時に論争も展開されたが、極端なものを除けば、いずれの見解も（今のところは）誤りとはいえない。

放射性物質の人体への影響に関する見通しを人びとは描くことができない。ウルリッヒ・ベックによると放射能や有害物質の将来的な影響に関する不確実性は人びとに不安をもたらすという（Beck, 1986=1998）。そして不安に直面した人びとは団結したり、対立したりするという。ベックの指摘を福島原発事故のケースに展開すれば、原発事故と放射性物質の拡散という経験を経て展開された脱原発・反原発デモは団結の事例と位置づけられる。しかし、不安は必ずしも団結につながるとは限らない。不安を解消するために「別の思考や行動にすりかえたり、別の社会的対立にすりかえたりすることが頻繁に起こりやすい」（同：一二〇）。これをベックは「スケープゴート社会」と呼び、次のように論じている。

危険そのものではなくて、危険を指摘する者が世間の動揺を突然引き起こすのである。目に見える富によって目に見えない危険の存在が隠されてしまっているのではなかろうか。すべては知的な空想の産物ではなかろうか。知的な怖がらせ屋や、危険の脚色家のでっち上げではないのだろうか。本当は東ドイツのスパイや共産主義者、ユダヤ人、アラブ人、トルコ人、難民が結局のところ、裏で糸を引いているのではないか。まさに危険が理解しがたいもので、その脅威の中で頼るものもないため、危険が増大すると、過激で狂信的な反応や政治思潮が広がる。こうした反応や政治動向によって、世間のなんでもない普通の人びとを「避雷針」にして、直接に処理することが不可能な目にみえない危険を処理することが行われてしまう（同：一二一）。

以上の議論をふまえた上で前節の最後に留め置いた論点、すなわち、放射性物質の各種影響を強調したり軽視したりする者に対するネット右翼の用語を用いた批判について考察する。

放射性物質の拡散による将来的な人体への影響は見通すことができない。そうした不確実な事象について危険性をことさら強調する者たち、ベックの言葉を借りるならば「知的な怖がらせ屋」や「危険の脚色家」がいる。彼らの行動により不確実な事象は脅威として構築される。このように脅威を煽る者たちの「空想」や「でっち上げ」は社会に動揺をもたらす。それゆえ非難しなければならない。放射能汚染や人体への影響を強調する「放射脳」や反原発・脱原発を唱える「左翼（サヨク・サヨ）」はそうした危険分子の象徴である。しかし、不確実性や脅威の大本は原子力発電（所）や放射性物質にある。「放射脳」や「左翼」といった存在は、不確実性や脅威を一時的に処理するための「スケープゴート」に過ぎないのである。

さらに、スケープゴートとなるのは原発や放射性物質の影響に警鐘を鳴らす者にとどまらない。原発や放射性物質の影響をめぐる立ち位置とは関係のない「在日（韓国人、チョン）」や「韓国（人）」も、日本社会を貶め、脅威をもたらす存在であるとして批判の矛先が向けられる。しかし当然のことながら、原発事故や放射性物質の拡散に由来する不確実性や脅威と「在日」や「韓国」は結びつかない。すなわち、「在日」や「韓国」は不確実性や脅威を処理するための「スケープゴート」として都合よく持ち出されたに過ぎないのである。また、「左翼」、「在日」、「韓国」を糾弾する「ネット右翼（ネトウヨ）」も、放射性物質の各種影響を軽視し、日本社会の将来に悪影響をもたらす存在として非難の的になり得る。

極端にいえば日本社会に不確実性や脅威をもたらす存在というのは誰でもよい。それゆえ「福島人は原発を誘致して今まで甘い汁を吸っていたので同じ穴の貉　気を使う必要はない」（O61）、「福島県人に、加害者意識がないのが、原因。全国の原発をもっている県民も、ひとたび事故を起こしたら、自分が加害者になる自覚をしておきたまえ」（O112）といったように「福島県民」も、日本社会に不確実性や脅威をもたらした加害者と認定される。だが、当たり前のことではあるが、放射性物質の将来的な影響に関する不安をもたらしているのは、「放射脳」でも「左翼」でも「在日」でも「韓国」でも「ネット右翼」でも、まして「福島県民」でもない。

スケープゴートを生み出したところで問題は解決しない。福島に住む人たちに責任を帰すような語りに対しては憤りすら覚えるかもしれない。とはいえ、匿名の書き込みを真正面から糾弾しても意味がない。インターネット空間で使用されるクリーシェでいうところの「ネタにマジレス（＝冗談を真に受けた反応）」でしかない。それゆえ規範的な議論を展開しても仕方がない。ただ、匿名の状況における発言だからといって示唆がないわけではない。

原発や放射性物質の人体への影響をめぐる立場の違いで対立し、責任の所在を帰す相手をみつけ、批判するような構図は、降ってわいたわけではない。それは日本社会に内在する意識の現れに過ぎないのではないか。すなわち、漫画やインターネットといったメディア、そして、匿名性といった文脈により、そのような意識が先鋭化され、可視化されたと考えられる。震災・原発事故により現出した日本社会の分断・対立といった指摘自体は別段目を引くものではない。だが、時間の経過とともに議論や調査・研究の展開が困難となった分野から得られた知見としては十分である。事例に拠る面は大きいにせよ、インターネット上で展開されるやりとりに着目することで、原発事故や放射線被曝の問題に対する人びとの意識や見解へと接近することができた。この成果は、既存研究とは異なるアプローチという点で、そして、前進の余地が乏しい調査・研究分野の発展という点でいくばくかの意味を持つと考える。

注

（1）例えば、東京大学医学部附属病院放射線科放射線治療部門は、二〇一一年三月一五日から「東大病院放射線治療チーム（@team_nakagawa）」というアカウントを通じて、原発事故に関連する医学的知識の提供を開始した（twilog 等を参照）。なお、本論ではウェブサイトの参照について、サイト名やページ名を記載しURLは一部を除き割愛する。その理由は、①URLはリンク切れの可能性がある、②参照元の確認はインターネットの検索サービスにより担保できる、と考えるためである。

（2）Yahoo! 知恵袋（二〇一一年三月一二日）「放射能事故の時ヨウ素剤を服用すると良いと聞きました。」他。

（3）独立行政法人放射線医学総合研究所（二〇一一年三月一四日）「ヨウ素を含む消毒剤などを飲んではいけません――インターネット等に流れている根拠のない情報に注意」

（4）節電運動は「ヤシマ作戦」、物資の買い占め防止運動は「ウエシマ作戦」と呼ばれた。

（5）朝日新聞デジタル（二〇一五年二月一七日）「福島の原発事故「関心薄れている」七三％　朝日世論調査」。

（6）毎日新聞（二〇一四年五月一五日朝刊）「クローズアップ二〇一四――美味しんぼ、広がる波紋　鼻血描写、閣僚ら異例の批判」。

（7）Yahoo! ニュースには「美味しんぼの描写問題」というページが存在し、関連ニュースやトピックス一覧が掲載されている（二〇一六年八月現在）。

（8）該当するツイートのURLは次のとおりである。（https://twitter.com/jyunichidesita/status/460607471132766208）（二〇一六年八月一日確認）。なお、二〇一四年五月一三日の朝日新聞朝刊の記事（「「美味しんぼ」の描写が波紋　被曝で鼻血／「福島に住んではいけない」　抗議相次ぐ」）においても同ツイートは紹介されている。

（9）ここでいう「ハードな話題・出来事」は、いわゆる「ハードニュース」を意味する。いくつかの研究で指摘されているように、ハードニュース、および、対となる概念であるソフトニュースの定義は明確ではない（山本、二〇〇六／Reinemann et al. 2011）。本論では、「政治、行政機関、経済、科学技術といった話題はハードと定義される。他方、有名人、ヒューマン・インタレスト、スポーツ、娯楽的な物語といった話題はソフトと定義される」（Curran et.al., 2010: 2）という説明に依拠する。ただし続けて、「ニュースの物語をあらかじめハードとソフトに分類してしまうと誤りが生じる」（ibid., pp. 2）と指摘されているように、ハードニュースやソフトニュースという概念は慎重に検討を重ねた上で扱うべきである。この問題は別途の課題とする。

(10) 河北新報（二〇一五年九月四日）「風評と闘う　福島・原発事故の現場／（上）回復途上」など。

(11) 消費者庁（二〇一六年三月一〇日）「風評被害に関する消費者意識の実態調査（第7回）」。

(12) アンテナサイトとは、ＲＳＳ機能などを活用してまとめサイトやＭＡＧブログの掲載記事を紹介するウェブサイトである。同サイトでは多くの閲覧者を集めるサイトが上位に掲載される傾向にある。まとめサイトやＭＡＧブログは無数に存在しており、そうした中から、人気が高く、多くの閲覧者を集めるサイトを選定する際に、アンテナサイトの構成は参考になる。

(13) コメント総数および投稿期間は二〇一六年二月現在のものである。なお「オレ的ゲーム速報＠刃」の最終コメント投稿日時は「二〇一四年一二月二五日二三時五九分」であるが、コメントが継続的に投稿されていたわけではない。コメントの投稿は記事掲載の当日から約二日間程度に集中している。

(14) 二〇一六年二月現在、サイトのリニューアルにより対象の記事を確認することができない。本論では二〇一五年一〇月の調査の際に電子ファイルに保存した情報を使用している。なお、元記事のＵＲＬは次のとおりである。（http://alfalfalfa.com/archives/7232082.html）

(15) コーディングに際しては佐藤（二〇〇六／二〇〇八）を参照した。作業に際しては筆者が一人で行った。分類の妥当性を高めるためにコメントの内容を繰り返し精査したが十分な妥当性の確保という面では課題は残る。
(16) 数的な分析が目的ではないため補足にとどめるが、原発・放射線のカテゴリーに属するコメントの総数二四一のうち、放射線のサブカテゴリーに属するコメントの数は二一五であった。
(17) コメントの記述は原文のままであるが句読点や修正しても差し障りのない誤字については筆者が一部を編集した。以下の表についても同様の作業を行っている。
(18) 注一六参照。
(19) 「公害病ってのは現地住民の1／100も健康被害が出ない。大抵は。ごく僅かな人だけが健康を害する。現地住人の大半が健康を害するのが公害病だと思ってる人が散見されるがそれは間違い（Y260)」。
(20) 「筋が違うんだよな。本来叩かれるべきは未だ汚染水を垂れ流す東電だろ?叩くのは当たり前だけど、東電は下請けみたいなもんで本当に叩くべきは官僚だよ。まぁそれをあんだーこんとろーるするべきの壺三（＝安倍晋三首相：筆者補足）および娘が東電の自民党幹事長（＝石破茂：筆者補足）も叩かないと（A48)」。
(21) 雁屋哲の今日もまた（＊原作者のブログ）「竹島（独島）問題　その一～三」（二〇〇八年八月一〇～一二日）、「冷静になりましょう」（二〇一〇年一一月一〇日）などを参照。
(22) 「韓国（ソウル）の放射線量は福島よりも高い」（O138、O175、O180、Y235 他）といったコメントも似たような意味合いを持つ。
(23) 読売新聞（二〇一四年五月二〇日朝刊）「美味しんぼ最新号　漫画表現　波紋と課題」。

参考文献

池田謙一編（二〇一五）『大震災に学ぶ社会科学　第八巻　震災から見える情報メディアネットワーク』東洋経済新報社。

伊藤守（二〇一二）『ドキュメント　テレビは原発事故をどう伝えたのか』平凡社新書。

遠藤薫編（二〇一一）『大震災後の社会学』講談社現代新書。

遠藤薫（二〇一二）『メディアは大震災・原発事故をどう語ったか――報道・ネット・ドキュメンタリーを検証する』東京電機大学出版局。

荻上チキ（二〇一一）『検証　東日本大震災の流言・デマ』光文社新書。

小熊英二編（二〇一三）『原発を止める人びと――3・11から官邸前まで』文藝春秋。

河野啓・仲秋洋・原美和子「震災5年　国民と被災地の意識」『放送研究と調査』二〇一六年五月号、NHK放送文化研究所。

開沼博（二〇一一）『「フクシマ」論――原子力ムラはなぜ生まれたのか』青土社。

木下ちがや「反原発デモはどのように展開したか」小熊英二編（二〇一三）『原発を止める人びと――3・11から官邸前まで』文藝春秋。

小林啓倫（二〇一一）『災害とソーシャルメディア――混乱、そして再生へと導く人々の「つながり」』マイコミ新書。

佐藤郁哉（二〇〇六）『フィールドワーク増訂版――書を持って街へ出よう』新曜社。

――（二〇〇八）『質的データ分析法――原理・方法・実践』新曜社。

執行文子「東日本大震災・ネットユーザーはソーシャルメディアをどのように利用したのか」『放送研究と調査』

二〇一一年八月号、ＮＨＫ放送文化研究所。

新聞通信調査会編（二〇一三）『大震災・原発とメディアの役割――報道・論調の検証と展望』新聞通信調査会。

立入勝義（二〇一一）『検証　東日本大震災――そのときソーシャルメディアは何を伝えたか？』ディスカバー携書。

名嶋義直・神田靖子編（二〇一五）『3・11原発事故後の公共メディアの言説を考える』ひつじ書房。

野間易道（二〇一二）『金曜官邸前抗議――デモの声が政治を変える』河出書房新社。

平井智尚（二〇一〇）「個人ニュースサイトの「ニュース」について考える」『メディア・コミュニケーション』六〇号。

――（二〇一三）「原発事故とインターネット――放射性物質の拡散に関する情報を事例として」新聞通信調査会編『大震災・原発とメディアの役割――報道・論調の検証と展望』新聞通信調査会。

――（二〇一五）「個人ニュースサイトの活動にみるニュース空間の遍在性――狭義のニュース論を超えて」伊藤守・岡井崇之編『ニュース空間の社会学――不安と危機をめぐる現代メディア論』世界思想社。

福長秀彦「原子力災害と避難情報・メディア――福島第一原発事故の検証」『放送研究と調査』二〇一一年九月号、ＮＨＫ放送文化研究所。

牧野淳一郎（二〇一五）『被曝評価と科学的方法（岩波科学ライブラリー２３６）』岩波書店。

安田浩一（二〇一五）『ネットと愛国』講談社＋α文庫。

山本昭宏（二〇一五）『核と日本人――ヒロシマ・ゴジラ・フクシマ』中公新書。

山本明（二〇〇六）「ソフトニュースが伝える外国像」『メディア・コミュニケーション』五六号。

吉次由美「東日本大震災に見る大災害時のソーシャルメディアの役割――ツイッターを中心に」『放送研究と調

査』二〇一一年七月号、ＮＨＫ放送文化研究所。
ベック、Ｕ／東廉・伊藤美登里訳（一九九八）『危険社会――新しい近代への道』法政大学出版局。
Reinemann, C., J. Stanyer, S. Scherr & G. Legnante（2011）"Hard and soft news: A review of concepts, operationalizations and key findings", *Journalism*, Vol. 13 No. 2, February.
James Curran, Inka Salovaara-Moring, Sharon Coen and Shanto Iyengar（2010）"Crime, foreigners and hard news: A cross-national comparison of reporting and public perception", *Journalism*, Vol. 11 No. 1, February.

た 行

な 行

は 行

索　引

（＊は人名）

山口　仁（やまぐち・ひとし）第6章

1978年　生まれ。
慶應義塾大学大学院法学研究科博士課程単位取得退学，博士（法学）。
現　在　帝京大学文学部社会学科准教授。
主　著　『戦後日本のメディアと市民意識――「大きな物語」の変容』（共著）ミネルヴァ書房，2012年。
『「水俣」の言説と表象』（共著）藤原書店，2007年。
『ジャーナリズムと権力』（共著）世界思想社，2006年。

平井智尚（ひらい・ともひさ）第7章

1980年　生まれ。

慶應義塾大学大学院社会学研究科博士課程単位取得退学。

現　在　（一財）マルチメディア振興センター研究員，日本大学法学部講師。

主　著　『ニュース空間の社会学――不安と危機をめぐる現代メディア論』（共著）世界思想社，2015年。

『戦後日本のメディアと市民意識――「大きな物語」の変容』（共著）ミネルヴァ書房，2012年。

『ポピュラー TV』（共著）風塵社，2009年。

『イメージの中の日本――ソフト・パワー再考』（共著）慶應義塾大学出版会，2008年。

「なぜウェブで炎上が発生するのか――日本のウェブ文化を手がかりとして」『情報通信学会誌』第101号，2012年。

三谷文栄（みたに・ふみえ）　第４章

1984年　生まれ。
慶應義塾大学大学院法学研究科博士課程単位取得退学。

現　在　慶應義塾大学グローバル・セキュリティ研究所リサーチフェロー。

主　著　「外交政策とメディア，世論に関する一考察―― W. リップマンの『世論』を手掛かりに」『メディア・コミュニケーション』第64号，75-84頁，2014年。

「CNN 効果論の展開と動向――フレーム概念をめぐる一考察」『メディア・コミュニケーション』第63号，129-137頁，2013年。

「日本の対外政策決定過程におけるメディアの役割――2007年慰安婦問題を事例として」『マス・コミュニケーション研究』第77号，205-224頁，2010年。

"NHK Coverage on the Designated Secrets Law in Japan: "Indexing" Political Debate in the Diet," *Keio Communication Review*, Vol. 37, pp. 41-52, 2015.

"Media Discourse on the Japanese History Textbook Controversy of 1982: From the Perspective of Foreign Policy and Media Frame," *GSTF Journal on Media & Communications* Vol. 1, No. 1, pp. 1-8, 2013.

新嶋良恵（にいじま・よしえ）　第５章

1983年　生まれ。
慶應義塾大学大学院修士課程修了。

現　在　慶應義塾大学大学院社会学研究科博士課程在籍（2017年３月満期単位取得退学予定），東京富士大学非常勤講師。

主　著　「マス・メディア表象研究におけるカルチュラル・スタディーズの意義――スチュアート・ホールの文化的アイデンティティ理論をてがかりに」『メディア・コミュニケーション』第64号，85-98頁，2014年。

「マス・メディアが描く世界の原発体制――中国・韓国の原発政策関連記事と社説」『大震災・原発とメディアの役割――報道・論調の検証と展望』新聞通信調査会，65-72頁，2013年。

「アジア系アメリカ人表象にみる新保守主義――モデル・マイノリティ表象をめぐって」『慶應義塾大学大学院社会学研究科紀要』第72号，1-18頁，2012年。

"Minority Representation and the Media Studies," The European Conference on the Social Sciences 2015 Official Conference Proceedings, ISSN: 2188-1154, pp. 79-85, 2015.

"Hate Speech or Voice from Minority? — Media's Dilemma under Multicultural Pressure," The European Conference on Cultural Studies 2015 Official Conference Proceedings: ISSN:2199-9635, pp. 1-8, 2015.

執筆者紹介（執筆順）

山腰修三（やまこし・しゅうぞう）　編者，はじめに・第3章

1978年　生まれ。

　　　　慶應義塾大学大学院法学研究科博士課程単位取得退学。博士（法学）。

現　在　慶應義塾大学メディア・コミュニケーション研究所准教授。

主　著　『コミュニケーションの政治社会学――メディア言説・ヘゲモニー・民主主義』ミネルヴァ書房，2012年。

　　　　『メディアの公共性――転換期における公共放送』（共編）慶應義塾大学出版会，2016年。

　　　　『ジャーナリズムは甦るか』（共著）慶應義塾大学出版会，2015年。

　　　　『戦後日本のメディアと市民意識――「大きな物語」の変容』（共著）ミネルヴァ書房，2012年。

　　　　「デジタルメディアと政治参加をめぐる理論的考察」『マス・コミュニケーション研究』第85号，5-23頁，2014年。

烏谷昌幸（からすだに・まさゆき）　第1章

1974年　生まれ。
　　　　慶應義塾大学大学院法学研究科博士課程単位取得退学。博士（法学）。
現　在　慶應義塾大学法学部准教授。
主　著　「二つの核言説と『核アレルギー』――1960年代日本における原潜寄港反対論の分析」『法学研究』第89巻第2号，189-211頁，2016年。
　　　　「原子力政策における正当性の境界――政治的象徴としての『平和利用』」『サステイナビリティ研究』第5巻，91-107頁，2015年。
　　　　「メディア・フレームとメディアの権力―― The Whole World is Watching を読む」『メディア・コミュニケーション』第64号，5-23頁，2014年。

津田正太郎（つだ・しょうたろう）　第2章

1973年　生まれ。

　　　　慶應義塾大学大学院法学研究科博士課程単位取得退学。

現　在　法政大学社会学部教授。

主　著　『メディアは社会を変えるのか――メディア社会論入門』世界思想社，2016年。

　　　　『ナショナリズムとマスメディア――連帯と排除の相克』勁草書房，2016年。

　　　　『戦後日本のメディアと市民意識――「大きな物語」の変容』（共著）ミネルヴァ書房，2012年。

　　　　『公共放送 BBC の研究』（共著）ミネルヴァ書房，2011年。

　　　　『表現の自由Ⅱ――状況から』（共著）尚学社，2011年。

叢書・現代社会のフロンティア㉔
戦後日本のメディアと原子力問題
――原発報道の政治社会学――

2017年３月30日　初版第１刷発行　〈検印省略〉

定価はカバーに
表示しています

編著者　山腰修三
発行者　杉田啓三
印刷者　田中雅博

発行所　株式会社　ミネルヴァ書房
607-8494　京都市山科区日ノ岡堤谷町１
電話代表　(075) 581-5191
振替口座　01020-0-8076

創栄図書印刷・新生製本

ISBN978-4-623-07881-3
Printed in Japan